Aykut Oğut ilk kitabı olan *Evrenden Torpilim Var*'ı 2009 yılında yazdı. Kitap Türkiye'de bir fenomen haline gelerek aylarca çoksatar listelerinden inmedi. Bu ilk kitabı *Aynalı Kitap* ve *Bu Egoları Şişirsek de mi Saklasak?* kitapları izledi.

Oğut, 1996 yılında, "Hayatta istediğim her şeyi elde edebilirim" diyerek büyük hayallerle gittiği Amerika'da onu büyük dönüşümüne hazırlayacak film tadında bir hayat yaşadı. Benzin istasyonlarında çalıştı, bulaşıkçılık yaptı; dil bilmediğinden yıllarca tek bir arkadaş bile bulamadığı, beş parasız kaldığı için parklarda yattığı zamanlardı. Kaçak olduğu için sürekli polisten kaçarak yaşamak durumundaydı, depresyona girdi, su yerine alkolü tercih eder hale geldi. O dönemde "pozitif" kelimesini ve bu kelimeyi her kullananı da hayatından çıkardı.

2000 yılında Amerika'nın saygın yaşam koçlarından biri olan Darel Rutherford ile tanışmasıyla hayatı 180 derece değişti. Bolluk ve bereketin, mutluluk ve huzurun ne demek olduğunu tam olarak deneyimledi. Bugün kitapları milyonlarca kişi tarafından okunan Aykut Oğut, eşi Esra ile birlikte Ayratown.com'da okuyucularıyla buluşmakta, birebir seanslar vermekte ve Türkiye'de bulundukları zamanlarda canlı *workshop*'lar düzenlemekte, bunların dışında *online workshop*'lar ile bildiklerini her yıl binlerce kişiye öğretmektedir.

Oğut'un *Keşke Kadın Olsam, Artık Zenginim* adlı kitapları da Doğan Novus tarafından yayımlandı.

Evrenden Torpilim Var

DOĞAN KİTAP (NOVUS) TARAFINDAN YAYIMLANAN DİĞER KİTAPLARI

Keşke Kadın Olsam
Artık Zenginim

EVRENDEN TORPİLİM VAR

Yazan: Aykut Oğut

1-270 baskı / Dharma Yayınları
Doğan Novus'ta 1. baskı / Şubat 2015
27. baskı / Haziran 2019 / ISBN 978-605-09-2485-5
Her 2000 adet bir baskı olarak kabul edilmektedir.
Sertifika no: 11940

Kapak tasarımı: Funda Çolpan
Çizimler: Kerem Hünal
Baskı: Ana Basın Yayın Gıda İnş. San. Tic. A.Ş.
B.O.S.B. Mermerciler Sanayi Sitesi 10. Cad. No. 15 Beylikdüzü - İSTANBUL
Tel. (212) 422 79 29
Sertifika No: 20699

Doğan Egmont Yayıncılık ve Yapımcılık Tic. A.Ş.
19 Mayıs Cad. Golden Plaza No. 3, Kat 10, 34360 Şişli - İSTANBUL
Tel. (212) 373 77 00 / Faks (212) 355 83 16

Evrenden Torpilim Var

Aykut Oğut

Doğan
novus

Bu kitabı,

aslında yazar olmak istediğini, öldükten sonra günlüklerini okurken öğrendiğim anneme,

ve "her zaman, her şeyin mümkün olabileceğini" bana öğreten babama,

ithaf ediyorum...

Her neredeyseniz...

İçindekiler

Başlangıç

Sonsuz teşekkürler

Kişisel gelişimime katkıda bulunmuş o kadar çok insan var ki, onların hepsine burada tek tek teşekkür etmem mümkün değil. Ama bu kitabın oluşmasında emeği olan herkese gönülden teşekkür etmek istiyorum.

Bu kitapta sizlerle paylaştığım bilgileri bana öğreten ve hayata geçirmeme yardım eden hocalarım Darel Rutherford ve Mike Dooley'e;

Yıllar önce, inatla beni Darel ile tanıştırmak isteyen ve altı aylık bir çabanın sonunda bunu beceren, dolayısıyla hayatımın değişmesinde bana ilk adımı attıran dostum Dar Dixon'a;

Kendine sevgi, yaptıklarına hayranlık duyduğum, hem tasarımcı hem de işadamı olarak Türkiye'de ve Amerika'da son derece başarılı projelere imza atmış olan, kitabımın ilk baskısının kapağını tasarlayan ve arkadaşım demekten gurur duyduğum Emrah Yücel'e;

Çizimleriyle kitaba ayrı bir lezzet katan ve benim anlatmak istediklerimi, çizimlerle daha iyi anlatan arkadaşım Kerem Hünal'a;

Bir seansımız sırasında, "Bu anlattıklarını mutlaka kitap haline getirmelisin" diyen ve beni gaza getiren Gülbin Ege'ye;

Sistemimi ilk geliştirmeye başladığımda, kendisini bir kobay olarak kullanmama izin veren, o yüzden kafasını allak bullak ettiğim arkadaşım Zeynep Bilik'e;

ve

Öğrendiğim birçok bilginin, "gerçekten ne demek olduğunu" bana deneyimleten; bulmacanın bütün eksik parçalarını yerli yerine koymamda başrolü oynayan ve hayatımı değiştiren; benim böyle bir kitabı yazabileceğimi ilk tanıştığımız zamandan beri bilen ve destekleyen, yazarken de, kendimi gecenin geç saatlerine kadar bilgisayarın başına kilitlememe hiç ses çıkartmayan; dostum, oyun arkadaşım, sevgilim, ortağım, hocam, en dikkatli eleştirmenim ve eşim Esra Banguoğlu Oğut'a;

Sonsuz teşekkürler.
Sizleri çok seviyorum.

Yazar hakkında

Merhabalar, ben Aykut Oğut ve evet farkındayım, genelde kitaplarda bulunan, "Yazar hakkında" kısmı, sanki biri anlatıyormuş gibi yazılır. Ben sizinle sohbet ederek yazmayı tercih ettim.

Okumakta olduğunuz kitapta, hayatımdan alınmış birçok örneğe yer verdiğim için, yaşam öykümü burada çok kısa anlatıp geçeceğim.

1971 yılında İstanbul'da doğdum. Öz babam, ben daha üç aylıkken öldüğü için, hiç tanışma fırsatım olmadı kendisiyle. Annem ben 14 yaşımdayken dünya tatlısı bir adamla tekrar evlendi ve bir üvey babam oldu. Ben lisedeyken son derece gereksiz bir şekilde Ankara'ya taşındık.

Lise sona gelince, hayalim olan mimarlık ya da elektronik mühendisliği için yeterince dershaneye gitmediğim ortaya çıktı. Beni aptal sanmalarını istemediğim için annemlere gerçeği söyledim. Yani üniversiteye hazırlık kursu paralarını özel bilardo derslerine verdiğimi!.. O noktada çok iyi bilardo oynuyor olmam, annemin sinirini azaltmadı. Ama gerçekten çok iyi oynuyordum.

Sınavı kazanamayacağımı anlayınca, ani bir manevra yapıp konservatuvar tiyatro bölümüne girmek istedim. Bizimkiler, torpille Kıbrıs'taki bir okulda yer ayarlamaya çalışırken, ben tiyatro sınavlarına hazırlanmaya başladım. Çok iddialı girdim ve çok iddialı bir şekilde kazanamadım. Kazanamadığımı öğrendiğimin ertesi günü, o zamanın bölüm başkanı olan Sayın Hocam Cüneyt Gökçer'in kapısını çaldım ve "Benim kadar yetenekli biri neden bu sınavı kazanamadı?" dedim. Kendisi de bana "Çok kilolusun canım, ondan" dedi. Bu arada söylemeyi unuttum, o sıralarda yaklaşık 130 kiloydum. O yaz tam otuz kilo verdim ve kış gelip de okul açıldığında tekrar Cüneyt Hocamın kapısını çaldım, "Hocam, ben bütün bir yıl boyunca derslerinize girmek istiyorum" dedim. O anki ifadesini görmeliydiniz. Cüneyt Hocamın derslerine misafir öğrenci olarak girmeye başladım. Ardından bütün hocalarla tek tek konuştum ve hepsinin derslerine girmeye başladım. Bir süre sonra, o yıl sınavı kazanmış öğrencilerden daha fazla ders almaya başlamıştım bile. Neyse, zar zor geçen iki yıldan sonra 1990'da Ankara Üniversitesi'nin oyunculuk bölümüne kapağı attım.

Okulda öğrenciliğe devam ederken aynı sıralarda piyasada kendime bir yer edinme çabası içinde seslendirme yapmaktan, dizilerde oynamaktan, okulu ancak yedi yılda bitirebildim. Bugün karşılaştığım oyuncuların büyük bir kısmına, "O benim sınıf arkadaşım" dediğim zaman insanlar çok şaşırıyor. Ee kolay mı? Yedi senede yedi ayrı sınıf mezun ettim!

1995 yılında annemi kaybettim. Diyebilirim ki, annem benim hayattaki en yakın arkadaşımdı. En yakın arkadaşımı, dostumu, annemi aynı anda kaybetmek hiç de kolay olmadı. Annemin ölümünden sonra –o zamanlar adını koyamadığım– garip bir değişim başladı bende. Son derece rahat bir hayatım olmasına rağmen, bir şeyler beni rahatsız ediyordu. Bir anda, elimde var olan şeyler artık beni tatmin etmemeye başlamıştı ve ani bir kararla beni bekleyen şeyleri, kariyer, evlilik, daha lüks bir hayat vs bırakıp, Amerika'ya yerleşmeye karar verdim. Karar verdiğim günden itibaren Amerika'ya gitmek üzere uçağa binmem tam 13 ayımı aldı. Size bu yolculuğun hikâyesini bütün detaylarıyla kitabın içinde anlatacağım.

Şimdilik tek söyleyebileceğim şu: ağustoslardan bir ağustos, arabamla sokaklarda, "Ben Amerika'ya yerleşiyorum" nidaları atarak dolaşırken, 3 eylül günü Florida eyaletinin küçük bir kasabasında, Mobil benzin istasyonunda tuvaletleri temizlemek üzere işe başladım. Cebimde beş kuruş para yoktu ve İngilizce bilmiyordum!

Bu kitabı nasıl kullanabilirsiniz?

Bu kitabı yazmaya karar verdiğimde, nasıl bir yol takip etmem gerektiği hakkında pek bir fikrim yoktu. Yıllardır birlikte çalıştığım hocalarım, kendi deneyimlerim ve hayat koçluğu yaptığım insanlardan öğrendiğim bir şey var; hayatı tek bir formüle koyup herkese uygulamak mümkün değil. Bir kitap yazıp; sizden sonra gelen bütün nesillerin aynı öğretileri kelimesi kelimesine, tam olarak anlamadan, yaşadıkları zamanları bilmeden okunmasını ve böyle bir kitaptan faydalanılmasını beklemek, bir yazar olarak yapılabilecek en büyük hata olur.

Herkesin kendine özgü bir hikâyesi var ve bugün, içinde bulunduğunuz her durum –iyi ya da kötü– tamamen sizin yaratımınız! Bir yazar, hoca, usta, artık ne isim verirseniz verin, rahat koltuğunda oturup, sizi tanımadan, sohbet edip sizi dinlemeden, sizin geçmişinizi anlamadan, size bir kitap aracılığıyla hayatınızı nasıl yaşayacağınızı anlatamaz. Böyle yazılan kitaplar ve öğretiler aynen şöyle işler:

Hiç bilmediğiniz bir şehre tatile çıktığınızı düşünün; elinizde şehrin haritası var ama biraz garip. Haritada her sokak, her cadde, her detay basılı olması gerektiği halde, sadece haritayı yapan kişinin beğendiği sokaklar, caddeler ve detaylar var. Siz şehri gönlünüzce gezmek ve kendi keşiflerinizi yapmak, beğendiğiniz ve beğenmediğiniz sokaklara gitmeye kendiniz karar vermek istiyorsunuz, ama elinizdeki harita size, "Yok yok, ben daha önce oraya gittim, biliyorum, orası senin için iyi bir yer değil. Ben sana senin için neyin iyi, neyin kötü olduğunu söylerim" diyor. Ne yaparsınız böyle bir haritayı?

Doğru! Hemen çöpe atarsınız.

Şu anda okumakta olduğunuz kitap, size hayatınızı nasıl yaşayacağınızı anlatmak için hazırlanmadı. Size kurallar vererek, bunları takip ettiğiniz takdirde hayatınızın güzelleşeceğine dair bir garanti de vermiyor. Zaten hiçbir kitap, hiçbir *workshop* veremez. Benim tek amacım, çok basit olan Evrensel dilin ne olduğunu size anlatmak. Dili istediğiniz gibi kullanmak size kalmış. Aynen yabancı dil öğrenmek gibi; öğrendiğiniz dille şiirler yazıp insanların gönüllerini fethedebilirsiniz, küfür edip dayak yiyebilirsiniz ya da biriyle sohbet edip yüzünde güzel bir gülümseme bırakabilirsiniz.

İlk bölümde size kısaca Evren'in nasıl işlediğinden bahsedeceğim. Bunu yaparken elimden geldiğince ayrıntılı anlatmaya çalışacağım. İkinci bölümde, karşınıza çıkabilecek bazı durumlar için sizi hazırlamak istiyorum. Üçüncü bölümde ise, herkesin gündelik hayatında başına dert olan "İSTEMEK" temasına değiniyorum. "İstemek nedir, ne değildir ve aslında ne istediğimizin farkında mıyız?" başlıklarını açacağız. Dördüncü bölüm tamamen örneklere dayanıyor. Kendi hayatınızı –kendi bilincinizle– nasıl yönlendirebileceğinizi görme fırsatınız olacak. Beşinci bölüm, egzersizlerden oluşuyor. Kendinize bir yol çizdikten sonra yol boyunca işinize yarayabilecek bazı yöntemleri inceleyeceğiz. Bitiş bölümünde ise, benim sizinle paylaşmak isteğim bazı görüşlerim var. Elinize bir harita aldığınızda, farkında olmanız gereken bazı noktaları anlatacağım.

Kitaba başlarken şunları aklınızdan sakın çıkartmayın:

1- Hayatta size bir şey öğretebilecek EN İYİ hoca "Bana ihtiyacın yok, ama o kadar istiyorsan gel çayımı iç" diyen hocadır.

2- İşinize EN ÇOK yarayacak kitap, "Aslında bu kitaba bir kereden fazla ihtiyacınız yok" diyen kitaptır.

3- Size, kafanız her karıştığında, EN DOĞRU cevabı verebilecek kişi, her sabah aynaya baktığınızda gördüğünüz kişidir.

Umarım bu kitabı bir ÖĞRETİ kitabı olarak değil, bir HATIRLATMA NOTU olarak değerlendirir ve bitirdikten sonra da kitaplığınıza süs olsun diye koyup yıllarca bir daha okuma ihtiyacı duymazsınız.

TANIŞTIRAYIM

"Sevgili okur bu Evren! Evren bu da okur"

Hayatın amacı nedir?

Size kötü haberlerim var!

İnsanoğlu binlerce yıldır, "Hayatın amacı nedir?" sorusuna cevap vermeye çalıştı durdu. Filozoflar, yıllar süren uğraşlar sonucu bu konularla ilgili kitaplar yazdılar; biz de sürekli bu kitapları okuyup onların yazdıklarını anlamaya çalıştık. Bu soruya verdikleri cevabın, hâlâ çok net anlaşılamamış olmasının nedeni son derece basit. Her zaman, karmaşık ve herkes tarafından algılanamayacak cevaplar peşinde koştuk durduk. İnsanoğlu olarak sürekli BASİT kavramından uzak durduk. Sadece uzak durmakla kalmadık, bir de BASİT olan her şeyi aşağılamaya başladık. O kadar ki, "basit" kelimesi dilimize negatif bir kelime olarak yerleşti ve kaldı. Basit kadın, basit soru, basit ilişki, basit hesaplar vs. Komplike olan bir şey yaratmak ve bunu anlayan biri olmak, bizim için son derece önemli bir olgu haline geldi.

Düşünsenize, bir filozofla aranızda şöyle bir konuşma geçse:

– Hayatın amacı nedir sayın hocam?
– Deneyimlemek ve keyif almak!
– Olur mu canım, bu kadar basit olamaz, peki ya başka?
– O kadar. Sadece deneyimlemek ve bundan keyif almak!
– Yapma etme hocam! Mutlaka daha başka bir şeyler olmalı.

– Yok!
– Ama!?
– ...

Herhalde bu filozofun yanından çıkınca, size konuşmanın nasıl geçtiğini soran arkadaşınıza, şöyle bir cevap verirdiniz.

– Bu herif hiç bi bok bilmiyor, bırak Allah aşkına!

İşte size vermek üzere olduğum kötü haber bu. Para verip aldığınız ve vakit ayırıp okumaya başladığınız bu kitabın size ilk mesajı:

"HAYATIN TEK AMACI DENEYİMLEMEK VE KEYİF ALMAKTIR!"

Şu an, birçoğunuzun gülümseyerek onayladığını görebiliyorum. Bazıları belki de bu satırları okumuyor bile çünkü kitap çoktan çöp kutusunu boylamış durumda. Bir kısmınız da, tam olarak ne demek istediğimi anlamamış olabilir. Olsun, zaten tek amacım size yukarıda büyük harflerle yazdığım tek cümlenin ne demek olduğunu bütün bir kitap boyunca anlatmak.

Yıllar önce, çok sevdiğim hocam Mike Dooley, *Lost* (Kayıp) isimli bir kitap yazdı. Bir başucu kitabı olarak yazılan bu eserde, Evren'in amacını bir hikâye ile anlatıyordu. Hikâye o kadar hoşuma gitmişti ki yıllar önce okumuş olmama rağmen hâlâ aklımda. Size bu hikâyenin bir kısmını kendi cümlelerimle aktarmaya çalışacağım.

Tanrı Evren'i yarattıktan sonra, son derece mutlu bir şekilde yaratımını seyrediyordu. Sonsuz bir boşluk, uçsuz bucaksız bir Evren. İstediği zaman istediği yerde olabilir, istediği gibi Evren'i küçültüp büyütebilirdi. Zaman denilen kavramı da henüz yaratmamış olduğu için, sonsuzdan gelip sonsuza gidiyordu. Derken bir gün, bunun ne kadar sıkıcı olduğunu fark etti ve biraz daha "değişik şartlar" yaratmak istedi. Kendi gücünü, yaratıcı gücünü tekrar tekrar fark edebilmesi, bu oyunu daha keyifli bir hale getirecekti. (Sakın şaşırmayın, bilgisayar oyunu oynarken yaptığınız hiç de bundan farklı bir şey değil. Bir bölümü bitirip hemen daha zor olan diğerine atlamak, oyunu en keyifli kılan şeydir. Şimdi bu mirası nereden aldığınızı anladınız mı?)

Oyunu daha keyifli bir hale getirebilmek için kendi kendine ilk yarattığı engel, gezegenler oldu. Böylece koca boşluk içinde ilk defa "madde" var olmuştu. Yani mekân yaratıldı, boyutlar oluşmaya başladı. Büyük bir zevkle yarattığı gezegenlere bakmaya devam ederken, bir şeyi fark etti. Bu gezegenlerin üzerinde olmanın nasıl bir duygu olduğunu bilmiyordu. Yukarı yıldızlara bakmanın, nefes almanın, zaman ile var olmanın ne olduğunu hâlâ deneyimlememişti. Gezegenlerin üzerinde var olabilecek canlıları yaratmaya başladı ama bir eksik vardı. Hâlâ, sadece dışarıdan bakan bir gözlemciydi. Kendini, yarattığı her canlı varlığın içine yerleştirdi. İşte bu arada, YAŞAM denilen deneyimi tam olarak anlayabilmek için küçücük bir değişiklik yaptı: Her doğan canlının içine kendini yerleştirdi ama onların bunu unutmasını sağladı. Böylece Tanrı olarak –Tanrı olduğunu bilmeden– hayatı bizzat bire bir deneyimleme fırsatını yaratmış oldu. Yarattığı canlıların, aslında neden yapılmış olduklarını unutmalarını sağladı ama aynı zamanda bu canlıların, "tekrar" ne olduklarını hatırlayabilmelerine de izin verdi. İlk olarak, bütün güçlerini içimize yerleştirdi. İkinci olarak da elimize, bize bu yolculukta yardımcı olabilecek en güzel haritayı verdi: Duygularımızı. (Bunu size kitabın ilerleyen kısımlarında çok detaylı bir şekilde anlatacağım, hiç acele etmeyin.)

İste bugün Tanrı, var olmanın, yaşamanın, zaman ve mekân gibi engellerle birlikte yoğrulmanın ne demek olduğunu bizim sayemizde deneyimliyor. Biz ağlarken ağlamayı, gülerken gülmeyi, nefret ederken nefret etmeyi, uyurken uyumayı birlikte deneyimliyor.

Kafanızda şöyle bir soru canlandıysa hiç şaşırmam: "Ne yani, o zaman tek yapmamız gereken ot gibi yaşamak mı? Sırf Tanrı bunları deneyimleyecek diye?.." En azından ben bunu ilk duyduğumda bu soruyu sormuştum.

Öncelikle şunu anlamanız lazım: ot gibi yaşamak diye bir şey yoktur! Yaşadığınız her an bir şeyi deneyimlemektesiniz. Ve her gün, OT GİBİ aynı şeyleri yapsanız bile, hepsi yeni bir deneyimdir. Her biri, bir öncekinden ve bir sonrakinden farklıdır. Her anınızda, yaşadığınız olayları iki şekilde deneyimleyebilirsiniz. Ya Tanrı'nın içinizde olduğunu ve sizin onunla aynı güçlere sahip olduğunu bilerek ya da bir ot gibi yaşadığınızı, Tanrı'nın taaa yukarılarda bir yerlerde UZAKTAN sizi seyrettiğini düşünerek.

Gülümsediğiniz, zevkten dört köşe olduğunuz, umutla geleceğe baktığınız, sevgiyle birine sarıldığınız, yüreğinizin pır pır ettiği her an, Tanrı'nın içinizde olduğunu bildiğiniz anlardır. Depresyona girdiğiniz, yoksul olduğunuz, mutsuzluktan kendinizi öldürecek gibi hissettiğiniz her an ise, Tanrı'nın uzaklarda bir yerlerde olduğunu sandığınız anlardır.

Hani aradığınız o komplike hayat amacı var ya... İşte şimdi size onu hemen vereyim. Hadi bakalım, sadece üç gününüzü, Tanrı'nın bire bir içinizde olduğunu ve sizin Tanrısal güçleriniz olduğunu yaşayarak geçirin... Yani sürekli gülümseyen bir ifade, herkese sevgiyle bakan bir insan, işleri hep yolunda olan biri olarak yaşayın... Tanrı olmayı deneyimleyin... Bakalım becerebiliyor musunuz?.. İnanın bana, aslında çok basit ve aynı zamanda çok "komplike"!

Ben, yıllar önce "HAYAT AMACI" olarak, üç gün boyunca "Tanrı'yı her an içimde hissederek" yaşamayı seçtim.

Hâlâ üzerinde çalışıyorum.

Hiç merak etmeyin, bu satırlarda anlatmak istediklerimi size defalarca, tekrar tekrar, örnekler vererek anlatacağım. Dedim ya, eninde sonunda bu koca kitabın amacı, size son derece basit bir cümleyi anlatabilmek:

"HAYATIN TEK AMACI DENEYİMLEMEK VE KEYİF ALMAKTIR!"

Evren nasıl çalışır?

Uzaktan kumandası nerededir?

Tanrı Evren'i yarattı, iyi güzel. Bizi de içine yerleştirdi, o da güzel. Peki bu Evren'in içinde kendi başımıza yaşamımızı nasıl sürdüreceğiz? İsteklerimiz nasıl gerçekleşecek? Tanrı ile nasıl konuşacağız? Gelişimimizi nasıl sağlayacağız? Evren'in mükemmel bir sistem olduğunu düşünürsek, bu sistem nasıl çalışır?

Bir süre öncesine kadar bu konu, sadece filozofların ilgilendiği ve bilim adamları tarafından ciddiye bile alınmayan bir konuyken, son yıllarda, artık kuantum fizikçileri bile aynı konuyu bilimsel yönlerden incelemeye başladılar. Bu bölümde bahsedeceğim konular, yeni çağın kuantum fizikçileri tarafından ele alınmış ve doğruluğu hayretle İZLENMİŞTİR. Burada size bilimsel birtakım veriler verip canınızı sıkmayacağım ama bir iki tane kuantum fiziği kitabı okumanızı hararetle tavsiye ediyorum.

Bir an için, üzerinde bulunduğumuz dünyanın, bir saniyede yaşadığı hareketi gözünüzün önüne getirin: İstanbul'un göbeğinde yaşanan trafiği, borsadaki hareketliliği, dünyanın başka bir tarafında olan trafik kazasını, yeni doğan bir bebeği, ölen birini, yere düşen bir bardağı, gülümseyen bir insanı, hepsini gözünüzün önüne getirin. Bütün bunlar bir kaos gibi görünse bile, aslında mükemmel çalışan bir makinenin parçalarından başka bir şey değil. Hiç kendinize şu soruyu sordunuz mu: "Nasıl oluyor da Tanrı herkesi aynı anda duyabiliyor? Eğer herkesi aynı anda duyabiliyorsa, nasıl oluyor da yakarışların (duaların) bir kısmına cevap veriyor, bir kısmına cevap vermiyor?"

Tanrı'nın herkesi (Evren'in sadece bizim gezegenimizden ibaret olmadığını da düşünecek olursak) aynı anda duyması ve cevap vermesi bayağı zaman alıcı bir iş olurdu sanırım. Zaten en başında, kendini içimize yerleştirip, güçlerini bize aktarmış olması da, bu dâhiyane planın bir parçasıydı. Tanrı aslında her şeyi otomatik pilota bağladı. Bize düşen tek görev, otomatik pilota gideceği rotayı söylemek. Biz istesek de istemesek de, bu böyle çalışıyor! Ya geminin kaptanı olduğumuzu kabul eder ve gemiyi istediğimiz yere götürürüz ya da kaptanın biz olduğunu kabul etmez ve YİNE DE gemiyi istediğimiz yere götürdüğümüzü bilmeksizin bunu yaparız.

Şimdi elimizdeki verilere bir bakalım: Sınırlarını henüz hayal bile edemediğimiz bir evrende, yüzbinlerce galaksiden birinin içinde bulunan, yüzlerce güneş sisteminden birinde, 9 gezegenden birinin üstünde, 6 milyar civarında insanla birlikte, yüzlerce değişik dil, binlerce değişik aksanla konuşup, geçinip gidiyoruz. Bu kadar farklı ve kalabalıkken, hepimiz için EŞİT şekilde işleyen bir EVREN'LE İLETİŞİM SİSTEMİ kurmak gerekiyordu.

Eğer bu ortak iletişim sistemi, yalnızca konuştuğumuz dilden oluşsa, bazı toplumlar diğerlerinden daha üstün olacaklardı. Eğer bu iletişim, müzikle sağlansa, bu sefer de müzisyenler daha avantajlı durumda olacaklardı. Ya da çeşitli kültürler arasında bulunan farklardan dolayı, aynı müziği herkes beğenmeyecekti. Bu iletişim eğer sadece yazıyla ya da işaretlerle sağlansa, bu sefer de okuma yazma bilmeyenler ya da görme engelliler bu oyunu tam anlamıyla oynayamayacaklardı.

Bir an için kitabı elinizden bırakın ve bütün dünya insanlarının EVREN'LE İLETİŞİMde kullanabilecekleri ortak bir yöntem düşünmeye çalışın. Altı milyarın üzerinde insanın, Evren'le, EŞİT şekilde iletişim kurmasının nasıl mümkün olabileceğini şöyle bir hayal etmeye çalışın. Yani, "Siz Tanrı olsanız nasıl bir sistem geliştirirdiniz?"

Kitabı gerçekten bıraktığınızı ve düşündüğünüzü umuyorum. Siz nasıl çözümler buldunuz bilemiyorum. Bulduğunuz çözümler şu an var olan sistemden daha mı iyi onu da bilmiyorum. Ama eminim, böyle mükemmel bir sistemi yaratmanın ne kadar zor olduğunu fark etmişsinizdir.

Ben size, Tanrı'nın bizi yaratırken bulduğu çözümü aktarmak istiyorum: ENERJİ!

Evet. Evren'le aramızdaki konuşma dilinin adı: ENERJİ. Evren bizim kelimelerimizi duymaz, yazdıklarımızı okumaz, düşüncelerimizi yorumlamaz. İstese yapamaz mı? Yapar tabii, koskoca Evren sonuçta! Elbette yapar... Ancak, size bu enerji denilen meret aracılığıyla nasıl iletişim kurduğumuzu anlatmadan önce kısaca eğer konuştuklarımız, düşündüklerimiz, yazdıklarımızla Evren'le iletişim kurabilseydik ne olurdu onu göstereyim.

Hayatınızda kaç kere birisi için, "Ay Allah belasını versin, cehenneme kadar yolu var!" dediğinizi bir düşünün. Ya da kendiniz için, "Bir daha böyle söylersem iki gözüm kör olsun inşallah!" dediğinizi... Ya da çocukken ödev defterinize, ödev yerine, "Kardeşimi hiç sevmiyorum, onun gitmesini istiyorum!" yazdığınızı düşünün. Ve bir an için, söylediğiniz ya da yazdığınız her şeyin o anda gerçekleştiğini hayal edin.

Hayatınız kâbus gibi olurdu eminim! İnanın bana, sadece enerjiyle iletişim kuruyor olmamız bizim yararımıza.

Kitabın ikinci kısmında Evren'in nasıl çalıştığını çok detaylı bir şekilde anlatacağım. Şimdilik verdiğim şu diyagrama bir göz atıverin. (Bkz diyagram 1- **Düşüncenin Gerçekliğe Dönüşümü)**

DİYAGRAM 1.
Düşüncenin Gerçekliğe Dönüşümü

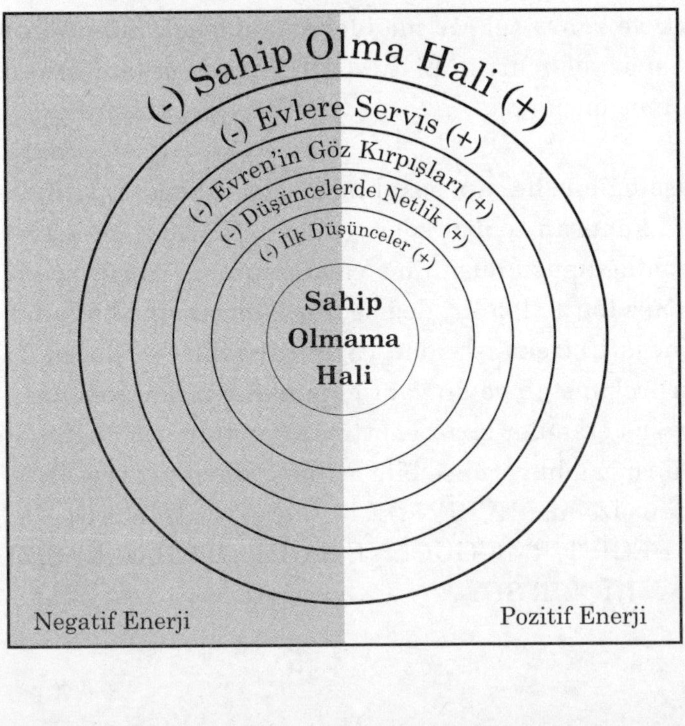

Enerji denen meret nedir?

Işınla beni Skati!

Hepimizin enerjiden yapılmış olduğu gerçeği, artık *Uzay Yolu* dizisindeki fanteziden ibaret değil. Benim yaşımda olanlar hatırlar. *Uzay Yolu*'nda kaptan ve mürettebatı bir platformun üzerine çıkar ve enerjiye dönüşüp başka bir yere transfer olur, orada tekrar maddeye dönüşürlerdi. Tamam, kabul ediyorum, günümüzde hâlâ enerji halini alıp seyahat etmek ve sonra tekrar maddeye dönüşmek mümkün değil ama en azından artık, ENERJİDEN yapılmış olduğumuz kanıtlanmış durumda.

Yaşadığımız her an, sokakta, evde, arabada, işyerinde; yürüyen, konuşan sohbet eden, çalışan, ENERJİ YAYAN vericiler olduğumuzu düşünün. Yaydığınız enerji, gün içinde tamamen sabit kalabilir, değişebilir, yüksek (pozitif) ya da alçak (negatif) frekanslardan yayın yapabilir. Bu enerjinin nasıl bir frekanstan yayın yaptığına karar veren, tamamen sizsiniz. Dış etkenler sizin yaptığınız yayının frekansını değiştirebilirmiş gibi görünse bile aslında "yayının frekansını" değiştiren sizsiniz. EVREN'DE hiç bir şey, SİZİN FREKANSINIZI DEĞİŞTİRME GÜCÜNE SAHİP DEĞİLDİR – SİZDEN BAŞKA HİÇBİR ŞEY!

Birkaç örnekle açıklamak gerekirse: Elinizde tuttuğunuz kitap, enerjinin kitap halini almış şekli. Cep telefonunuz, enerjinin cep telefonu halini almış şekli. İçtiğiniz su, enerjinin su halini almış şekli. Evinizdeki kedi, enerjinin kedi halini almış şekli. İstiklal Caddesi'nde gördüğünüz uyuz sokak köpeği, enerjinin uyuz sokak köpeği halini almış şekli. Sevgiliniz, enerjinin son derece güzel bir kadın ya da erkek halini almış şekli. Bütün bu örnekleri çoğaltarak koca kitabı bitirebilirim ama bu yine de sonucu değiştirmeyecektir. EVREN'DEKİ HER ŞEY ENERJİDEN MEYDANA GELMİŞTİR!

Bizim, enerjiden yapılmış olmamız ve yaydığımız enerji neden bu kadar önemli? Çünkü enerji yayan varlıklar olarak aslında bir MIKNATIS gibi çalışıyoruz. Sakın şaşırmayın! Elektromıknatısın ne olduğunu sanıyordunuz? Yayın yaptığınız frekansa UYGUN frekanslarda yayın yapan her insanı, her olayı, her ortamı kendinize bir mıknatıs gibi çekiyorsunuz.

Hani bazen, etrafınızdaki bazı insanlar için, "Başının üzerinde kara bulutlar dolaşıyor" dersiniz ya, işte onlar sürekli düşük frekanstan (negatif) yayın yapıyorlar ve yaptıkları yayına uygun seyirci kitlesini, olayları, anında çekiyorlar.

Şu ana kadar birçoğunuzun duyduğunu tahmin ettiğim ÇEKİM YASASI, işte bundan ibaret! Yani ortalıkta dolaşan bir sürü mıknatıs, kendi manyetik alanına uygun her türlü "metali" vakumlar gibi çekiyor.

YEMEĞİNİZDE KULLANILACAK MALZEMELER

- 10 gr güven
- 1 kaşık istek
- 250 gram kararlılık

Şöyle bir toparlayalım:

Her şey enerjiden ibarettir. Buna siz de dahilsiniz.
Evren sadece enerjinizi okur.
Yaydığınız **enerjiye uygun** kişileri, olayları, para durumunu, sevgiliyi, kısacası etrafınızdaki her şeyi kendinize çekersiniz.

İstediğiniz herhangi bir şeyi elde etmenin yegâne yöntemi, A noktasından B noktasına gitmek. A noktasına sahip olmama hali dersek, B noktası sahip olma hali olur.

A ⟶ *B*

Sahip Olmama Hali — *Sahip Olma Hali*

Yani diğer bir deyişle: A noktasında enerjiniz "Sahip olmama halinden" yayın yaparken, B noktası "Sahip olma halinden" yayın yapmaktadır.

Gündelik yaşamdan bir iki örnekle, tabloyu biraz daha açayım.

A ————————————→ B

Sahip Olmama Hali — Sahip Olma Hali

Sahip Olmama Hali	Sahip Olma Hali
Parasızlık hali	Bol paralı olma hali
Sevmediğiniz bir iş	Sevdiğiniz bir iş
Arabanızın sürekli bozulması	Arabanızın tıkır tıkır çalışması
Kötü bir ilişki	Harika bir ilişki
Tıkalı bir trafik	Rahat bir trafik
Çalışmayan bir bilgisayar	Çok güzel çalışan bir bilgisayar
Aile içi sorunlar	Güzel bir aile ortamı

Olayı anladınız, bu listeyi istediğiniz kadar uzatabilirsiniz. Ee peki şimdi nolcek? Madem her şey bu kadar basit, neden;

İstediğimiz şeyler olmuyor,
Çok farklı bir şekilde oluyor,
Ya da istemediğimiz şeyler oluyor?

Neden yaydığımız enerjinin tam olarak farkında değiliz? Bu işin içinde bir hile mi var?

Hayır yok. Sadece en önemli etken, enerjinizin nereden yayın yaptığını tam olarak anlayamıyor olmanız. Tıpkı harika bir yemeği yaparken tuzunu koymayı ya da pilav yaparken yağ eklemeyi unutmak gibi. Doğal olarak yağsız yaptığınız pilava artık pilav değil, "lapa" denir. Hayat denen yemeği de yaparken yağını unutunca, LAPA gibi bir gerçeklik yaşayıveriyorsunuz.

İlk olarak, enerjinizi nasıl okuyabileceğinizden bahsedeceğim. Çünkü Evren, sizin enerjinize uygun her şeyi size sağlıyor, hem de hiç yanılmadan. Sizse, enerjinizin tam olarak farkında olmadığınız için, Evren'i suçlayıp duruyorsunuz. Şimdi gelin yemeğinizde kullanabileceğiniz diğer malzemelere göz atalım.

Çekim yasası

Çektim, çektin, çekti!

Atalarımız, "Para parayı çeker" demişler. Bunu söylerken de bilinçli ya da bilinçsiz ÇEKİM YASASInın ta kendinden bahsetmişler. Para parayı çeker demek; "Parası olan yatırım yapar böylece daha zengin olur" demek KESİNLİKLE DEĞİLDİR. Bu yorum, sadece fakir olanların züğürt tesellisidir. Böylece, neden zengin olamadıkları hakkında çok güzel mazeretler uydurabilmektedirler. Kitabın dördüncü bölümünde para konusunu oldukça detaylı anlatacağım.

Şimdi gelin şu "Hepimizin enerji olması" dalgasına daha yakından göz atalım.

1- Her şey ama her şey –istisnasız– enerjiden yaratıldığına göre,
2- Her şeyin ama her şeyin –istisnasız– bir enerji seviyesi, yani frekansı olduğuna göre,
3- Her enerji birimi –istisnasız– kendi frekansını özgürce ve istediği gibi değiştirme hakkına sahip olduğuna göre,
4- Her frekans –istisnasız– etrafına, frekansına uygun enerjileri çektiğine göre;

Şimdi şu soruya cevap verin:

Sizin yaşadığınız, iyi ya da kötü, bütün olayların sorumlusu kim?

Eğer ciddi bir şekilde bu soruya, annem, babam, komşu, patronum, arabam, hırsız, yağmur, deprem, hastalık, iflas... gibi cevaplar verdiyseniz, bu kitabı ya baştan bir daha okumaya başlayın, ya da şu anda bi kenara bırakın. İleride, bir ayağı kısa masanıza yükselti olarak kullanırsınız.

Yaşadığınız, iyi ya da kötü bütün olayların tek sorumlusu SİZSİNİZ...

Evet, ben de bunu hocam Darel Rutherford'dan ilk duyduğumda yüzümde aynı şaşkın ifade vardı.

"Nasıl yani?" dedim hocama,

– Yediğim dayak da mı benim suçum?
– Suçun değil, sadece seçeneğin.
– Peki ya beni başka bir herif yüzünden terk eden kız arkadaşım?

"O da senin seçeneğin" dedi. İnanılmaz sinirlenmiştim.

– Beş kuruş param yokken yolda kalan arabam?
– Aynen. O bile bir seçenek.

İçimden "Ben seni şimdi şurada bi güzel pataklasam, o da senin seçeneğin mi olur acaba" demek geçti ama ağzımı açmamayı tercih ettim. Nasıl olsa bir bildiği vardır. Kısa bir süre sonra anlarım ne demek istediğini diye düşündüm.

Sonra hocamla her hafta düzenli olarak çalışmaya başladık.

Sekiz yıl sonra "tam olarak" anlamıştım ne demek istediğini.

Sakın yanlış anlamayın. Ben size, "Bu işler sekiz yılda ancak öğrenilir" demek istemiyorum. Zaten bu kitabın amaçlarından biri de, size bu işin ne kadar kolay ve çabuk olduğunu anlatmak. İlerleyen bölümlerde, benim nasıl bir tuzağa düştüğümü ve neden sekiz yıl sürdüğünü uzun uzun anlatacağım.

Olayı zorlaştıran en önemli etkenlerden biri, bizim enerji frekansımızı tam olarak okuyamıyor ya da okusak bile inkâr ediyor olmamız. Eğer hayatınızın herhangi bir döneminde şu cümlelerden bazılarını ya da benzerlerini kullandıysanız, siz de o zamanlardaki "ben" gibi, tam olarak hangi frekanstan yayın yaptığınızı anlayamıyorsunuz demektir.

O kadar denedim, olmadı.
Yahu çok istemiştim ama!
Ulan ne günahım vardı benim?
Yeter artık, biraz nefes almak istiyorum.
Falanca ağzını açmasaydı bunların hiçbiri olmazdı.
Ona o kadar da güvenmiştim.
Bende şans olsa.
Gökten para yağsa, benim kafama yine de taş düşer.

Uzatmayalım. Demek istediğimi anladınız. Bu cümlelerin hepsinde ortak olan, hayal kırıklığı, istenenin elde edilememiş olması ve bıkkınlık. Bunun anlamı şudur; Siz o kadar zamandır bir şeyi istiyorsunuz, istiyorsunuz, istiyorsunuz ama sonuç sizin düşündüğünüzün TAM TERSİ ya da ÇOK KEL ALAKA hali.

Aslında, TAM OLARAK NE İSTEDİYSENİZ, onu elde ettiniz. Hem de her seferinde. Çünkü ÇEKİM YASASI, hiç yanılmadan, herkes için eşit bir şekilde işler. EVREN'E RÜŞVET VEREMEZSİNİZ!

Gülmeyin, bizim ülkemizde rüşvet olayı olmadığı için belki rüşvet verip yasaları değiştirmek size komik geliyor ama dünyanın bir dolu yerinde bu hâlâ geçerli.

Evren, sizin rüşvetinizi nazik bir şekilde reddedecektir. Size garezi olduğu için değil, zaten en başından beri size TORPİL yaptığı için! Evren sizin için çalışıyor. Rüşvet vermenize gerek yok. Sadece isteyin, o yerine getirecektir. Ama isterken Evren'in konuştuğu dili konuşmak zorundasınız. Yani "ÇEKİM YASASI" dilini.

Çekim Yasası'nın günlük hayatta nasıl işlediğini ve bahsettiğim torpilin ne olduğunu, üçüncü bölümde sizi bıktırana kadar anlatacağım.

Hepiniz Alaaddin'in lambasını bilirsiniz ama Alaaddin zaten yıllardır mutlu bir hayat yaşadığı için, bizim hikâyemizde lambayı bulan başka biri.

Adamın biri sihirli lambayı bulur ve ovuşturmaya başlar. Kısa bir süre sonra kocaman bir cin belirir ve adama, üç dilek hakkı olduğunu söyler. Adam oldukça uyanıktır ve cine şöyle der:

– Hayatta her istediğimi yapabilme, düşündüğüm her şeyi gerçekleştirebilme gücü istiyorum ve bu gücün hiç bitmemesini diliyorum.

Cin kısa bir duraklamadan sonra gülümseyerek adama bakar ve:

"Zaten sizde olan bir gücü size veremem" der.

Başka bir dileğiniz?

Duyguların ölçümü - değişimi nedir

Ver oradan iki kilo mutluluk!

"Her enerji birimi –siz dahil– belli bir yerden yayın yapar" diye şu ana kadar herhalde üç dört defa söyledim, söylemeye de devam edeceğim. Şimdilik gelin bu frekans olayını 0 ile 100 arasında puanlandıralım.

(0) olabileceğiniz en kötü ruh hali, (100) ise olabileceğiniz en iyi ruh hali olsun.

Aynı sizde olduğu gibi, olayların da kendilerine göre enerjileri var. Onları da aynı şekilde (0) ile (100) arası diye kabul edelim.

Siz gün içinde 25 civarında bir türkü tutturmuş giderken, tahmin edin hangi enerjide olayları bir mıknatıs gibi kendinize çekiyorsunuz. Doğru! 25 ve civarı olanları. Sakın 25 civarında yayın yaparken 90 civarı bir olayın gelip de sizi bulmasını beklemeyin. "Gökten para yağsa, siz tam ortasında dursanız bile, sizin kafanıza taştan başka hiçbir şey düşmez."

Enerjinizin nereden yayın yaptığını fark edebilmek için, oranıza buranıza elektronik aletler takmaya ya da okunmuş üflenmiş bazı takılara HİÇ ihtiyacınız yok.

Enerjinin bizim anlayabileceğimiz bir hale çevrilmesi, zaten yaradılıştan var olan bir şey. Adına DUYGU diyoruz. Hissettiğiniz bütün duygular, enerjinizin elle tutulabilir hale dönüşmesinden başka bir şey değil. İşte size en güzel ölçek. **Duygularınıza bir göz atın!** (bkz. ENERJİ – DUYGU dönüşüm tablosu)

Bu arada bir parantez açmadan geçemeyeceğim. DUYGU kelimesi bizim dilimizde artık o kadar garip bir şekilde kullanılmaya başlandı ki, benim bahsettiğim konularla karıştıracak olursanız ilginç sonuçlar ortaya çıkabilir.

– ***Ayy o herif çok duygusuz.***
Hiç bir frekanstan yayın yapmıyor demek ki. Biz ona artık ölü demeyi tercih ediyoruz.

– ***Benim eşim duygularını çok saklayan bir insan.***
Hayır efendim, siz görmek istemeyecek kadar korkuyorsunuz. İnanın bana duyguları saklamak MÜMKÜN OLSAYDI ben şimdiye kadar yapardım.

– ***Duygusallaşmanın hiç âlemi yok şimdi.***
Herhangi bir frekanstan yayın yapmanın hiç âlemi yok şimdi. Hatta bu cümleyi kullananlara ben başka bir cümle önereceğim. Bir dahaki sefere karşınızdakine şöyle söyleyin "***Nefes almanın hiç âlemi yok şimdi.***"

– ***Duygularımı ifade etmekte çok güçlük çekiyorum..***
Öyle mi? Hazırladığım şu tabloya bir bakın öyleyse. Bakalım bu gezegende duygularını açıklamakta güçlük çeken biri var mı?

Enerji duygu dönüşüm tablosu

Frekans	Duygulara yansıması	Örnek Davranışlar	Eşgali
95-100	Sevgi dolu, şükreden mutluluktan uçan. Halk arasındaki tabiri ile "KAFAYI YEMİŞ".	Yolda yürürken kendi kendilerine çıkarttıkları sese "kahkaha" diyoruz.	
85-95	Mutlu, iyimser, huzurlu. İçerken kadere küfretmekten hiç zevk alamayacağınız kişi.	Gözlerinin içi güler, yanaklarının aldığı o garip şeklin adı "GÜLÜMSEME".	
75-85	Umutlu. Geminin kaptanının kendisi olduğunu bilmiyor ama geminin rotasından memnun.	Genelde, merhaba yerine "Ee hadi hayırlısı bakalım" derler.	
65-75	Sıkıntılı, stresli. Evdeki hesap çarşıya uymayacak endişesi ile yaşayanlar.	"Ammann ne bileyim baba ya" diyen arkadaşınız var ya. İşte o.	
55-65	Kaygılı, şüpheci. Hayatın içinde yuvarlanıp kontrolu kaybettiklerini düşünürler.	Kendi kendilerine konuşurken ya da başkalarını çekiştirirken gözlenebilirler.	
40-55	Suçlayıcı. Başlarına gelen her şey başkalarının suçudur.	"O şunu dedi, bu bunu dedi. Ay bunların hepsi bana düşman ayol" diye gezinenler.	
30-40	Sinirli, öfkeli. Bazı kesimlerde delikanlı kabul edilenler.	Araba kornasını her çaldıklarında para kazanacaklarını zannederler.	
20-30	Nefret duyan, intikam isteyen. Genelde gazetelere bol bol malzeme olurlar	Evet elinde tornavida size doğru gelen adamın frekansını artık biliyorsunuz.	
10-20	Kıskanç, güvensiz. Herkesin, her şeyin onlara kötülük yapacağına inanırlar.	Annelerinin ağzında "yeme şu tırnaklarını" demekten tüy bitirtenler.	
0-10	Korku, depresyon. Kendisini bir bitki gibi hissettiği zamanlar.	Köprü tepeleri en sevdikleri mekânlardır.	

Ben sizin yerinizde olsam, verilen tabloyu bir kâğıda yazar ve duvara yapıştırırdım. Ya da daha kolayı var, yırtın o sayfayı ve kullanın! Bu tabloyu ezberleyin demiyorum ama, birebir gündelik hayatınızda karşılaşabileceğiniz birçok örnek senaryoyu incelerken elinizin altında bulunması iyi olabilir.

Size bu enerji olayını biri iki örnekle açıklamaya çalışayım.

Her gece hangi enerjiyle yatağa girdiyseniz, sabah aynı enerjiyle kalkarsınız. Uykuda neler olduğunu bir başka kitapta anlatırım. Şimdilik rüya tabirleri kitaplarıyla ya da arkadaşlarınızın "hayır olsun" dilekleriyle eğlenmeye devam edin.

Diyelim gece yatarken son olarak enerjiniz 55 ile 65 arasında bir yerdeydi. Yani endişeli, kaygılı, şüpheci vs bir haldeydiniz. Sabah kalktığınızda, aynen bu noktadan başlarsınız. Yayın enerjiniz 55-65 arası olur.

"Şöyle bir çay demleyip kendime geleyim, sabah gazeteme bir göz atayım" dediniz. Çok güzel ve keyifli bir başlangıç, enerjinizi hemen yükseltecektir. Gazeteye göz atmaya başladınız. Dünyanın en güzel haberlerine yer veren bir gazetede bile siz 55-65 civarı enerjiden yayın yapan haberleri okuma eğiliminde olacaksınız.

Bilmem nerede kaza... yolsuzluk... tüp patladı... kan davası... takımınız yenildi... ibne hakem... kanser yapan yemekler...

Güzel, çok güzel! Okumaya devam edin. Okudukça, enerjiniz yavaş yavaş daha düşük seviyeden yayın yapmaya başlayacak. On beş dakika sonra artık 50-55 civarı yayın yapıyorsunuz. Şu an hayatınıza girecek olaylar, 50-55 civarı olmak zorunda.

Mutfağa gittiniz, amanın çayın suyu bitmiş, o kadar da keyifle bekliyordunuz. "Neyse işyerinde içerim" deyip dışarı çıktınız.

Arabanız çalıştı çalışmasına da, çalışırken yedi sülalesini bir gözden geçirdiniz... Harika! Enerjiniz iyice düşmeye başladı, şu an tahminen, 35-40 civarında yayın yapmaktasınız.

Yolda bir trafik, bir trafik... Dünya korna günü kutlanıyor. Yarı yola gelene kadar, herhalde gün ışığı görmemiş bütün küfürlerinizi diğer şoförler için kullandınız. Enerjiniz 30'a kadar düştü. Kalp atışlarınız 100 civarında.

İşyerine vardınız. Geç kalmak, bulunduğunuz enerjinin doğal sonucu. Hiç trafiği, taksi şoförlerini, arabanızı, Evren'i suçlamayın. Şu an bir mıknatıs gibisiniz. Frekansı 30 olan birinin çekebileceği her şeyi çekiyorsunuz.

Hadi kitabın bu cümlesini siz yazın... İşe başladığınız ilk saatlerde enerjisi 30 civarında olan birinin, ilk başına gelecek olan şey .... dir.

Evet... Ufak ufak anlamaya başladınız.

Tabii ki enerjiniz sürekli düşüp (0)'a inip sizi köprü tepelerine çıkartacak diye bir kural yok. Küçücük şeyler enerjinizi düşürdüğü gibi, aynı küçük şeyler yükseltebilir de.

Saat 10 civarı, çaycı Ahmet Efendi günün ilk çayını getirdi. Frekansınız 30'da, belki de 40'a çıktı. Ee, keyifle bir çay içeceksiniz. Ama unutmayın, çayın "tadı" ve getiren Ahmet Efendi'nin "tadı" aynı sizin enerjinize uygun olacak. Hatta herkese çay getirip sizi unuttuysa hiç şaşırmam.

Bu arada, önemli bir noktaya değinmek istiyorum. Bahsettiğim enerji değerleri, hayatınızda bir konudan diğerine farklılık gösterebilir. Belki işiniz konusunda negatif yayın yapıyorsunuz ama ilişki konusunda enerjiniz son derece yüksek bir noktada ve harika bir ilişki yaşıyor olabilirsiniz. Aynı zamanda harika bir evde oturuyor da olabilirsiniz. Ama, komşunuzla olan ilişkinizde negatif bir yayın yapmanız mümkün. Bir başka deyişle, son derece memnun olduğunuz her durum, o konuyla ilgili pozitif yayın yaptığınız için, memnun olmadığınız her durum da, o konuyla ilgili negatif yayın yaptığınız için hayatınızda.

Şimdilik sizi, bütün hayatınız boyunca nasıl yaşamaya alıştığınızla yüzleştiriyorum. Daha sonra bu senaryoları nasıl değiştireceğimizden de bahsedeceğim.

Duygularınızı ölçmek ve enerjinizi nasıl değiştireceğinizi öğrenmek, geminin kaptanı olduğunuzu ilan ettiğiniz ilk an olacaktır. Evet belki geminin kontrolünün sizin elinizde olduğunu kabul edip dümene geçtiğiniz ilk zamanlarda, Boğaz'daki bir iki yalıya geçirebilirsiniz ama olsun, buna değecek, hem zaten Boğaz'dakiler de buna alışık. Kendi üzerinizde çalışmayı, yıllardır hiç temizlenmemiş bir odayı ilk defa temizlemek gibi düşünün. Odaya ilk girdiğinizde biraz ekstra toz kalkacak. Ama bu, güzel ve temiz bir oda için katlanılabilecek bir durum.

Kelimelerin önemi

Ağzından çıkanı kulağın duyuyor mu?

Düşünceleriniz hayattaki gerçekliğinizi yarattığına göre, ne düşündüğünüzü çok iyi bilmeniz gerekiyor. Genelde bir konuyla ilgili, "Ben şunu düşünüyorum" dersiniz ve buna gerçekten inanırsınız ama aynı zamanda kullandığınız, ağzınızdan otomatik olarak çıkan kelimeler, sizin aslında o konuyla ilgili enerji seviyenizi hemen ele verecektir. Buna "gizli düşünceler" ya da "EGO" diyebiliriz. Evet, biliyorum, en "korkunç" kelimeyi kullandım! İşte, gemiyi asıl yöneten sizin "gizli düşünceleriniz"dir. Siz istediğiniz kadar "ağzınızla" bir şey söyleyin, eğer gizli düşünceleriniz yani EGOnuz sizinle aynı fikirde değilse, işiniz zor!

Hepimizin günlük hayatta karşılaştığı örneklerle konuyu biraz daha açmaya çalışalım.

Liseyi bitirdikten hemen sonra, ilk kız arkadaşımla olan ilişkim, üç ya da dört ay sürmüştü. İlişki, beni başka bir erkekle aldatmasıyla sonuçlandı. Tahmin edebileceğiniz gibi dünya başıma yıkılmıştı. Hani hepimize olur ya, ilk ilişkimizin sonsuza kadar süreceğini zannederiz. Ben de öyle sanmıştım. Ama gizli düşüncelerim yani EGOm, başka havadan çalıyormuş demek ki.

İlk iki üç yıl öylesine takıldım. Çıktığım bazı insanlar oldu ama ciddi hiçbir ilişkim olamadı. Daha sonra, sanırım yaklaşık üç ya da dört yıl kadar sonra, yine ciddi bir ilişkiye girdim. Bu da bir yıl kadar sürdü ve içinde yine aldatmayla ilgili birtakım sorunlar yaşandı. Ondan sonra da ben bir daha iflah olmadım.

Sonraki on yılı, bir ay ya da en fazla iki ay süren ilişkilerle geçirdim durdum. Ne yalan söyleyeyim, başta çok keyifli bir durum gibi görünüyordu. Hatta öyle ki, hocam Darel Rutherford ve Mike Dooley ile ilk çalışmaya başladığım zamanlarda, hiç ilişkiler konusuna değinme ihtiyacı bile duymamıştım. Ta ki bir gün ciddi bir ilişki isteyene kadar. "Artık" dedim "Evren'in nasıl çalıştığını biliyorum. Kendime TAM İSTEDİĞİM gibi bir ilişki yaratmam mümkün."

Sonraki altı ay, birbirinden korkunç deneyimlerle geçti. Çıktığım her kadın bir öncekinden beterdi. Biri psikopat, biri alkolik, biri .... (muhtemelen uzaylı falandı). "Yahu" dedim, "bu işte bir yanlışlık olmalı." Hani biz kendi gerçekliğimizi yaratırdık. Hani frekansı ayarlayınca bu iş olurdu? Sonunda, konuyu Darel ile konuşmaya karar verdim. Bana ego ile ilgili bir iki şey anlattı ama nafile. Kafama dank etmedi. Ben birbirinden acayip ilişkilerde son derece başarılı bir şekilde ilerliyordum.

Derken bir gün...

Darel ile bambaşka bir konudan bahsediyorduk. Darel bana masaj için evine gelen kadının o hafta geç kaldığından bahsediyordu. Ben de hiç farkında olmadan şöyle bir cümle kullanmışım:

– Eee işte, kadın milleti değil mi. Hiç güven olmaz!

Darel birden gülmeye başladı ve "İşte" dedi, "bu yüzden tam İSTEDİĞİN gibi bir ilişki yaşayamıyorsun. Düşüncelerinin istediği şeyle, GİZLİ DÜŞÜNCE-EGOnun istediği şey birbirinden farklı. 'Kadın' dendiği zaman aklına ilk gelen, ne kadar güvenilmez oldukları. Bu yüzden, hayatına çektiğin kadınların hepsi GÜVENİLMEZ olmak zorunda."

Haklı olduğu zaman Darel'dan nefret ediyordum ve adam her zaman haklıydı.

Gerçekten dönüp baktığım zaman, hayatıma çektiğim kadınların yegâne ortak özelliği GÜVENİLMEZ olmalarıydı. Evren benim enerjimi okuyordu. Benim istediğimi, DÜŞÜNDÜĞÜMÜ ya da SÖYLEDİĞİMİ sandığım şeyi değil, enerjime eşit olanı bana veriyordu. Çok basit bir cümle, enerjimi hemen ele vermişti. Kendi enerjimi fark etmeden on yılı aşkın bir zaman geçirmiştim ve bu süre boyunca Evren bana hiç durmadan, HER AN istediğim şeyi vermeye devam ediyordu. Eğer o zamanlar sizinle tanışsaydık ve bana "Aykut, kadınlara güvenir misin?" diye bir soru sorsaydınız, herhalde size, kadınların nasıl "güvenilir" olduklarıyla ilgili, son derece felsefi, yarım saat sürecek bir konuşma yapabilirdim ve konuşmamın içinde gerçek düşüncem hiç yer almazdı: "HAYIR GÜVENMEM."

Neyse hocamla bu konu üzerinde çalıştık. Çok kısa bir sürede hayatıma son derece güvenilir bir kadın çektim. GİZLİ DÜŞÜNCEMİ değiştirdiğim an, hayatımdaki olaylar da değişmeye başladı. Aradan dört yıl geçti ve hâlâ Esra ile birlikteyim. Hatta kısa bir süre önce de evlendik.

Bana hayat koçluğu için gelen insanları ya da sadece sohbet ettiğim arkadaşlarımı çok iyi dinlemek âdetimdir; çünkü farkında bile olmadan kullandıkları kelimeler, GERÇEKTEN ne demek istediklerini anlatır ve frekansları hakkında çok detaylı bilgi verir.

Bir örnek daha inceleyelim.

Çok sevdiğim bir arkadaşım olan Aslı ile buluşup öğlen yemeği yemek, günümüzün vazgeçilmez bir parçası haline gelmişti. Bana arada bir şirket dedikodularını anlatırdı ve bayağı eğlenirdik. Bu dedikodular arasında hep dikkatimi çeken şey, o şirkette hiç kimsenin terfi almasının mümkün olmadığıydı. Şirket yaklaşık on senedir aynı çekirdek kadroyla devam etmiş ve yeni kimsenin yükselmesine izin verilmemişti. Aslı, bu konuyu zaman içinde KENDİ GİZLİ DÜŞÜNCESİ haline getirmeyi çok iyi becermişti. Ve şirketteki üç yılını sürekli bir amaç peşinde koşarak geçirdi: "TERFİ ALABİLMEK."

Eğer Aslı'ya "Terfi alabilecek misin?" diye sorsaydık, cevabının evet olduğundan hiç şüphem olmazdı. Ama gelin görün ki sıradan sohbetlerimizde sürekli konuştuğumuz konu şirkette kimsenin TERFİ ALAMAMASIydı.

"Kimseye terfi verilmeyen bir şirkette terfi almak mümkün değildir, vazgeçin!" DEMİYORUM. Asla!

Aksine son derece mümkün ve KOLAYDIR diyorum. Eğer GİZLİ DÜŞÜNCE - EGO sizinle aynı fikirdeyse! Aslı'nın durumunda GİZLİ DÜŞÜNCE - EGO, terfi verilemeyeceğine inanmıştı. Çünkü dikkati ve sıradan gibi görünen kelimeleri hep bu doğrultudaydı.

Üç yılın sonunda, İSTEDİĞİ OLMADIĞI (aslında GİZLİ DÜŞÜNCESİNİN istediği olduğu) için işten ayrıldı ve çalışanlarına terfi veren bir şirkete geçti.

Çok daha basit gibi görünen bir konuyla ilgili son bir örnek daha vermek istiyorum. Esra ile benim çok sevdiğimiz bir arkadaşımızdan bahsedeceğim. Norman.

En büyük keyfimiz Norman'ın arabasıyla bir yerlere gitmek ve bu sırada onun bu, GİZLİ DÜŞÜNCE - SÖZDE GÖRÜNEN İSTEK çelişkisini seyretmekti. Norman her seferinde aynı çelişkiyi ve doğal olarak sonuçlarını hiç sektirmeden yaşardı.

Hollywood sokaklarında arabayla gidiyoruz; amacımız güzel bir yerde yemek yemek. Norman, restoranın park yerine para verip park etmek istemediği için, cadde üzerinde park edebileceği bir yer aramaya başlar. Arayışı başladığı an Esra'nın ve benim yüzümde muzip bir gülümseme belirir. İkimiz de biliriz ki Norman'ın park yeri bulması İMKÂNSIZDIR!

Evren'in, Norman'a garezi olduğu için değil; sadece park yeri aradığı, bulacağını düşündüğü, ama sorduğunuzda farkında bile olmadan, "Artık oralarda park yeri bulmak İMKÂNSIZ" dediği için.

Sonunda –her seferinde– Norman bizi restoranın önünde indirir ve kendisi park yeri bulma çabalarına tek başına devam ederdi. Yaklaşık yirmi dakika sonra kan ter içinde gelirdi. Her seferinde aradığı park yerini, iki üç kilometre ileride başka bir semt civarında bulmuş ve onca yolu geri yürümüş olurdu.

Norman'a sorsanız bu iş trafiğin suçu, onun suçu, bunun suçu.

Aynı semtte Esra ile benim arabamda geziniyorsak park yeri bulmamız –hem de en güzel yerde, genellikle de gideceğimiz mekânın TAM ÖNÜNDE– an meselesidir. Çünkü, ikimiz de GİZLİ DÜŞÜNCELERİMİZİ ve bunun sonucu olarak AĞZIMIZDAN ÇIKAN KELİMELERİ çok dikkatli seçeriz.

Şimdi böyle sorunları sadece anlatıp sizi ortada bıraktığımı düşünmeyin. Buna benzer durumların çözümü çok kolay. "Gizli düşünce - ego"nun nasıl çalıştığını çözümleriyle birlikte detaylı bir şekilde dördüncü bölümde anlatacağım.

Su uyur ego uyumaz!

Hadi göster amcalara egonu... Bak amcası kocaman bununkisi!

Okumaya başlamak üzere olduğunuz bölüm, bence hayatınızın kilit noktalarından birini, belki de en önemlisini anlatmak üzere. Eğer şu an bir kafede, bir yandan bu sayfayı okuyup bir yandan da yan masada oturan güzel kızı ya da yakışıklı adamı kesiyorsanız, **okumaya devam etmeyin!** Okuyormuş gibi yapın ve gidin yan masadakiyle konuşmanın bir yolunu bulun.

Bu bölüme başlamadan önce, bütün dikkatinizi bu satırlara vermiş olmanızı hararetle tavsiye ediyorum.

Bugüne kadar EGO kelimesini binlerce defa duydunuz ve kullandınız. Mesela:

– Ego sizin düşmanınızdır.
– Egosuz olmak hayatın en üst mertebesidir.
– Sakın egonuzu dinlemeyin.
– Egonuzu elinizden geldiğince, her an susturun.
– Ego ile yaptığınız savaştan galip çıkmak sizin elinizde.
– Ego kötüdür.
– Egosuyla hareket edeni kimse sevmez.

– Egomdan kurtulmak için *workshop* yapıyorum.
– Egomdan NEFRET ediyorum.
– Egomu bir kavanoza kapatıp denize attım.

Daha yüzlerce cümle kurulabilir. Şimdi bu cümleleri bir kere daha okuyun. Eğer bu cümlelerin biriyle bile aynı fikirdeyseniz, okurken bir madde için bile kafa sallayıp onayladıysanız, iddia ediyorum:

HAYATTA İSTEDİKLERİNİZİ HÂLÂ GERÇEKLEŞTİREMEMİŞ ÇOĞUNLUĞUN BİR PARÇASISINIZ.

Geçmiş olsun!

Bilmiyorum hangi öğretileri takip ettiniz. Bilmiyorum ne kadar fayda gördünüz o öğretilerden. Bildiğim tek şey, eğer işinize o kadar yarasalardı, şu an hiçbir derdiniz kalmamış olurdu.

Amacım, sırf bazı kültürleri ve öğretileri kötüleyen bir kitap yazmak değil. En azından, BU KİTAP bunun için yazılmadı. Amacım, benim hayatımda 12 yılıma mal olan bir hatayı sizin de yapmamanız için bir parça olsun katkıda bulunabilmek.

Ego ile ilgili bütün bildiklerinizi UNUTUN ve bir tek şu cümleyi kafanıza sokun:

"EGO SİZİN EN İYİ DOSTUNUZ. YATIN KALKIN EGONUZ OLDUĞU İÇİN ŞÜKREDİN!"

Arkadaşlarım ya da koçluk yaptığım insanlar, ben bu kadar ani ve sert bir çıkış yapınca çok şaşırırlar. Size de aynı şey olmuş olabilir. Okumaya devam edin. Bu bölümün sonuna geldiğinizde, oldukça rahatlayacağınızı umuyorum.

Egonun kelime anlamı üzerinde bayağı sözlük karıştırdım ve sonunda şunu buldum: EGO, kelime olarak LATİNCE bir kelime. Yani Latince dışında diğer tüm diller, ÇEVİRİ olmaktan öteye gidemez. Bunun üzerine Latincede egonun ne demek olduğuna baktım. Paragraflar dolusu felsefi açıklamalar beklerken, baktığım bütün Latince sözlükler bana aynı sonucu verdi:

EGO = Ben

Evet. Ego, BEN demek. İsteyen hemen açıp LATİNCE bir sözlükten bakabilir. Şimdi bu bölümün başında size verdiğim ego ile ilgili cümleleri, EGO kelimesini BEN ile değiştirerek tekrar yazmak istiyorum.

– BENliğiniz sizin düşmanınızdır.
– BENSİZ olmak hayatın en üst mertebesidir.
– Sakın BENİ dinlemeyin.
– BENİ elinizden geldiğince, her an susturun.
– BEN ile yaptığınız savaştan galip çıkmak sizin elinizde.
– BEN kötüyüm.
– BENLİĞİNDEN hareket edeni kimse sevmez.
– BENDEN kurtulmak için *workshop* yapıyorum.
– BENDEN nefret ediyorum.
– BENİ bir kavanoza kapatıp denize attım.

Nasıl, hoşunuza gitti mi?.. Hadi bakalım, şimdi çivili tahtalarda yatarak, kendinizi yıllarca mağaralara kapatıp, KENDİNİZDEN kurtulmaya çalışın. İyi şanslar.

EGO ile yapacağınız HİÇBİR SAVAŞI kazanamazsınız. İki kere iki dört eder. Bükemediğiniz eli bir an önce öperseniz sizin için daha iyi olur.

Gelin, en başından başlayalım bu yakın arkadaşınızı tanımaya.

Kendiniz ve etrafınızla ilgili "dir... dır... dur..." şeklinde biten veya "Ben..." ile başlayan her cümle GİZLİ DÜŞÜNCE-nin, egonuzun ürünüdür. **Ve "gemiyi" asıl kontrol eden bu gizli düşüncelerdir.**

Bakın şöyle:

– İş bulmak zorDUR.
– İyi bir ilişkiyi yürütmek imkânsızDIR.
– Para kazanmak zorDUR.
– BEN çok akıllı değilim.
– BEN çok akıllıyım.
– BEN çirkinim.
– BEN güzelim.
– Acı çekmek hayatın bir parçasıDIR.
– BENi kimse sevmiyor.
– Fazla mal haramDIR.
– BEN hak etmiyorum.

Fark ettiğiniz gibi EGOnun cümleleri hem pozitif hem de negatif olabilir. Aslında ikisi de değil, yani ne iyi ne kötü. Sadece kendiniz ve hayatla ilgili edindiğiniz "gizli düşünceler", hepsi bu. Her an değişebilirler.

Bu gizli düşünceler ne zaman başlar?

Bunu tam bir kurala oturtmak mümkün değil ama genelleme yapacak olursak, hayatla ilgili GİZLİ DÜŞÜNCELERİNİZ 0-10 yaş arası en yoğun biçimde şekillenir. Genellikle de bize yakın olan insanların üzerimizdeki etkileriyle oluşur. Anne, baba, kardeş, oyun arkadaşlarımız, hayatımızda önemli yeri olan akrabalarımız, hocalarımız, egomuzu oluştururken bize bayağı yardım ederler.

Egomuzu bu kadar küçükken oluşturmaya başladığımızı söyledikten hemen sonra, size biraz önce anlattıklarımla çok çelişecekmiş gibi görünen bir açıklama yapacağım.

EGOnuz SİZ DEĞİLSİNİZ!!!

"Nasıl yani? Hani Latince sözlükler karıştırmıştın, n'ooldu şimdi?" demeyin. Bekleyin bitireyim.

EGO sizin KÜÇÜK YAŞLARDAKİ haliniz!

Küçükken yaşadığınız bir olay ve bu olay karşısında hissettikleriniz yüzünden "masumca" vardığınız sonuç, EGO için bir KARAR niteliği taşır. O andan itibaren de EGO, hayatınızı, o karara uygun bir şekilde yaşamanızı sağlar.

Gelin yine yaşanmış bir örnekle devam edelim, kendi egomun bana aynı filmi nasıl tekrar tekrar izlettiğini birlikte görelim.

Ben hayatının 27 yılını kıskançlıkla geçirmiş bir insanım. İlişkilerimde ana tema, hep kıskançlık olmuştu. İlişkilerim ya hep kıskançlık yüzünden ya da kıskançlığın yarattığı baskıdan kaynaklanan tartışmalar yüzünden bitmiştir. Bakın bu 27 yıl süren kıskançlık nasıl ortaya çıktı.

1976 yılıydı sanırım, beş yaşımdaydım. O zamanlar Florya'da kamp yapmak çok popülerdi ve biz de her yaz mutlaka annemle oraya giderdik. O yıl annemin bir arkadaşı ve onun benimle hemen hemen aynı yaşlardaki oğlu da bizle gelmişlerdi. O tatille ilgili tek hatırladığım, size anlatmak üzere olduğum, sadece yirmi saniyelik anımdır.

Denizden çıkmış, kamp alanına doğru, ben, annem, annemin arkadaşının oğlu ve annesi sıralamasıyla yürüyorduk. Ben bir yandan annemin elini tutmuş, bir yandan da domatesli, beyaz peynirli yarım ekmeğe yapılmış öğle yemeğim ile cebelleşiyordum. Ellerim küçücük olduğu için ekmeği kavrayamıyordum ve domates dilimleri tek tek ekmeğimden düşmeye başlamıştı. Bunu gören annem bana, "Bak bir tanem, elimi bırakıp iki elinle tutarsan, ekmeği daha rahat yersin" demişti. Annem genelde hep haklıydı. Ben de annemin elini bıraktım ve ekmeğe iki elimle sarıldım. Bundan sonrası korku filmlerindeki gibi ağır çekim şeklinde kalmış aklımda. Annem, ben elini bıraktıktan sonra, sağ elinde tuttuğu plaj çantasını sol eline aldı ve boşta kalan eli ile gitti diğer veledin elini tuttu! İçimden, "Yıkarım ben bu Florya'yı başınıza" demek geçti ama henüz beş yaşımda olduğum için öfke ile karışık bir hüzün içinde, lokmalar boğazımda kalarak ekmeğimi yemeğe devam ettim. AMA o an bir karar aldım. EĞER SEVDİĞİM KADININ ELİNİ BIRAKIRSAM BAŞKASININ ELİNİ TUTAR!

EGOm bunu hemen bir komut olarak algıladı ve yapılacaklar (yaşatılacaklar - deneyimletilecekler) listesine ekledi.

İki yıl içinde egomun çalışmaları ilk meyvelerini vermeye başladı. Bu sefer 7 ya da 8 yaşımdaydım. Bir hafta sonu, kuzenimle oyun oynarken, annem odaya gelip, "Siz anneanne ile uslu uslu oturun, ben işlerimi halledip hemen geleceğim ve geldiğimde sizi *Yıldız Savaşları* filmine götüreceğim" dedi. Çılgınlar gibi sevinmiştik. Annem evden çıkar çıkmaz, benim dâhiyane fikrime uyup, salonu *Yıldız Savaşları*'ndaki ana gemi haline getirmeye karar verdik. Ters çevirdiğimiz koltuklar uzay gemisi, annemin kristal, paha biçilmez vazoları kolumuza geçirdiğimiz lazer silahlarımız, sakızla aynaya yapıştırdığımız Osmanlı dantelleri, öldürdüğümüz uzaylılar halini aldı.

Annem eve geldiğinde manzarayı görünce, ister istemez oyunun bir parçası oldu. Sinirinden *Yıldız Savaşları*'ndaki kötü adam gibi nefes alıp veriyordu. Anam, ana geminin halini pek beğenmedi ve o tarihi cümleyi sarf etti:

"Sen evde kalıyorsun, cezalısın. Ben kuzenini sinemaya götüreceğim."

İki yıl önce aldığım karara bir yenisini eklemiştim:

EĞER SEVDİĞİM KADINI ÜZERSEM, KIZDIRIRSAM, MUTLU ETMEZSEM, GİDER BAŞKA BİR ERKEĞİ SEÇER!

İlk kız arkadaşım 17 yaş civarındayken olmuştu. Tahmin edin ne oldu?

Evet, beni aldattı.

Önceki bölümlerde bahsettiğim, kadınlara güvenmeme durumumun çıkış noktasını anlamışsınızdır. Egonun oyunlarını bilmediğim için, Çekim Yasası'ndan haberim bile olmadığı için, 17 yaşımda bu tip bir ilişki yaşayıp, aldatılınca kim kadınlara güvenebilir ki?

Hani şu hatırladığınız ama niye hatırladığınızı bir türlü anlayamadığınız küçük anı parçacıkları var ya, işte onlar egonun, aldığınız kararları KANUN haline getirdiği anlardır. Gizli bir şekilde, hayatınızın her günü size bunları tekrarladığı için o anları hiç unutmuyoruz. O yılı, o haftayı, hatta o günü hatırlamıyor bile olabilirsiniz ama o bir iki dakikalık "anı parçacıkları" sizin hayatınızın dönüm noktalarıdır.

Ego kutular yaratır ve sizi bu kutuların içinde tutmaya çalışır.

Bu kutulara, sizin "gerçeklik anlayışınız" diyelim. Ego, sizi içinde bulunduğunuz kutunun dışında, başka hiçbir gerçek ve başka hiçbir ihtimal olmadığına o kadar güzel inandırır ki, bazen eliniz kolunuz bağlı yıllarca aynı kutunun içinde kalabilirsiniz.

Bu kutu olayını biraz daha açmak istiyorum. Önce şemaya bir göz atın.

Şu anki gerçekliğiniz (Şu anki kutunuz)	*Olmasını istediğiniz gerçekliğiniz (Bir sonraki kutunuz)*
Aylık sabit gelirim var ve müdür olmadan bu geliri artırmam mümkün değil.	*Aylık sabit gelirimin yanında başka kaynaklardan da para gelir.*
Sevgilim benimle her zaman ilgilenmiyor.	*Son derece iyi giden bir ilişkim var.*
Kriz varken benim daha fazla para kazanmam imkânsız.	*Piyasanın durumuna rağmen işlerim çok iyi gidiyor.*

Bir kutunun içindeyken, ancak o kutuya ait gerçekleri deneyimleyebilirsiniz. Diyelim ki sizin kutunuz da, aynı şekildeki gibi, yani aylık sabit bir maaşınız var ve bunu artırmak istiyorsunuz. Ego, size bunun imkânsız olduğunu ispatlamak için elinden geleni yapacaktır. Sizin gerçekliğinizde, (yarattığınız ve egonun koruduğu kutuda) maaşınıza zam yapılmadığı sürece daha fazla para kazanmanız mümkün değildir. Buna inandığınız sürece de zaten mümkün olmayacaktır.

Daha fazla para kazanmanız için yapmanız gereken ilk şey, eski kutunuzdan çıkıp yeni kutuya adım atmanız. Yani başka kaynaklardan da ek para geleceğine inanmaya başlamanızdır. Siz bu süreci yaşarken, EGO elinden her geleni yapacak ve sizi yeni kutunun sadece hayal ürünü olduğuna, maaşınız artmadan daha fazla para kazanmanızın mümkün olmadığına ikna etmeye çalışacaktır.

Siz kendi kendinize "Yahu acaba mümkün mü, cidden ek bir yerden para gelebilir mi?" derken, ego yavaşça kulağınıza fısıldamaya başlayacaktır "Olmaz öyle şey, bunların hepsi deli saçması, at şu kitabı çöpe. Bak falanca kaç yıldır çalışıyor, filanca müdür olduğu için bu kadar kazanıyor."

İşte bu noktada iki alternatifiniz var. Ya siz egonuzu ikna edecek ve yeni kutuya adım atacaksınız ya da ego sizi ikna edecek ve eski kutunuzda tutmayı başaracak.

Hemen başka bir örnekle kutudan kutuya atlamanın ne demek olduğunu tekrarlamak istiyorum.

İrem ile birbirimizi görmeden geçen on yıldan sonra ilk defa ben Türkiye'ye döndüğümde bir cumartesi gecesi buluştuk. Biraz sohbet ettikten sonra bana, "Sende bir değişiklik var, hayırdır? Gözlerinin içi parlıyor" dedi. Ben de kendisine kısaca hayatımı nasıl değiştirdiğimi anlattım. Egodan, kutulardan falan bahsettim. Konuyla bayağı yakından ilgilendi ve kendi gerçekliğinden bahsetmeye başladı. O sıralarda bir şirkette yönetici olarak çalışıyordu ve artık daha yükselebileceği bir yer kalmamıştı. Ve gelirinin yükselmesinin tek yolu da, her yıl düzenli olarak aldıkları yüzde 12 civarı zamdı. Hatta o hafta içinde de zammın gerçekleşeceğini ama yüzde 10-12'yi geçmeyeceğini söyledi. Ben de, bunun bile egonun kendisini kutu içinde tutmak için fısıldadığı hikâyelerden biri olduğunu söyledim; gelirini artırması için ilk olarak bunun olacağına inanması gerektiğini, yeni kutuda onu daha iyi bir gelirin beklediğini anlattım. Sonra da ona çok basit bir egzersiz verdim.

İki gün sonra, pazartesi öğlene doğru, İrem beni aradı. İki gün boyunca egzersizlerini yapmıştı. İşyerinden aradığı için çığlık atamıyordu ama çok heyecanlı olduğu sesinden belliydi. Kendisine yapılan zam oranı yüzde 35'ti!

Bir kutudan diğerine geçmek için, önce içinde bulunduğunuz kutunun varlığını, sınırlarını, nasıl göründüğünü tanımlamanız gerek. Sonra da, yaratmak istediğiniz yeni kutunun nasıl göründüğünü, o gerçekliğin nasıl olmasını istediğinizi tanımlamanız. Son olarak ise, yeni kutu hakkında ve sonrasında sizi bekleyen yeni gerçeklik hakkında heyecanlanmanız lazım.

Bir kutudan diğerine geçmek istediğiniz zaman gerçekleşebilecek üç durum vardır:

1- Ego, sizin değişime olan isteğinizi, hevesinizi gördüğü an, sizi ciddiye alacak ve sizi eski kutuda tutmak için eskisinden daha büyük bir çaba harcayacaktır. Yani korkularınız, kafanızın içindeki o küçük ses iyice yükselmeye başlayacak.

2- Evren yeni gerçeklik seçiminizle –yeni kutunuzla– ilgili, doğru yolda olduğunuza dair, size ufak sinyaller göndermeye başlayacak.
3- Ya da hiçbir değişim olamayacaktır. Bu da sizin henüz yeni kutu –yeni gerçeklik için– ciddi bir seçim yapmadığınızın göstergesidir.

Bakın hiçbir şeyin değişmemesi nasıl oluyor.

Amerika'da yaşadığım ilk yıllarda –İngilizce bilmeden oraya gittiğim için– dille ilgili çok ciddi sorunlar yaşamaya başlamıştım.

Bu sırada egom, benim inançlarıma uygun, yeni bir kutu oluşturmaya başladı.

Yeni kutumun adı, "Eğer çok iyi İngilizce konuşmazsam, hem de aksansız konuşmazsam, bu ülkede oyuncu olarak iş bulmam imkânsız" idi.

Ee, kutuyu yaratan benim, beni içinde güvenli bir şekilde tutması gereken egom. Birlikte harika bir iş çıkarttık ve ben, sonraki dört yıl boyunca oyuncu olarak hiçbir iş bulamadım. İnatla elemelere katılmaya devam ettim, inatla okula gitmeye devam ettim, ama olmadı. Oyuncu olarak elle tutulur bir iş bulamadım. Çünkü hâlâ, iş bulamamamın dil bilgim ve aksanım ve diksiyonumla ilgili olduğuna inanıyordum. Arada kendime Arnold Schwarzenneger'i hatırlatsam bile, EGO hemen kulağıma bir iki cümle fısıldayıp, beni kutumun içinde tutmaya devam ediyordu.

Sonunda hocamla bu konu üzerinde çalışmaya ve yavaş yavaş kendimi geliştirmeye başladım. Bir kutudan diğerine,

BAŞARILI bir şekilde geçebilmek (hayatınızdaki bir şeyi değiştirebilmek) ve orada sağlam bir şekilde kalmak için atmanız gereken iki temel adım vardır:

1- Kafanızda yarattığınız, "en kötü ihtimal senaryosunun" aslında o kadar da kötü olmadığını kabul etmek.
2- Yeni kutunuza asla geçememeniz olasılığını kabullenmek.

Öğrencilerime, ikinci maddeyi soru olarak yönelttiğimde hemen büyük bir tepkiyle karşılaşıyorum. Bir anda yüzlerinde bir korku ifadesi beliriyor. İşte bu, sizin istediğiniz şeye ne kadar bağımlı olduğunuzu gösterir. Hemen kendi hikâyeme dönüyorum ve bu formülün uygulamasını sizlere göstermek istiyorum.

İlk olarak konuyu hocama açtığımda bana:

"Sence eğer istediklerini elde edemezsen, olabilecek en kötü şey nedir?" dedi.

Ben de, "Başarısız olurum" diye cevapladım. Sorularına devam etti:

– Sonra?
– Sonra ne?
– Sonra ne olur?
– Kendime başaramadığım için çok kızarım.
– Sonra?
– Etrafımdakiler benimle dalga geçer.
– Nasıl dalga geçerler?
– "Biz sana Amerika'da yapamazsın demiştik" derler.
– Sonra ne olur?
– Bozulurum.

– Sonra?

En sonunda zıvanadan çıktım ve:

– Sonrası bu işte yahu! Bi bok olmaz, hayatıma aynen devam ederim,

diye bağırmaya başladım. Ben bağırırken hocam bayağı eğleniyordu. Bir yandan bağırırken bir yandan da rahatlamaya başlamıştım, çünkü enine boyuna düşününce farkına vardım ki, aslında korktuğum şey o kadar da korkunç değildi! Hangi arkadaşım cidden beni eleştirir ya da dalga geçerdi ki? Bunu yapacak olanlar da zaten arkadaşım diyebileceğim kişiler olamazdı.

Bu düşünceyle ilk defa yüzleştikten sonra korkularım yavaş yavaş yok olmaya ve yerini heyecana bırakmaya başlamıştı. Her geçen gün egomu "Eh olmazsa olmaz ne yapayım" cümlesiyle ikna edip bir yandan da kendi kendime "Bak etrafında bir sürü aksanlı oyuncu var, onlar yapabiliyorsa sen de yapabilirsin" diyordum.

Bir süre sonra, ilk başrol teklifimi aldım. Rol için bilmem kaç Amerikalı arasından seçildim çünkü karakterin Ortadoğu aksanı ile İngilizce konuşması gerekiyordu. Komik. Aslında değil, ben olasılıklara kendimi açtığım an, Evren işini daha rahat yapabilir hale geldi. Film setinde tanıştığım yardımcı yönetmenle çok güzel bir dostluk kurmuştuk. Film bittikten yaklaşık bir yıl kadar sonra, kendisi bir film çekti ve ben Amerikalı bir polisi oynadım. Birlikte geçirdiğimiz süre içinde, istediğim zaman İngilizceyi aksansız konuşabildiğimi fark etmişti.

Beni istediğim role taşıyan, o ana kadar oynamaktan hep kaçtığım, aksanlı oynamam gereken rol olmuştu.

İronik değil mi?!

Ego sizin arkadaşınız. Sizi tamamlayan bir parça. Tıpkı siyah beyaz bir resim gibi düşünün kendinizi.

Siyah ve beyazın uyumlu karışımı

Bu resmi var eden, siyah ve beyazın uyumlu karışımıdır. Size beyaz, egoya siyah diyelim. Eğer sadece "siz" olsaydınız, yani egonuz olmasaydı, şöyle görünürdünüz.

Ego olmadan (Sadece beyaz)

Ya da sadece egodan ibaret olduğunuzu düşünün. Yani siz, hiç işin içinde değilsiniz. Ego, bütün kontrolü ele geçirmiş durumda.

Sadece ego ile (Sadece siyah)

Güzel olan, ego ile benliğin arasındaki uyumu sağlayabilmek ve bu karışımdan güzel bir resim ortaya çıkartabilmek. Beyaz bir kâğıdın üzerine resim yapabilmek için SİYAH kullanmak zorundasınız.

İlerleyen kısımlarda, başka örneklerle egoyu ve küçükken aldığı kararları size daha da detaylı açıklayacağım.

Anın içinde kalmak

Al işte bi gâvur icadı daha!

– Anı yaşayın
– Anın içinde düşüncesizce kalın
– Ommmmmmmm...

Bu gibi cümleleri ilk duyduğumda, anın içinde kalmak benim için BİTKİ GİBİ YAŞAMAKtan hiç farklı değildi.

Niye düşüncesiz durayım, niye ANDA kalayım? Sırf bu anda durursam, kirayı ödeme ANI geldiğinde nerede duracağım? (Ev sahibimin nerede duracağı gün gibi aşikâr!) Acaba bu ay, araba taksitimi ANLA ödesem olur mu? Beni ANLAyışla karşılarlar mı?

Bütün bu soruları sordum; ama inatla, geçmişi ve özellikle geleceği düşünerek yaşadım.

Sonunda bir gün, ANDA KALMAK ile geçmişi düşünmenin, geleceği planlamanın ayrı şeyler olduğunu fark ettim.

Gelin önce "anda durmanın" ne demek olduğunu bir inceleyelim. Sonra da araba taksitlerini ödemenize nasıl yardım edeceğini anlatayım.

Anda durmak, ne geçmişi düşünmek ne de geleceği manipüle etmeye çalışmaktır. Dikkatinizi çekerim "planlamak" değil "manipüle etmek" dedim. Bir önceki bölümde size genel hatlarıyla egoyu ve sizin yaşamınıza neler getirdiğini anlatmıştım.

"Sadece EGO geçmişte ve gelecekte yaşar."

Bu durumda yani anda durabildiğinizde, EGO otomatikman devre dışı kalır çünkü ego, ANDA var olamaz. Egonuzun sizi ikna etme taktikleri her zaman geçmiş ya da gelecek endekslidir. Hatta gelecek ya da geçmiş, on dakika öncesi veya bir dakika sonrası bile olabilir. Aylar yıllar gibi zaman aralıklarına hiç gerek yok.

Gelin şu tanıdık cümlelere bir göz atalım:

– **Yok kız, arama oğlanı, sonra çok şımartırsın.**
Ne zaman şımartıyoruz? Gelecekte = Ego

– **Ben şimdi patronuma bunu söylersem çok kızar.**
Ne zaman kızacak patron? Gelecekte = Ego

– **Geçen ilişkimde de aynı şey oldu, bu da bırakıp gidecek.**
Ne zamana endeksliyiz? Geçmişe = Ego

– **Ay sen beni hiç anlamıyorsun.**
Ne zaman anlamadın? Geçmişte.
Ne zaman anlamayacaksın? Gelecekte.
Hem geçmiş hem gelecek "Namı diğer geniş zaman" = Ego

– **Şöyle düzgün bir adam bulsan.**

Ne zaman düzgün bir adam bulamadınız? Geçmişte = Ego

– Bir daha seninle asla yemeğe gitmeyeceğim, yine burnumdan getirdin.
Ne zamanki yemekleri düşünüyoruz? Gelecekteki = Ego

– Sen benim kim olduğumu biliyor musun?
Bugüne kadar benim neler yaptığımı, kimlerle tanıştığımı biliyor musun?
Hangi zamanı masaya yatırıyoruz? Geçmişi = Ego

– Hayat böyle işte, zor valla.
Hayatın zor olduğunun göstergesi nerede? Geçmişte = Ego

Bunun gibi binlerce cümle eklenebilir.

ANI yaşayamadığınız, geçmişte, gelecekte ya da aynı anda ikisinde olduğunuz her an egonuzdan etkilendiğinize göre ve EGO sadece korkuyla var olabildiğine göre, ANDA durmadığınız her saniye, korku sizin dominant duygunuzdur.

"EGO sadece korku ile var olabilir."
Gelin hemen ANIN içinde olmayıp, EGO vasıtasıyla geçmişe ya da geleceğe odaklandığınızda, korkunun nasıl dominant duygu olduğunu birlikte görelim. Şimdi aynı cümleleri tekrar yazıyorum:

– Yok kız, arama oğlanı, sonra çok şımartırsın.
Şımartırsan, tepene çıkar ve huzurun kaçar KORKUSU.

– Ben şimdi patronuma bunu söylersem çok kızar.
Patron kızarsa işten atılabilirim ya da herkesin önünde rezil olurum KORKUSU.

– Geçen ilişkimde de aynı şey oldu, bu da bırakıp gidecek.

İlişki biterse, terk edilirsem KORKUSU

– Ay sen beni hiç anlamıyorsun.

Beni anlamazsan, bu ilişkiyi sürdürmenin hiçbir anlamı kalmaz ve ayrılmak zorunda kalırız KORKUSU.

– Şöyle düzgün bir adam bulsan.

Düzgün bir adam bulamazsan, evde kalırsın, seni koruyacak kollayacak biri olmaz, muhtaç duruma düşersin KORKUSU.

– Bir daha seninle asla yemeğe gitmeyeceğim yine burnumdan getirdin.

Güzel bir yemeğim senin yüzünden mahvoldu, yine mahvolabilir KORKUSU.

– Sen benim kim olduğumu biliyor musun?

Benim hayatımın, kişiliğimin bütün değeri, etrafımda olanlar ve sahip olduğum mal mülkle orantılı. Eğer sen bunları anlamıyorsan, senin gözünde ben bir HİÇim demektir. Hiç kimse olamama KORKUSU.

– Hayat böyle işte, zor valla.

Eğer hayat zor değilse, işlerini yoluna koyamayan tek salak benim, yani BEN başarısızım demektir. Ben salak olmamalıyım KORKUSU.

Bu cümleler özenle, sırf dediklerimi ispatlamak için seçilmiş cümleler değil. Günlük hayatta sıkça duyduğum cümlelerden rastgele seçtim bunları. Kurulan formül hiç yanılmaz, isterseniz kendi cümleleriniz üzerinde siz de uygulayın.

Peki, hiç mi ANI yaşamıyoruz? Elbette yaşıyoruz, ama genelde bilinçsizce yaşadığımız için, o duygunun içinden çıktığımızda, yani tekrar ego bizi geçmişte ya da gelecekte yaşattığında, "ana" nasıl geri dönebileceğimizi bilmiyoruz. Bakın, "ANI" otomatik olarak nasıl yaşayabiliyoruz:

– Çok güzel bir müziği dinlerken. ("Yandım anam, vurun beni, alın bir dereye atın beni" gibi sözleri olan şeylerden bahsetmiyorum.)

– Evcil hayvan beslemeyi seviyorsanız, onları elinizdeki iple oynatırken. (Kumlarını temizlerken muhtemelen ANDAN çıkıyorsunuz ama olsun.)

– Etrafı rahatsız etme pahasına bile olsa, KOCAMAN bir KAHKAHA atarken.

– Bebeğinizi kucağınıza alıp tenini koklarken.

– Sevişirken.

– İşyerinde terfi aldığınız haberini evdekilere verirken.

– Boğaz'da oturup, martıların suya dalışa geçişlerini hayran hayran seyrederken.

– Resim yaparken.

– Herhangi bir şey yaratırken.

– Bir dostla sohbet ederken. (Konu başlığınız, "Ne olacak bu ülkenin hali?" değilse.)

– Pencereden aşağı, yeni aldığınız arabaya çaktırmadan bir bakış fırlatırken.

– Yoga yaparken. (Benim gibi hareketleri yapacağınıza etrafı seyretmiyorsanız.)

– Sevgilinizle el ele yürürken.

– Uyurken.

– Kitap okurken.

– Kitap yazarken...

Yani sizi pozitif tutan her anınızda, "ANDA" yaşıyorsunuz.

Geçmiş, gelecek, geniş zaman, sizin için negatif anlamını yitirdiğinde, sadece o AN var olanlarla tatmin olduğunuz, gülümsediğiniz, şükrettiğiniz her an, ANDA yaşıyorsunuz.

ANIN İÇİNDE olabilmek çok kolay, dışına çıkmak da. Bir saniye anı yaşarken, öbür saniye dışında bulabilirsiniz kendinizi.

Hemen bir örnekle açıklayayım: Tam ben bu bölümü yazarken bir arkadaşım aradı. Telefonu açtığımda, bayağı gürültülü bir yerde olduğunu fark ettim. Sesi son derece keyifli geliyordu. Konuşmanın bir kısmını aynen aktarıyorum.

– Çok gürültü geliyor, neredesin?
– Abi çok keyifli bir piknikteyim. Top falan oynuyoruz.
– Süpermiş!
– Baba çok sıcak yahu. Saatlerdir salak gibi pişiyoruz burada.
– ???

İlk cümlesinde sonuna kadar ANI yaşayan arkadaşım, bir anda değiştirdiği odağıyla geçmişe gitti (üç saat kadar) ve o andan bu ana kadar, güneşin nasıl yaktığını anlatmaya başladı. Yahu o zaman ne işin var o piknikte?.. Dön evine!

Belki fark etmişsinizdir, anın içinde olma örneklerimin arasına spor yapmak veya spor karşılaşması seyretmek maddesini koymadım. Aslında spor yapmak veya seyretmek, ANDA olmanın en güzel yollarından biri, ama ANDAN çıkmanın da bir o kadar kolay bir yolu. Özellikle futbol, özellikle Türkiye'de. Sizin takımın oyuncusu harika çalımlar attı ve diğer kaleye doğru ilerliyor, nefeslerimizi tutmuş bir halde O ANIN heyecanını yaşıyoruz. Ne kira umurumuzda, ne patron, ne kredi kartları. Sadece o AN var. Ve oyuncunun topu gole çevirememesiyle birlikte, kira, patron, kredi kartları, hep birlikte, golü kaçıran futbolcunun ya da annesinin cinsel organı ile bütünleşiyor. İşte, "andan" çıktınız!

Bunları anlattığım bir öğrencim, büyük bir samimiyetle dedi ki **"Ne yani her an kendimizi mi kollayacağız?"**
Gülmeye başladım.

HER AN kendimizi mi kollayacağız?

Konumuz "AN"da kalmak değil mi? "AN" her an karşımıza çıkmaz mı?

Tabii şimdiye kadar, bunu hiç dikkate almadıysanız, ANDA KALMAK size büyük bir yük gibi gelebilir. Üzerinde biraz çalışmaya başladığınızda göreceksiniz, aslında son derece basit. Evet, belki çok kolay görünmüyor AMA BASİT. Siz pratiğinizi artırdıkça, daha da kolay bir hal almaya başlayacak.

Anda olmamanın ne demek olduğunu anlamışsınızdır. Şimdi bir de ANDA olmanın nasıl işimize yaradığına bir göz atalım.

Dört yıl kadar önce, o zamanki kız arkadaşım, şimdiki eşim Esra ile Los Angeles'ta bir öğleden sonra işlerimizi halletmek üzere evden çıkmıştık. Bizim için yoğun bir gündü, halletmemiz gereken bazı işlerimiz vardı. O sırada maddi olarak çok da rahat olmadığımız için, elimizdeki işleri bir an önce halletmek istiyorduk.

İşlerimizin tam ortasında birdenbire araba bozuldu ve biz oldukça yoğun bir trafiğin ortasında çakılıp kaldık. Ben sinirle direksiyona vurdum ve küfretmeye başladım. (Gelecekte, yani o andan sonra olacak olayları düşünmeye başladım.) Esra bana baktı ve "Tamam hayatım, ne gerekiyorsa yapılır. Biraz gülümse, her şey farklı olacak" dedi. Beni de ANda olmaya çağırıyordu. İndim ve arabayı kenara itmeye çalıştım ama nafile, kocaman ve ağır bir arabam vardı. Yeşil ışık yandı, bütün trafik birbirine girdi ve ben kan ter içinde arabayı itmeye çalışırken direksiyonda kimsenin olmadığını fark ettim. Şoförü olmayan bir arabayı arkadan itmeye çalışıyordum. Bir an durdum ve gülmeye başladım. Halimizi düşündüm. Yetmişli yıllarda izlediğimiz Kemal Sunal filmlerinden bir sahne yaşıyor gibiydik. Los Angeles'ın oldukça lüks semtlerinden birinde, bozuk bir arabayı, kan ter içinde itmeye çalışıyorum ve arabayı kullanan yok. Birden ikimiz de kahkahalar içinde kalmıştık. Ne trafik umurumuzdaydı ne de, "Köyden indim şehre" durumumuz. Ani bir manevrayla ben de bütün güzelliğiyle ANI YAŞAMAYA başlamıştım. Biz kendimizi ANA çeker çekmez, yani olan olaylara gülümsemeye başlar başlamaz, bakın her şey nasıl çorap söküğü gibi çözülmeye başladı. Önce iki kişi arabalarından inip bize yardım etti. Biraz ileride arabayı iterek park edebileceğimiz bir aralık vardı. Oraya doğru giderken, biri gelip park yerini kaptı. Esra gülümseyerek adamdan park yerini bize bırakmasını rica etti. Adam peki dedi. (Allah Allah?!) Ardından, arabayı çektirmek için bakım servisini aradık. Ama üyeliğimin kısa bir süre önce iptal olduğunu, yeniden üye olmam gerektiğini söylediler. Biz yine gülümseyerek olaya bir çözüm aramaya başladık. Son derece nazik olan servis yetkilisi bana, "Başka bir arkadaşımın üyeliğini kullanabileceğimi" söyledi. Ben de hemen arayabileceğim arkadaşlarımın bir listesini yaptım ve aramaya başladım. İlk aradığım arkadaşımın üyeliği hâlâ geçerliydi. Hemen gerekeni yaptı ve biz çekicinin gelmesini beklemeye başladık. Sanırım günün ortasında olduğumuz için, normalde yirmi dakikada gelmesi gereken aracın ancak bir saat içinde gelebileceğini söylediler. Biz yine gülümseyerek teşekkür ettik ve beklemeye başladık. Beklerken, hadi yemek yiyelim dedik. Kan ter içinde olmamıza rağmen, güzel bir yerde yemeğimizi yemeğe başladık. O gün yapmamız gereken bütün işler yatmasına rağmen ikimiz de hiç umursamıyor ve "AN"ın tadını çıkartıyorduk. Yemek yerken karşılıklı egzersizlerimizi yaptık (5. bölümde anlatacaklarımdan). Derken çekici geldi. Son derece yardımsever bir görevli arabayı çekiciye yerleştirdi ve "Hadi çekeceğimiz yere siz de benimle gelin, bir de taksi parası vermeyin" dedi. Bizim güler yüzümüz adamın keyfini yerine getirmiş olmalı ki yol boyunca bize hayat hikâyesini anlattı. Karşılıklı kahkahalar atıp duruyorduk. Arabayı tamirciye getirdiğimizde, kilometreye bir göz attım. Tam yirmi iki kilometre yol yapmıştık. Arkadaşımın üyesi olduğu çekici servisi bize ancak on beş kilometre bedava hizmet veriyordu. Limiti aştığınız zaman, kilometre başına bilmem kaç dolar fazla ödememiz gerekiyordu. Şimdi adını hatırlayamadığım o tatlı adam, benim göstergeye baktığımı görünce gülümseyerek, "Kilometre saatim bozuk olmalı, oradan buraya ancak on beş kilometre tutar" dedi.

Eddie, (tamircim) benim arabayı çekici üstünde getirmeme, hem de bunu her seferinde güler yüzle yapmama alışmıştı, hemen gerekli parçaları, en ucuz şekilde, ısmarladı ve "Sabah gel al arabayı. Parasını sonra ödersin" dedi.

O gün hiçbir işimizi halledemedik. Para kazanamadık ve bir de araba için para harcamak zorunda kaldık. O gün olanlar anılarımızda iki şekilde kalabilirdi; rezalet bir gün ya da harika bir gün. Esra'nın ANda kalma kararı, benim de ona katılmamla, bugün bile geriye dönüp baktığımızda ikimiz birden gülümsüyoruz ve "Ne harika bir gündü!" diyoruz.

ANda olmak sadece “güzel anılar” elde etmek için yapılan bir şey değil tabii ki. ANda olduğunuz her saniye –her an– enerji akışına karşı olan DİRENCİNİZİ ortadan kaldırıyorsunuz. İstediğiniz ve yarattığınız her ne ise gerçekliğinize çok daha çabuk dahil olabiliyor.

Denklemi şöyle kurabiliriz:

– Evren size, istediğiniz her şeyi sağlamak ZORUNDA.
– İstediğiniz şeylerin içine KORKUyu kattığınızda, kendi kendinize DİRENÇ göstermeye başlıyorsunuz ve Evren sizin gösterdiğiniz DİRENCE de saygı duymak zorunda.
– ANda olmadığınız her gün, dakika, saniye EGOnuzu dinlediğiniz için DOMİNANT duygunuz KORKU ve doğal sonucu olan DİRENÇ.
– Evren size, istediğiniz her şeyi sağlamak ZORUNDA.

Hayatımı değiştiren olaylardan biri, hiç şüphesiz Esra ile tanışmamdır. Kendisi sadece anlattıklarıyla değil, yaşam tarzıyla da bana çok şey öğretmiştir. Şimdi kısaca ikimizin yaşadığı üç yıldan bahsedeceğim. Bakın aynı hayatı yaşayan iki kişi, BİRİ ANDA, DİĞERİ DEĞİLken nasıl sonuçlar alıyor.

Tanıştıktan sonra, bir ay gibi kısa bir sürede birlikte yaşamaya karar vermiştik. Birlikte yaşamaya başlayınca, doğal olarak karşıdaki insanın hayatıyla ilgili detayları da daha iyi öğrenmeye başlıyorsunuz. O zamanlar ben tam bir işkoliktim. Benim normal bir günüm aynen şöyleydi:

Sabah kalkardım; bir kahve içip hemen bilgisayarımın başına geçerdim. O gün içinde şehirde olan oyunculuk ya da seslendirmeyle ilgili işlerimi ayarlamaya çalışır, email’ler gönderirdim. Sonra çok çabuk (çoğunlukla ayakta) bir öğle yemeği yer, yine bilgisayarımın başına geçerdim. Bir arkadaşım bile arasa en fazla on dakika konuşur ve telefonu kapatırdım. Akşam olunca, Esra beni zar zor bilgisayarımın başından kaldırırdı. Bir film seyretmeye bile otursak, benim aklım sürekli yapılacak işlerdeydi. Sürekli bir sonraki saatte yaşıyordum. Çalışmadığım zamanlarda sanki BİR ŞEYLER KAÇIRIYORUM gibi gelirdi. Bu halimden çok memnundum. Bana göre, bir insanı başarıya ancak, ÇOK ÇALIŞMAK, hem de ÇOK ÇOK ÇALIŞMAK götürürdü.

Bakın o sıralarda, Esra "bir gününü" nasıl yaşıyordu:

Sabah kalkar ve mutlaka bir kafede oturur, bir saati geçen uzun bir kahvaltı eder, ardından eve gelir bir iki arkadaşı ile uzuuuun uzuuuuun sohbet eder ve sonra saate bakıp "Aa öğlen olmuş, hadi yemek yiyelim" der ve yine bir yerde oturup keyifli keyifli yemek yerdi. Saat iki gibi bilgisayarının başına geçer, biraz iş yapar, sonra aklına gelen bir şey olur ve konuyla ilgili bir kitap okumaya başlardı. Ardından, saat beş olunca *notebook*'unu kapatır ve "İş günü bitti, çok yoruldum paydos vakti" derdi. Gider yoga yapar, meditasyon yapar, yine arkadaşlarıyla uzuuun uzuuuun telefonda konuşur ya da buluşup bir yerlere giderlerdi.

Bu şekilde tam üç yıl geçti.

Üç yıl sonra, beni şoka sokacak gerçekle karşılaştım.

Hayatımız hangi alanını karşılaştırırsak karşılaştıralım, ESRA ile HEMEN HEMEN AYNI YOLU KATETMİŞTİK!

Üç yıl önce bana, "Üç yıl sonra sen nerede olursun Esra nerede olur?" diye sorsaydınız, çok açık ve net bir şekilde, "Ben bayağı ileride olurum" derdim.

AMA sanki şaka gibi AYNI YERDEYDİK.

İkimiz de her konuda aynı gelişimi göstermiş, üç aşağı beş yukarı aynı sonuçlara ulaşmıştık.

Ama Esra son derece keyifli, gününün büyük bir çoğunluğunda ANda yaşamış, stresten uzak, sağlıklı, mutlu, kahkahalarla dolu bir üç yıl geçirmişti. Bense, şu an dönüp baktığımda, keşke şunu da yapsaydım, keşke arkadaşlarımla daha fazla görüşseydim dediğim; Esra'ya kıyasla daha stresli, daha az neşeli ve adeta köle gibi çalıştığım bir üç yıl geçirmiştim.

İşin en ilginç yanı, üç yıl sonra ikimizin de hayatında olan son derece güzel değişikliklerin, gelen işlerin, tanıştığımız insanların, aldığımız tekliflerin sebebi yüzde seksen Esra'dır.

Ben farkında bile olmadan sürekli ANa karşı direniyorken, o gelen her anın tadını çıkartmayı bilmişti. Tıpkı güzel bir yemeği, lokma lokma tadına vararak yemekle, on dakika içinde silip süpürmek arasındaki fark gibi.

Benim yemeğim mideme oturmuştu!

İnternetten sipariş vermekle, restoranda yemek ısmarlamakla, yaşam arasındaki fark nedir?

Basıyorum düğmeye hiç bi şey olmuyo?!

Hiçbir fark yoktur!

Eğer şu ana kadar, internetten bir şey ısmarlamadıysanız bile eminim hepiniz bir kere olsun bir restoranda yemek ısmarlamışsınızdır.

Yaşam da aynı şekilde işler. Evren'i garsonunuz olarak görün. Siz ne ısmarlarsanız, o servis edilecektir.

Gelin üçünü de inceleyelim.

İnternette alışveriş yapmadan önce, bir süre sitelerde dolaşır ve tam olarak ne istediğinizi netleştirirsiniz. Daha sonra sitelerden birini seçer, istediğiniz ürünü sanal sepete koyar, kredi kartı veya havale yöntemlerinden biriyle ödemenizi yaparsınız. Ödeme onaylandığı an ÜRÜN ARTIK SİZİNDİR!

O andan itibaren kesin olarak bilirsiniz ki, ürün kapınıza kadar getirilecektir.

Evren de aynen böyle çalışır. Konu internet olunca, bunu

kabul edebiliyoruz ama hayata gelince işler birçoğunuz için arapsaçına dönüyor.

Hayatta bir şeyi istemeden önce etrafa bakınır, bir fikir edinir, sonra da bu isteğimizi beyan ederiz. Daha sonra, tıpkı internette olduğu gibi bunu alışveriş sepetimize koyar, listemize ekleriz. Aynı kredi kartı ya da havaleyle ödeme yaptığımız gibi, hayatta da istediğimiz şey için kafamızda bir paha biçeriz. Bunun, sadece para olması gerekmiyor. İstediğimiz şeyin, para, zaman, olayların düzeni vs gibi bir değeri vardır.

İşte tam bu noktada, bakın olayı nasıl değiştiriyoruz:

İnternette siparişi verdikten sonra;
Konu komşuyu, arkadaşları arar "Ay şekerim harika bi şey aldım internetten bayılacaksın" deriz.

"Ee hani nerede?" diyen arkadaşınıza, "Bugün yarın gelir ayol, daha yeni ısmarladım" der ve ısmarladığınız şeyin, nasıl tam sizin aradığınız şey olduğunu ballandıra ballandıra anlatırsınız.
Bu arada siparişi kimin aldığını, onu postaya verecek memurun adını, taşıyacak olan kargo şirketindeki şoförün kaç yıldır bu işi yaptığını, size getirecek olan kuryenin motosikletinin rengini, adamın boyunun uzunluğunu, kısalığını DÜŞÜNMEZSİNİZ BİLE.

Bilirsiniz ki aldığınız şey, kapınıza kadar öyle ya da böyle getirilecektir.

Hayatta sipariş verdikten sonra;
Başlarız kara kara düşünmeye: "Ya gerçekleşmezse? Ya istediğim gibi olmazsa?" Bir de bir cümleyi sakız yapmışız ağ-

zımıza: "Kimseye söyleme, nazar değer." Şimdi, yeni modaya uyanlar, artık nazar demiyor; "Söyleme, enerjisi kaçar" diyorlar. Tabii zaten "Evren" dediğin bir kutu kola, açınca enerjisi kaçıyor.

Bırakın ısmarladığınız şeyi başkalarıyla paylaşmayı, bir de size inanmayacaklar diye ya da olmadığı takdirde rezil olurum diye kendinize saklarsınız. Her gün, kafanızın içinde hayalinizin gerçekleşmemesi için bin bir mazeretle dolaşırsınız ortalıkta. Biraz cesaret gösterip, kendi hayalini paylaşanları da hemen aşağı çekersiniz ki, kendinizle yüzleşmek zorunda kalmayın. "Ee hani nerede?" diyen arkadaşlarınıza "Öff ya!" gibi cevaplar verirsiniz.

Restoranda sipariş verdikten sonra;
Yemeğinizin geleceğini bildiğiniz için, mutlu mutlu arkadaşlarınızla sohbetinize devam edersiniz. Hatta o sırada size "Sen ne yiyeceksin?" diyen arkadaşınıza:
"Çıtır tavuklu salata" dersiniz.

Şu ana kadar, şöyle bir konuşma yaptınız mı ya da tanık oldunuz mu?

– Sen ne ısmarladın?
– Çıtır tavuklu salata. Ama getirip getirmeyeceklerinden pek emin değilim.
– Niye yahu?
– Belki hak etmiyorumdur. Hem bak, şimdi sana da söyledim ne istediğimi, nazar değebilir. Enerjisi kaçabilir. Ayrıca istediklerimi elde etmek için çok çalışmam lazım ama ben bu salatayı hak etmek için hiç bir şey yapmadım ki.
– !!!!???
– Hem mutfaktaki şefi de tanımıyorum. Adam ya gıcıklık

olsun diye yapmazsa salatamı? Ay dur ben garsonla bi daha konuşayım.

Gidin üç kere garsona sorun, şefin başına dikilin, salatayı hazırlıyor mu diye, restoranın müdürünü çağırtın salatanızı sormak için, gidin tek tek bütün müşterilere sorun onlar bu ana kadar istedikleri yemekleri yiyebilmişler mi? Annenizi arayın, bir daha şefin yanına gidin, Telli Baba'ya adak adayın, *workshop*'lara katılın, fal baktırın, yine garsona sorun. Meditasyon yapın.

Sonra restorandan kovulduğunuzda dönün yanınızdaki arkadaşınıza ve;

"Bak ben sana demiştim, nazar değdi işte" deyin.

Rahat bırakın şef işini yapsın!
Rahat bırakın kurye işini yapsın!
Rahat bırakın EVREN işini yapsın!

Evren'e ne zaman dikte etmeye kalktıysam çuvalladım! Ne zaman işine burnumu soktuysam çuvalladım! İstediklerim gerçekleşmediği gibi, istemediklerim gerçekleşti.

Bir kere söylemeniz yeter. Koskoca Evren bu, aptal değil. Sadece siparişinizin kapıya teslim edileceğine inanın. Evren sizin kafanızdaki plana göre yapmayabilir, kendi kafasına göre sizi, size en uygun şekilde, hedefe doğru taşıyor zaten. Ama yolda, gidişattan korktuğumuz için, ikide bir "Ay yok bunu istemiyorum, bak şunu istemiyorum" diye enerji değiştiren biziz. Evren her seferinde yeni enerjimize göre ayarlamalar yapıyor.

Ankara'dan İstanbul'a doğru yola çıktığınızı farz edelim. Bolu civarına geldiğinizde, "Ee hâlâ gelmedik mi, yok yahu bu İstanbul'a varamayacağız, bu gerçekleşmeyecek, hadi geri dönelim" dediğinizde şoför sizin emrinizle arabayı Ankara'ya geri döndürecektir. Bir iki saat sonra, "Belki de bu sefer olur, hadi İstanbul'a gidelim" dediğinizde, bu sefer arabayı geri İstanbul'a sürmeye başlayacak. Siz Bolu civarında yine "Daha gelmedik mi? Aman boş ver İstanbul'u, dön geri" derseniz, şoför yine Ankara'ya doğru sürmeye başlayacak.

– Ay hadi, belki görürüz İstanbul'u.
– Yok yok baksana, gele gele yine Bolu'ya geldik.
– Yahu canım çok istiyor İstanbul'u görmeyi.
– Öf sıkıldım hep Bolu'yu görmekten. Dön geri.

Bolu - Ankara, Bolu - Ankara, Bolu - Ankara, Bolu - Ankara, Bolu - Ankara, Bolu - Ankara yıllarca gider gelirsiniz. Sonunda, şoför sizi indirip dövebilir ama Evren, sadık bir dost olarak, sonsuza kadar sizi ileri geri taşımaya devam eder. Ama yolun sonunda, Ankara - Bolu arası bir yerde, sakın Evren'i suçlamayın!

Normalde, bu bölümü yukarıdaki paragrafla bitirmiş ve bir sonraki bölüme geçmiştim. Ama arada başıma gelen bir olay, tam burada yazdıklarımla alakalı olduğu için geri dönüp buraya eklemeye karar verdim.

Evren'i rahat bırakın dedim ya size. Bakın ben bir sonraki bölümü yazarken neler oldu:

Hemen hemen on iki yıl boyunca Amerika'dan hiç ayrılmadım. İlk yedi sekiz yıl bir türlü gelecek vaktim olmadığı, sonra da bir süre kaçak yaşamaya başladığım için. Bana o zamanlar bile, "Niye Los Angeles'tan hiçbir yere kıpırdamıyorsun?" diyen arkadaşlarıma, hiç düşünmeden şu cevabı veriyordum:

"Steven Spielberg, George Lucas, Al Pacino gibi insanlarla aynı şehirde yaşıyorum. Şu an benim soluduğum havanın aynısını onlar da soluyor. Bu işi başaracaksam, onlara bu kadar yakın olmam lazım."

Bu söylediğime de inanıyordum. Aynı şehirde olmak bana göre işin kilit noktasıydı.

İşte bu noktada Evren'e dikte ediyordum. Yani diyordum ki: "Ben George Lucas'la, Steven Speilberg'le tanışmak ve çalışmak istiyorum, bunun için de Los Angeles'tan hiçbir yere kıpırdamıyorum. Hadi hallet şu işi!"

Bu yaptığımı size şema ile de göstereyim.

Daha önce A ve B noktasını size göstermiştim.

A'dan B'ye gitmeye çalışırken bir hata yaptım ve gideceğim YOLU aynen şöyle gördüm.

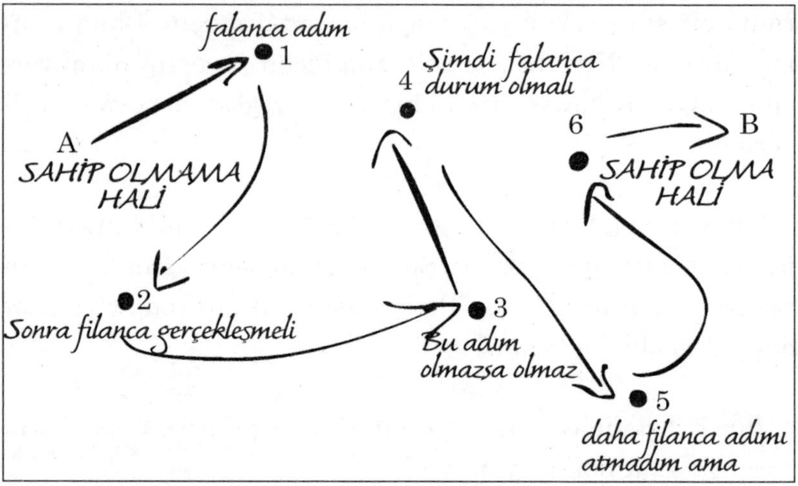

A noktasından, B noktasına varabilmek için, yani başarısız bir aktörden başarılı bir aktör olmaya geçebilmek için, önce 1 noktasına varmam lazım. Yani, Los Angeles'ta yaşamak. Sonra 2. maddenin gerçekleşmesi gerek. Başarılı bir yönetmenin filminde orta dereceli bir rol almak. Hemen ardından 3. madde gelmeli. Aynı yönetmenin, beni yeni filminde başrol oynatması. Sonra gelsin 4. adım, bir ödül almam lazım. Hemen ardından 5. adıma geçebilirim, bütün piyasanın beni tanıması. Son olarak da, 6. adım, kendi projelerimi yaratabilmek. Ardından B noktasına varabilirim: BAŞARILI BİR AKTÖR olmak.

Buna rotaya inandığım için, bu noktaların dışında hiçbir alternatifi kabul etmedim, değerlendirmeye bile almadım. Beni bu rotanın dışına çıkartabilecek gibi duran her teklife HAYIR dedim.

Evren de meğerse bana, "Bunun çok daha kolay ve eğlenceli bir yolu var, ama ille de bu şekilde olmasını istiyorsan, başım gözüm üstüne, hallederiz, ama ne kadar sürer bilemem" deyip dururmuş da benim haberim yokmuş.

Neyse, sonunda Esra'nın bana ön ayak olmasıyla yavaş yavaş bu katı kurallarımdan, Evren'e neyi nasıl yapacağını dikte etme huyumdan vazgeçtim. Yani bizim deyişimizle "Evren'i kendi haline bıraktım."

Ve A noktasından B noktasına gidişle ilgili inanç sistemimi değiştirmeye başladım. Yeni inanç sistemimde A noktasından B noktasına gitmek artık bir düzlem üzerinde değildi. Biraz daha GENİŞ düşünmeyi öğrenmeye başladım. Yeni inanç sistemime göre A noktası ile B noktası şöyle bir haritada yer aldı.

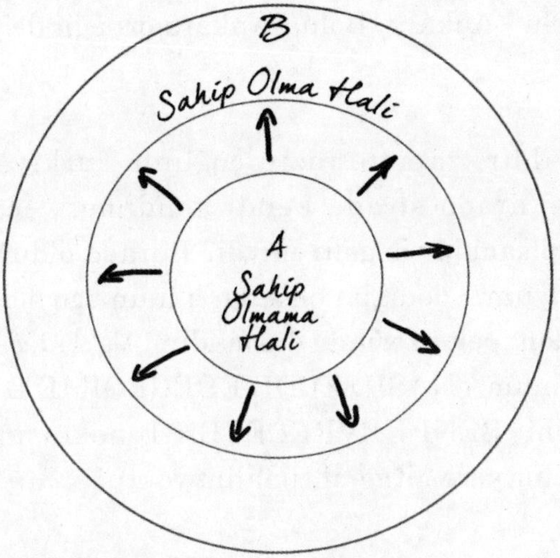

Ben niyetimi koyduğum andan itibaren, etrafım B noktası ile çevriliyor. B noktasından başka hiçbir yere gitme ihtimalim yok. 360 derecelik A noktasında, hangi açıdan yola çıkarsam çıkayım, B noktasına varacağım garanti. Beni durdurabilecek tek şey var: A ile B arası, geçiş yapmadan, ileri - geri, ileri - geri gidip gelmek. Şöyle:

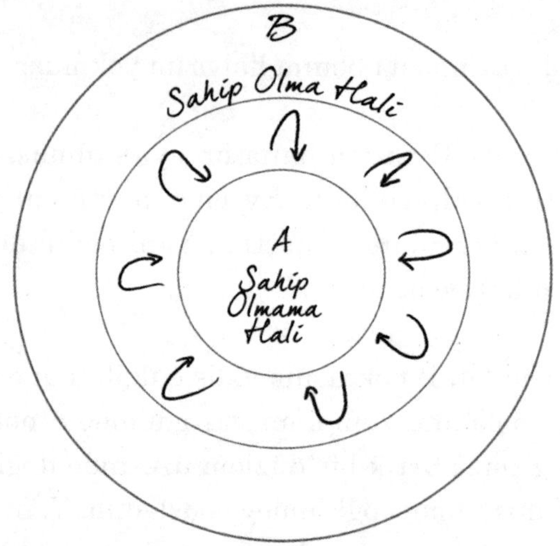

Aynen, Bolu - Ankara, Bolu - Ankara örneğinde yaptığımız gibi.

Son bir yıldır, zamanımızın çoğunu Türkiye'de geçirdiğimiz için, arada sırada kendi kendime, "Acaba şu an Amerika'da olsam bir iş gelir miydi? Burada olduğum için iş kaçırıyor muyum?" dediğim olsa da, bunun ego olduğunu çok iyi bildiğimden, pek üzerinde durmadım. Ve sadece istediklerime odaklandım - NASIL ELDE EDECEĞİME DEĞİL! Bütün dikkatimi, BENİ ÇEVRELEYEN B noktasına verdim. B'den başka bir yere gitme ihtimalim yoktu.

Geçen hafta perşembe günü, Didi adlı bir arkadaşımdan telefon geldi. Didi ile ilk defa Esra'nın doğum gününde İstanbul'da tanışmıştım. Zaten o gece, onu ilk ve son görüşüm olmuştu. O gece, çok kısa süre sohbet edebilmiştik. Kim olduğunu, ne iş yaptığını bilmiyordum.

Telefonda bana, Los Angeles'a gidip gidemeyeceğimi sordu. Bir seslendirme işi için benim yardımımı gerektiğini söyledi. Ben de “Hay Allah, orada olsam sana yardım ederdim ama dur hemen bir iki telefon edeyim, bakalım başka birini bulabilecek miyim” dedim. O sırada işin ne olduğunu, detaylarını sormak aklıma bile gelmedi. Hemen bir iki arkadaşımı aradım ama gecenin o vaktinde kimseye ulaşamadım. Didi’yi aradım ve bir iki gün içinde birini bulabileceğimi söyledim. O sırada o da bana işle ilgili detaylar verdi. “İş” dedi “Skywalker Ranch’ta (Skywalker Çiftliği’nde) olacak ve senin yapmanı istiyorum” benim jetonum önce düşmedi ve “Allah Allah çiftlikte ne işim olur yahu? Hem de seslendirmeyle ilgili” derken, bir anda uyanmaya başladım.

Skywalker Çiftliği, Amerika’da, George Lucas’ın kurduğu ve *Star Wars-Yıldız Savaşları* filmlerinin çekildiği stüdyonun adıydı. Çiftlik şeklinde tasarlanmış bir stüdyo olduğu için adına “ÇİFTLİK” deniliyordu.

Didi telefonda, benim oraya gelmemi istiyordu.

Oyunculukla ya da *Star Wars* filmleriyle ilgilenmeyenler için çok büyük bir anlam ifade etmeyebilir ama inanın bana eğer işin içindeyseniz, bu sizin için inanılmaz bir fırsat, CV’nizde harika duracak bir referans, hatta bahsettiğim büyük isimlerle tanışma ihtimali demektir.

On beş dakika içinde kararımı verdim; ertesi akşam uçakla Amerika’ya doğru yola çıkmıştım. Tam altı gün boyunca, alanlarının en saygın isimleriyle, Oscar ödülü almış insanlarla birlikte gündüz saatlerce çalışıyor, akşam içmeye gidiyordum.

Maalesef size, Skywalker Ranch ile ilgili daha fazla detay veremiyorum çünkü orada olanları, gördüklerinizi anlatmanızı engelleyen bir sürü belge imzalatıyorlar.

Yıllarca Amerika'dan hiçbir yere kıpırdamamamamın tek sebebi, "böyle bir fırsat yakalama" düşüncesiydi. Sonra fırsat geldi beni İstanbul'un göbeğinde otururken buldu. Los Angeles'taki evimden iki yüz, üç yüz kilometre uzakta olan çiftliğin yıllarca yanına bile yaklaşamamışken, yaklaşık sekiz bin kilometre uzağa taşınmama rağmen, içeri girme fırsatını elde ettim.

Çünkü, Evren'e neyi nasıl yapacağını dikte etmeyi bıraktım.

Bu satırları size havaalanından yazıyorum. İşim bitti ve geri dönüyorum. Evren bana, bugüne kadar hayal edebildiğimden daha güzel bir altı gün verdi ve biliyorum ki:

BU DAHA SADECE BAŞLANGIÇ!!!

İSTEMEK YA DA İSTEMEK

"İsteyenin bir yüzü kara..."

Hayatımızda ortak bir nokta olduğunu fark ettim. İstemeyi bilmiyoruz. Bazıları da istemekten kaçınıyor. Tabii burada sadece ağızdan çıkan kelimelerden bahsetmiyorum. "Nasıl istenir?" başlangıçta sadece kitabın içinde bir konu başlığı olarak tasarlanmıştı ama daha sonra, İSTEMEK kavramını size enine boyuna, bütün bir bölüm olarak sunmak istedim, çünkü EVREN ile ilişkinizin İLK ADIMI "istemek"tir. Bu arada bu bölümün sonunda size çok kritik olan bir ayrımdan da detaylı bir şekilde bahsedeceğim: "isteyen" ve "sahip olan" olmak ayrımından.

ANNEM DERDİ Kİ:

"Ağlamayan bebeğe emzik verilmez."

Annem bu lafı o kadar çok tekrarlamış ki, sesi ve yüzü artık hafızamdan silinmeye başlamasına rağmen, bu cümlesini çok net hatırlıyorum. Kendisi o zamanlar bunu hangi amaca hizmet etsin diye söylerdi tam olarak bilmiyorum ama size tekrar ederken altını çizmek istediğim bir şey var:

SİZ İSTEMEZSENİZ, Evren sizin için, sizi düşünüp, "Ah canım, bak hiç günahı yok bunun, hadi şuna bi şeyler vereyim de sevinsin garip" DEMEYECEKTİR!!!

Bazı toplumlarda istemek ayıp, kanun dışı hatta günah bile kabul edilebilmektedir. Eğer onlardan biri olmak istiyorsanız siz bilirsiniz. Ben oyumu, İSTEYEN, DAHA ÇOK İSTEYEN, hatta DAHA DAHA ÇOK İSTEYENlerden yana kullanıyorum.

Sakın yanlış yere çekmeyin bu söylediklerimi. Ben size, "Paraya tapın, istediklerinizi elde etmek için her şeyi yapın, insanları sömürün, köle yapın, yeter ki istediklerinizi elde edin" falan demiyorum. İkisi çok ayrı şeyler. "Kendiniz için istemekten korkmayın" diyorum. Evren dediğimiz meret elinde bir terazi ile ne kadar istediğinizi tartıp "Yok canım, sen de çok istiyorsun hadee başka kapıya" DEMEYECEK! Hiç demedi. Sizin kendinize izin verdiğiniz kadarını, size vermeye devam edecek.

"Para her türlü mutluluğun kapısını açar, sahip olduğunuz maddi güç, sizin ne kadar mutlu olacağınızı belirler"
ASLA DEMİYORUM!!!

İSTEYİN!

Ressam olmayı isteyin
İş sahibi olmayı isteyin
İlişki isteyin
Ev isteyin
Sağlık isteyin
Para isteyin
Seyahat etmeyi isteyin
Çiçek yetiştirmeyi isteyin
Çocuk isteyin

Evren'le konuşmak isteyin
Gülmek isteyin
Müzik dinlemek, yazmak isteyin...

Sonsuzluğa kadar uzayan büyük bir oyuncakçı dükkânına girmiş, on yaşında bir çocuğun isteyebileceklerinden daha fazlasını, büyük bir heyecanla isteyin. Öyle bir isteyin ki, Evren sizin sesinizi duyduğunda, heyecandan tüyleri diken diken olsun, gözlerinden yaş gelsin, enerjinizle dağları oynatabileceğinizi bilsin. İSTEYİN!!!

İstemenin sınırı yoktur ama bakalım sizin istediklerinizi alabilecek yeriniz var mı?

Enerjinizle oluşturduğunuz KABINIZ, istediklerinizi alacak kadar büyük mü?

Otuz litre benzin deposu olan bir arabaya, kırk litre benzin koymaya çalışırsanız ne olur? Küçük bir kahvaltı tabağına, üç kişilik yemek doldurmaya çalışırsanız ne olur?

İşte Evren için de aynı kurallar geçerli.

Siz bir şeyi istediğiniz an, Evren'de bir yerde sizin için paketlenip hazırlanıyor ve teslim edilmek üzere bekliyor. Siz daha düşüncenizi bitirmeden, Evren çarklarını çalıştırıp, gerekli olayları, gerekli "güya tesadüfleri" sizin için sıraya sokmaya başlıyor. Ama paket kapınıza geldiğinde, zil sesini duyabiliyor musunuz?

Hocam Darel'ın bana defalarca anlattığı çok güzel bir hikâye vardır.

Adamın biri, şehri sel basınca, evinin çatısına çıkıp başlamış Tanrı'ya yakarmaya: "Tanrım beni kurtar, Tanrım beni kurtar" diye. O sırada, bir helikopter yavaş yavaş alçalmaya başlamış evin üstüne ve adamı kurtarmaya yeltenmişler. Adam büyük bir öfkeyle "Gerek yok, Tanrı beni kurtaracak" demiş. Biraz sonra bir kayık yaklaşmış eve doğru ama adam yine yardım tekliflerini reddetmiş ve "Tanrı yoldadır. O beni kurtaracak" diye inat etmiş. Hikâye bu ya, adam bir süre sonra ölmüş ve Tanrı'nın yanına çıkmış. Büyük bir hayal kırıklığıyla "Neden beni kurtarmadın? O kadar yalvardım sana" deyince, Tanrı sadece gülümseyerek, "Helikopteri ve sandalı kim gönderdi sanıyorsun?" demiş.

Sonra ne yaptılar bilemiyorum, hikâye her seferinde burada bitiyor.

Genelde öğrencilerimle ilk çalışmaya başladığımda şu soruyu sorarım: "Ne istiyorsun?"

Aldığım cevap şöyle cümleler olabiliyor: "Ya yok, aslında ben çok bi şey istemiyorum." "Ne bileyim, istiyorum bir şeyler ama korkuyorum, yani hani başkalarına kalmaz diye."

Hocamın asistanlığını yaptığım sıralarda tanıştığım Kanadalı bir kadın vardı. İsmini hatırlayamıyorum şimdi. Bir gün, çalışma sırasında şöyle bir cümle sarf etti:

"Çin'de insanlar günlüğü 1 dolara çalışırken, ben bir şey isteme hakkına sahip olduğuma inanmıyorum."

"Eh o zaman, 'İSTEDİKLERİNİZİ NASIL ELDE EDEBİLİRSİNİZ' başlıklı bu *workshop*'ta işin ne kadın?"

demek geldiyse de içimden, sustum.

O kadın beni bayağı uğraştırmıştı. Hatta konuyu Darel'a açtım. Bana tek söylediği şu oldu, "Sen bildiğini onunla paylaş, ikna etmeye çalışma, zaten beceremezsin. Ben de beceremem."

Ben de İSTEMEK konusunda sizi ikna etmeye çalışmayacağım, sadece paylaşacağım.

İstemenin sınırları

Yok valla istemem, günah yahu!

"Siz istediğiniz için ya da siz sahip olduğunuz için başkalarının daha azla yetinmek zorunda olduğu" fikrinde bazı çelişkiler var. Fikir kendi içinde tutarsız.

– Eğer hepimizde aynı YARATIM gücü varsa, onlar da yaratabilir. Yaratmıyorlarsa bu onların SEÇİMİ!

– ÇEKİM YASASI'na inanıyorsanız ve siz on milyon doları kendinize çekemiyorsanız, Bill Gates, bütün servetini uçaktan tomarlarla aşağı atsa, siz bir dolar bile yakalayamazsınız.

– Kim size, EVREN'de limitli para vardır dedi? Ben ekonomist değilim ama kâğıt paranın karşılığının altın olduğunu biliyorum. NEREDE EVREN'İN SINIRLI ALTIN DEPOLARI? Zamanın başlangıcından bu yana artan para nereden geliyor? Bugüne kadar, binlerce yıldır, artarak geldi de, değirmenin suyu şimdi mi tükendi?

Olay sırf para değil. Mesleki isteklerde de aynı kurallar geçerli.

"Ben mimar olmak istiyorum ama yeteneğim yok. Bazıları doğuştan şanslı" diyenler var.

Yapmayın etmeyin!..

Şimdi, ben yukarıdaki cümleden şunu anlıyorum, yanlışsam lütfen söyleyin:

Bebekler doğarken, şans dağıtan bir mekanizma var. Garibim ruh, bebeğin içine ilk girdiğinde, bu mekanizma, bebeğin bir tarafına ŞANS tıkıştırıveriyor (bebekler cepsiz doğdukları için, şans nereye tıkıştırılıyor artık siz düşünün) sonra bunlar doğduklarında ŞANSLI oluyorlar.

Peki, kabul ediyorum, aynen böyle oluyor. O zaman, lütfen biri bana bu şans dağıtımının kurallarını açıklasın. Kural kitapçığını görmek istiyorum. Kim şanslı, kim şanssız doğuyor ve kim neye göre buna karar veriyor? Bunları bilmek benim hakkım.

Çünkü ben inandıklarımı, bir düzen içinde açıklıyorum değil mi? BEN DE AÇIKLAMA İSTİYORUM.

– Kara kedinin nasıl uğursuzluk getirdiğini açıklayabiliyorlar!

– Suyun içine dökülen erimiş kurşunun nasıl mucizevi bir şekilde patladığını ve nazarı nasıl yok ettiğini açıklıyorlar!

– Telli Baba'nın size nasıl koca bulduğu da bilimsel olarak açıklandı!

– Ay, Merkür'ün bilmem neresinden geçerken, Jüpiter Uranüs'ün yörüngesinde yapmaması gereken bir şey yaparken, hayatınızı nasıl düzenlemeniz gerektiğini de açıklayabiliyorlar!

Bütün bunlar, nasıl güzel ve net bir şekilde açıklandıysa, şans konusunda da açıklama istiyorum.

Hayır yani, yanlışsak bir an önce düzeltelim kendimizi.

"Ee ama Aykut yani yapma etme. Doğuştan yetenek diye bir şey yok mu yani?"

Öyle mi? Peki bana şunu yetenekle açıklayın lütfen:

Konservatuar tiyatro bölümü sınavlarına ilk girdiğim yıl, beni sınavlara çalıştıran bir öğrenci yüzüme baktı ve bana "İstersen başka bir meslek seç kendine, vakit varken başka bir yöne yönel" dedi. Diğer üç beş öğrenci de başlarıyla bunu onayladılar.

Sanırım sahne sınavları jürisi de aynı şeyi görmüş olacak ki, iki sene üst üste sınavları kazanamadım.

Gelin bunu, Amerika'da bana EN İYİ ERKEK OYUNCU ödülünü verenlere anlatın!

On sekiz yaşımdayken, evde telefon çaldığında, eğer ben açmışsam telefonu, "KIZIM annem evde mi?" derlerdi. İncecik, iğrenç bir sesim vardı.

Gelin bunu, bana seslendirme piyasasında şu an en yüksek kaşeyi ödeyen reklam şirketlerine, TV kanallarına anlatın!

Evet, ben doğuştan ŞANSLI bir insanım.

"Ee baba sen Amerika'ya falan gitmişsin, tabii para gazanacaan, çok şanslı adamsın yahu!"

Eğer;
Amerika'da kimseyi tanımıyorsanız, cebinizde iki bin altmış lira varsa ve tek kelime bile İNGİLİZCE konuşamıyorsanız...

İşte siz de BENİM KADAR ŞANSLI doğanlardansınız.

Size başkalarının örneklerini bile anlatmıyorum, sadece kendi hayatımdan bahsediyorum.

Ama bu arada, "acaba" diyorum;

Hani şu mesleklerini çok iyi yapanlar, hemen yükselenler, çok çok iyi yerlere gelebilenler ve mutlu olanlar...

Sadece "acaba"...

SEVDİKLERİ İŞİ YAPMAYI SEÇTİKLERİ için mi başarılı oluyorlar?

Yok yok sanmam. Ben de saçmaladım şimdi. Onlar doğuştan ŞANSLI!!!

İstemeye istemeye, bir şeyi istediğinize ikna edildiğiniz zaman, sonuçlarıyla mutlaka yüzleşmek zorunda kalacaksınız. Belki üç gün, belki otuz yıl sonra.

Amerika'da bir kız arkadaşım vardı. Adını vermek istemiyorum, kendisi çok tutucu bir aileden geldiği için rahatsız olabilir. Onunla tanıştığımda kariyerinde ilerlemiş bir doktordu. Hatta çalıştığı hastanenin başhekimiydi. Ama ben kendisiyle bir film setinde tanıştım. Filmde oynamak için elemelere katılmaya gelmişti.

Bir süre sonra arkadaşlığımız ilişkiye dönüştü. Onu yakından tanımış ve gerçek duygularını anlayabilmiştim.

Hayatımda gördüğüm en mutsuz insanlardan biriydi.

Vereceği cevabın, benim gerçekliğimde yeri olmadığı için, şu soruyu sormak, tanıştıktan ancak üç dört ay sonra aklıma geldi:

"Madem istemiyordun, neden doktor oldun?"

– Babam öyle istedi!

Bugün hâlâ doktor olarak mutsuz bir şekilde yaşayıp, oyuncu olmaya çalışıyor.

KENDİNİZ İÇİN İSTEYİN!

"Her şeyi istemek" konusunu son bir cümle ile kapatacağım.

Sözüm, İSTEMEK İSTEMEYENLERE.

"Bir şeyi istemeyi reddetmek, o şeye sahip OLMAMAYI İSTEMEK değil midir?"

İstediğiniz şeye ait misiniz?

Uzun boylu olsun, yakışıklı olsun, zengin olsun...

Tamam, İSTEME ile ilgili bir sorununuz yok. Siz de benim gibi habire isteyen ama bazen elde etmekte zorlananlardansınız.

Yıllar boyunca, sadece istemenin yeterli olacağına inandım. O yüzden de uzun yıllar birçok istediğimi elde edemedim. Sonra fark ettim ki, "istediğimiz şeye ait olmak" gibi bir kural varmış.

"İstediğiniz şeye ait olmayı" biraz açmaya başlayalım.

Bir şeyi isterken şöyle cümleler kurabiliyoruz: "Aylık gelirimi ikiye katlamak istiyorum" ya da "Çok huzurlu bir ilişki istiyorum."

Şimdi, ben sizin karşınızda durup size, "Koltuğa oturmak istiyorum" dersem, bu ne demektir aslında? "Şu an koltuğa OTURMUYORUM" demektir, değil mi?

"Sigara istiyorum" dersem bu ne demektir? "Sigaram yok."

– On lira istiyorum = On liram yok.

– Hava almak istiyorum = Temiz havam yok.
– Gülmek istiyorum = Gülmüyorum.

Bir şeyi İSTEDİĞİNİZ ZAMAN, onun halihazırda sizde OLMADIĞININ bütün sinyallerini Evren'e gönderiyorsunuz. Çünkü ancak, bizde OLMAYAN bir şeyi isteriz.

Kızmayın bana. Deminden beri, isteyin isteyin diye başınızın etini yediğimin ve yukarıdaki cümleyle hepsini altüst etmiş gibi göründüğümün farkındayım. Biraz sabır!

İnternetten sipariş vermekle ilgili kısımda size bunun ipucunu vermiştim zaten. Bir şey ısmarladığınız zaman –henüz elinize geçmemiş olsa da– artık sahip olduğunuzu bilmenin huzuru içinde günlerinize devam edersiniz. İşte bu, henüz sahip olmadan, sahip olMUŞ gibi yaşamaktır.

Diğer bir deyişle buna, "MİŞ - MIŞ - MUŞ - MÜŞ" gibi yapmak da diyebiliriz.

İstediğinize ait olup olmadığınızı, kendi kendinize evde test edebilirsiniz. Ben genelde öğrencilerime hep şu soruyu sorarım: "İstediğin şu an gerçek olsaydı, karşımda böyle mi otururdun, duygusal dünyan, şu an olduğu gibi mi olurdu?"

Eğer cevap EVET ise, istediklerini elde etmeye çok yakınlar demektir. Cevap HAYIR ise, ta ki cevap EVET olana kadar çalışmaları gerekir.

Biraz daha somut bir örnekle açıklayayım.

Darel bana bu soruyu ilk sorduğunda, daha çalışmaya yeni başlamıştık ve konumuz "kariyer"di. Ben o sıralarda, üç beş yıldır Amerika'da hâlâ istediği yere gelememiş, barmenlik, garsonluk, inşaat ameleliği gibi işler yapan bir "aktör" idim. Darel bana, "Şu an son derece başarılı bir aktör olsan, ödüller alıyor olsan, her gün barmenlik yapmak yerine film setlerine gidiyor olsan, hayatın nasıl olurdu? Şu anki gibi mi?" dedi.

Sinirimden gülüyordum.

"Şu ankinin beş yüz katı farklı olurdu" dedim.

"Nasıl farklı?" dedi.

"İstediğim gibi para harcardım, barmenlik yapmazdım, dünyayı dolaşırdım."

"Ben duygusal dünyandan bahsediyorum" diyerek durdurdu beni. "Duygusal dünyan nasıl olurdu? Nasıl bir Aykut olurdun?"

"Daha güler yüzlü olurdum, kendime güvenim artardı, başarmış olmanın sevinciyle etrafıma ışık saça saça yürürdüm, bir markete girdiğimde herkese gülümserdim, arkadaşlarımla daha sık görüşürdüm, konuştuğum her insanla daha pozitif konulardan bahsederdim. Zaman zaman içki, en iyi dostum olmazdı."

"O zaman önce bu bahsettiğin kişi olmak zorundasın!" dedi.

Bütün dünya başıma yıkılmıştı!

Başarılı bir oyuncu olmadan, sanki olMUŞ gibi nasıl hissedebilirdim yahu?

"Önce, istediğini söylediğin şeyi elde etmiş kişi haline gel, sonra zaten istediğin otomatik olarak senin olacak" diye, üzerime kürekle bir güzel de toprak attı.

Bu kavramı hayatımda ilk defa duyuyordum ama benzer bir şeyi daha önce de yaşamıştım. Ne demek istediğinin farkındaydım.

Bakın hocamın bana bahsettiği şeyi yıllar önce hiç farkında olmadan nasıl uygulamıştım. Sonra bu kariyer konusuna geri döneceğim, daha bitmedi!

Kitabın en başında hayat hikâyemi size aktarırken, Amerika'ya yerleştim diyerek cümlemi bağlamıştım. Şimdi Amerika'ya uçtuğum 1 eylül gününden 13 ay öncesine dönmek istiyorum.

Sürekli çalıştığım için çok iyi bir öğrenci olmadığımı da anlatmıştım size. Şimdi kurallar nasıl bilemiyorum ama benim zamanımda, okulu yedi yılda bitiremezseniz atılıyordunuz ve benim yedinci yılım başlamak üzereydi. Amerika'ya yerleşme fikri kafama tamamen yattığı için, o yıl okulu bitirip öyle gitmek istedim.

Eylül sıralarında okula, danışmanım Gülayşe'nin yanına gittim. Her yıl olduğu gibi yine, yıllık ders kartlarını doldurmamız gerekiyordu. Alttan derslerim kaldığı için, kartı düzgün doldurabilmek adına, birinci sınıftan itibaren bütün notlarımı tek tek çıkardık. Bir iki saatlik bir uğraşının sonunda, üzgün gözlerle bana baktı, 40 civarı kredi almam gerektiğini ve yıllık kredi alma hakkımın sadece 30 civarı olduğunu söyledi. Bu durumda, o sene okula başlamamın pek bir anlamı olmadığı açıktı.

Normal şartlarda böyle bir haber beni oldukça üzerdi. Düşünsenize: Ben, Aykut Oğut, hayatıma lise mezunu olarak devam edecektim!

Ben bunları kafama takmak yerine, eve gidip çalışma masamın başına oturdum ve kendime güzel bir plan yapmaya başladım. Hangi eşyalarımı satabilirdim, ne kadar para toplayabilirdim, Amerika'da hangi eyalete yerleşebilirdim, ne iş yapardım gibi bir liste yapmaya başladım. Liste ilerledikçe, benim heyecanım artmaya başlamıştı. O sıralar bir turizm acentesinde çalışan Burcu'yu arayıp, benim için Amerika'ya bir bilet rezervasyonu yapmasını istedim.

"Ne zaman gitmek istiyorsun?" dedi.

"Bir yıl sonra bu sıralar" dedim. Çok yakın bir arkadaşım olduğu için okulla ilgili sorunumu biliyor ama neden bir yıl beklemek istediğimi anlamıyordu.

"Okulu bitirip öyle gideceğim" dedim.

Bütün dünya bana imkânsız olduğunu söylese bile okulu bitireceğimi biliyordum. O kadar emindim ki, okulu sanki bitirMİŞ kadar mutluydum. (İşte MİŞ gibilerimden biri.)

O hafta içinde okuldan bir haber geldi. Yönetmelik değiştirilmişti. O yıl okul yönetimi, köklü bir sistem değişikliğine gitmeye karar verdiği için, elde kalan, alt sınıftan ders takmış bütün öğrencileri temizlemek istiyordu.

Her öğrenciye, 40'ın üzerinde KREDİ ALMA HAKKI tanınıyordu!

Bütün kredileri kartıma doldurduk. Hatta bir kart yetmedi, ikinciye geçtik. Yasal olarak bu hakkımı elde etmiştim ama başka bir sorun vardı. Alt sınıftan birçok dersim kaldığı için bazılarının saatleri çakışıyordu. Sahnede, üçüncü sınıfın oyunculuk dersi yapılırken, üst katta ikinci sınıfın tiyatro tarihi dersinde olmam gerekiyordu. Ayrıca, üç sınıfın birden oyunculuk derslerini aldığım için, sınavlarda yaklaşık yedi, sekiz ayrı parça hazırlamam lazımdı. Oysa ben o güne kadar daha doğru düzgün, hiçbir parçamı hazırlamamıştım. Bir de üstüne üstlük yıl sonunda bitirme tezimi vermem gerekiyordu.

Bütün bunlara rağmen, kafamda tek bir düşünce vardı. "Amerika'ya üniversite mezunu olarak gitmek!"

Programda gerçekleşen bazı değişiklikler, çakışan ders sorunumu ortadan kaldırdı. Dönem başlamıştı ve canavar gibi çalışıyordum. Günde iki saatten fazla okulda kalmayan ben neredeyse sahnede yatıp kalkmaya başlamıştım. Daha gitmemiştim ama, Amerika'ya gitMİŞ kadar, okulu bitirMİŞ kadar mutlu, heyecanlı ve hevesli idim.

O gün Darel bana, "Şu anki Aykut ile Amerika'ya üniversite mezunu olarak yerleşmiş Aykut arasında ne fark var?" deseydi, cevabım "HİÇ FARK YOK" olurdu.

Yanlış hatırlamıyorsam okul, haziran gibi bitiyor, bitirme tezleri de temmuz ortası sahneleniyordu. Bizim bölümde tezler sadece yazılı verilmezdi, aynı zamanda sahnelenmesi gerekiyordu.

Son sınıf öğrencileri tez seçimlerini çok dikkatli yaparlar. Küçük kadrolu oyunlar tercih edilir çünkü dönem sonunda bütün öğrenciler meşgul olduğu için size yardım edecek birini bulmak zorlaşır ve hep üçüncü ya da ikinci sınıf öğrencilerden yardım istenir. Son sınıflar zaten meşgul, birinci sınıflar da çömez diye kimse yaklaşmaz onlara.

Kafamda bomba gibi bir tez konusu vardı. Okulu hakkıyla bitirmek istiyordum. Tezin yazım aşaması bittiğinde, yazdığım tezin yirmi kişilik bir kadroya ihtiyacı olduğunu fark ettim. Hemen hemen bütün birinci sınıf öğrencilerini dahil ettim. Onlar da beni kırmayıp bunu kabul ettiler.

Bir yandan finaller, bir yandan tez hazırlıklarım, bir yandan para bulma çabalarım devam ederken, gündüzleri okula gidiyor, geceleri sabaha kadar ders çalışıyor, her yorulduğumda, elimdeki Amerika resimlerine bakıp, orada beni nelerin beklediğinin hayalini kuruyordum. Bu arada, Amerika'ya gitmek istememin nedeni, taşı toprağı altın olduğu için değildi. Oyuncu olarak hayatıma devam etmek için gitmek istiyordum.

Tek kelime bile İngilizce bilmeden!

Finaller sonunda aldığım bütün dersleri vermiştim. Bir ders, tek bir ders hariç. Tiyatro tarihi. Finalden aldığım not 52 idi ama geçmek için 61 almam gerekiyordu.

Sonuna kadar gelmiş ve başaramamıştım. Hocamla konuşmak bile işe yaramadı. Ne yapabilirdi ki? Notlar dekanlığa verilmişti. Gidip, "Ay ben yanlış okumuşum" diyemezdi ya.

Aynı gülümsemeyle günlerime devam ettim. Tezimi hâlâ vermek istiyordum. İçim rahattı çünkü elimden gelenin EN İYİSİNİ yapmıştım.

Aynı hafta içinde, YÖNETMELİK YİNE DEĞİŞTİ!

Tek dersi kalan öğrencilerin notu, eğer 50'nin üzerinde ise, on puan eklenerek yükseltilecekti.

MEZUN olmaya bir adım daha yaklaşmıştım.

Temmuz ayı geldi ve tezimi sergiledim. Tez gereği, oyununuzu tüm detaylarıyla hazırlamanız gerekiyordu. Yani sahne bittiğinde perde kapanacak ve sonrasında selama bile çıkılacaktı.

Benim tezim hakkında okulda şöyle bir söylenti vardı: "Ya çok iyi bir notla mezun edecekler ya da yerin dibine batıracaklar!" İddialı bir tezdi, kabul ediyorum. Yönetmenlik kısmına çok yüklendiğim için, tezin asıl amacı olan oyunculuk kısmını daha az çalışabilmiştim.

Tez bitti, selam verme kısmı geldi. Tez sahibi olarak alkışa en son benim çıkmama karar vermiştik. Salon doluydu ve alkışlar durmuyordu. (Seyircinin tümü arkadaşlarımızdı!) Hocalarım nezaketten alkışlıyordu çünkü tam olarak anlamamışlardı, yönetmen olarak mı tez vermiştim, oyuncu olarak mı?

Benim sıram geldi. Alkışa bir bavulla çıktım. Üzerinde kocaman harflerle şöyle yazıyordu: "AMERİKA YOLCUSU".

Sahneden, sanki havaalanında arkadaşlarımdan ayrılır gibi el sallayarak ayrılmıştım. Notumu bilmiyordum. Bildiğim tek bir şey vardı ve bunun aksine kimse beni inandıramazdı: "Amerika'ya üniversite mezunu olarak gidecektim."

İki ay sonra, 1 eylül günü, Florida eyaletinin, West Palm

Beach Havaalanı'na indim. Kapıdaki görevli bana herkese sorduğu soruları soruyordu:

Öğrenci misiniz?
Hayır. GEÇEN AY MEZUN OLDUM!

O kadar istedim ama olmuyor

Yukarıdaki biliyo da vermiyo...

Size bütün bunları "Bakın ben ne adamım, görün görün!" diye anlatmadım. Gelin olaylara biraz önce bıraktığım yerden devam edelim.

Okul bitirirken kendimi ne istediğime odaklayabilmiş, her istediğini elde edebileceğine bu kadar inanmış olan ben, Darel bana "Şu an son derece başarılı bir aktör olsan, ödüller alıyor olsan, her gün barmenlik yapmak, inşaatlarda çalışmak yerine film setlerine gidiyor olsan, hayatın nasıl olurdu? Şu anki gibi mi?" dediğinde gerçekle yüzleşmek zorunda kalıyordum.

İşte istediğiniz bir şeyin gerçekleşmesi ile gerçekleşmemesi arasındaki EN ÖNEMLİ FARK burada gizli:

– Gerçekleşme süreci içinde odağınız nerede?
– Daha hiçbir şey gerçekleşmeden, MİŞ, MIŞ, MUŞ, MÜŞ gibi hissedebiliyor musunuz?
– Yoksa, yolunuza devam ederken, odağınız hâlâ GERÇEKLEŞMEYEN hayalinizde mi?
– Dominant duygunuz, hayalinizin gerçekleşmesi ihtimalinin sizde yarattığı heyecan mı? Yoksa gerçekleşememe ihtimalinin yarattığı, korku, üzüntü, sıkıntı mı?
– Sabah kalktığınızda, hayallerinizi düşünüp gülümseyerek

mi güne başlıyorsunuz, yoksa etrafınıza bakıp, hâlâ gerçekleşmediklerini görüp, buruk bir şekilde mi kalkıyorsunuz?

– İstediğiniz şeye mi? Yoksa "onun olmaması" ihtimaline mi AİTSİNİZ?

Amerika'ya taşıdığım oyunculuk hayalim uzun yıllar gerçekleşmedi. Çok samimi itiraf ediyorum, uzun süre abuk sabuk işler yaptım. Yanlış anlamayın, o yıllar içerisinde orada yaptığım işleri küçümsemiyorum, ama esas hayallerimle kıyasladığımda, o kadar geride kalıyorlardı ki, odağımın değişmesine neden oldular.

Aslında, istediğimizin olmaması gibi bir durum hiçbir zaman söz konusu değil. Sadece olan şeyleri "nasıl istediğimizi" fark etmiyoruz.

Tabloya bir daha göz atalım.

Düşüncenin Gerçekliğe Dönüşümü

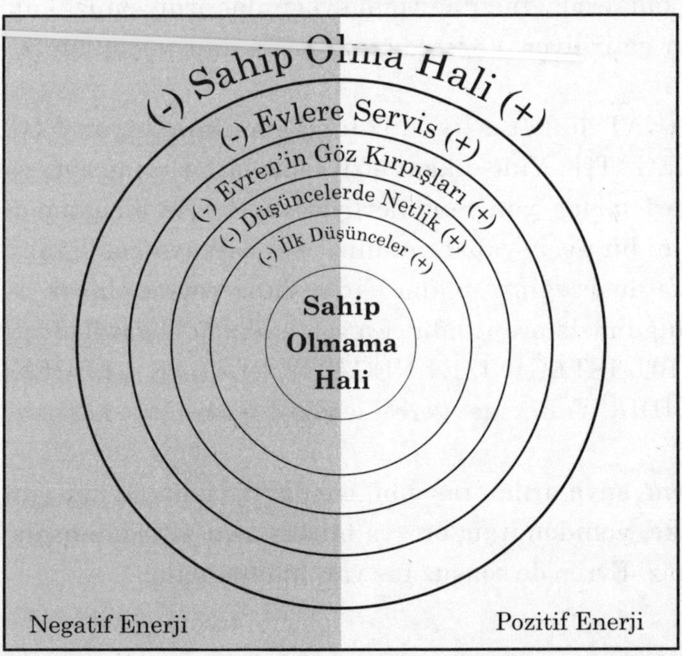

Düşüncenin Gerçekliğe Dönüşümü adlı tablo "Suya Atılan Taş" efektini andırır. Durgun bir su birikintisine taş attığınızda, nasıl halkalar halinde genişlemeye başlarsa, Evren'de de duygularınız, düşünceleriniz aynı şekilde açılarak gidiyor.

Tablonun tam ortası, sahip olmama hali. Bu noktada, bir şeye sahip olma fikri ve isteği aklınıza ilk geldiği an, suyun ortasına bir taş atmış oluyorsunuz. Halkanın ilk katmanı, ilk düşünceleriniz! Bu noktada, aklınızdan konu ile ilgili birçok fikir gelip geçiyor, hemen ardından halka biraz büyüdükçe, zaman geçtikçe, düşüncelerinizde yavaş yavaş netlik başlıyor.

Sizin netliğinizin başlamasıyla birlikte, Evren size, hangi aşamada olduğunuza dair yol gösterircesine, ilk göz kırpışlarını başlatıyor. Hayatınızın gidişatıyla ilgili bazı sinyaller almaya başlıyorsunuz. Bir sonraki adım ise, evlere servis! O ana kadar odağınızı ne yönde yoğunlaştırdıysanız, kapınıza kadar getiriliyor. Ve istediğiniz şeye sahip oluyorsunuz.

FAKAT dikkat ettiyseniz tablonun iki hali var. POZİTİF ve NEGATİF. Yine dikkat ettiyseniz birbirlerine ayrı yönlerde ilerlemiyor, yan yana ilerliyorlar. Her an birinden diğerine, ani bir geçiş yapabilirsiniz. Son halkaya geldiğinizde ne tarafa düşeceğiniz, o ana kadar daha yoğun olarak nerede durduğunuzla orantılıdır. En son halkada negatife düştüyseniz, BU, İSTEĞİNİZİN NEGATİF OLARAK GERÇEKLEŞMESİDİR. Yani yine "gerçekleşme durumu" söz konusu!

Aynı, suya atılan taş gibi, istediğiniz zaman, her gün, her dakika, yeniden, tam ortaya bir taş atıp, sıfırdan başlayabilirsiniz. Evren'de sonsuz taş var, inanın bana!

Bunu bir örnekle açıklayalım:

Artık hayatınızda daha fazla para istiyorsunuz. Bunu söylediğinizi an ilk taşı suya attınız.

1- Sahip olmama hali – Param yok.
2- İlk düşünceler – Daha fazla para kazanma hali.

Halkamız büyümeye başladı. DÜŞÜNCELERDE NETLİK kısmında, başlıyorsunuz nasıl daha fazla para kazanacağınızı ve o parayla neler yapabileceğinizi düşünmeye.

3 - Düşüncelerde netlik – Nasıl kazanılacağı, neler yapılacağı.

İşte buralarda bir yerde, Evren size göz kırpmaya başlıyor. Bu göz kırpışlarını daha net okumaya başladıkça, tam olarak nerede durduğunuzu daha iyi anlayacaksınız.

4 – Evren'in göz kırpışları – Size, para kazanma konusunda nerede olduğunuz gösteriliyor.

5- Evlere servis – Pizzanız geldi. Hem de otuz dakika içinde. Ama ısmarladığınızı sandığınız pizza mı geldi?

Eğer yol boyunca pozitifte kaldıysanız EVET. Ama sürekli negatifte yol aldıysanız HAYIR.

Yol boyunca bizi negatife itebilecek çok önemli iki şey var.

1 - EGO
2 - EN YAKIN ARKADAŞLAR ve AİLE.

Tamam EGOyu anladık. Onun işi bu. Bizi en ortadaki "sahip olmama halinde tutmak." Ama şu yakın arkadaşlar, iyi niyetli aile üyeleri yok mu, beni çileden çıkartıyor!

Kaç öğrencime şu cümleyi kurduğuma inanamazsınız: "Kendine bir iyilik yap, konuşma artık bu konuları en yakın arkadaşınla."

Onların düşünce sistemlerine, onların EGOlarına kaptırıp gidiyorsunuz.

İstemediğimiz şeyler neden olur? Hayır demek evet demektir!

Garsoooon ben bu yemeği ısmarlamadım!

Bir de, istemediğimiz şeylerin olduğu durumlar vardır. Sırf elde edememekten bahsetmiyorum. Hani şu abuk sabuk olaylar vardır ya;

Bozulan televizyon, görünmeyen kazalar, patlayan araba lastikleri, virüs giren bilgisayarlar vs. Onları da biz kendimize çekiyoruz.

Birçoğunuzun "Oha!" dediğini duyabiliyorum. Ben de öyle demiştim.

Size ilk bölümde "enerji-duygu" tablosundan bahsetmiştim. Biraz önce de, suya atılan taşın nasıl açılım gösterdiğini anlattım.

Başınıza "talihsizce" gelen şeyler, hayatınızın genelinde suya attığınız taşları, yani "ilk düşünceleri," hangi enerji (duygu) durumundan attığınızla doğru orantılıdır.

"İstemek" olayını, sadece sözel ya da simgesel bir şey olarak düşünmeyin. Enerji (duygu) dediğimiz mereti gelin biraz daha farklı bir bakış açısından görmeye çalışalım. Bir koku gibi düşünün. Bir tat gibi düşünün.

Şöyle ki:

Gözlerinizi bağlasam ve size bazı yemekler tattırsam, şöyle diyebilirsiniz:

– Hımm, tavuk, yok yok balık, hay Allah neydi bu?

Bunun nedeni tat alamamanız değil, ama tadını aldığınız "kategoriye" girebilecek BİRÇOK YEMEK olması.
Gözlerinizi bağlasam, size bir şey koklatsam, mesela bir çiçek.

– Ay dur ayol, şey bu şey, leylak, yok yok, menekşe.

Aynı sonuç. Elbette bazen tam olarak bileceksinizdir. Ama bir kategoriye ait, benzer kokularla karşılaştığınızda, o kokuya uyabilme ihtimali olan isimler saymaya başlayacaksınız.

Evren de aynen böyle yapıyor. Sizin duygusal dünyanızın tadına bakıyor, kokusunu alıyor ve size O KOKUYA uygun gerçeklikler yaratıyor.

Gelin bu sefer Amerika'ya taşındığımın üçüncü yılına götüreyim sizi ve bakın HAYATTA İSTEMEDİĞİM, olması aklımın ucundan bile geçmeyecek bir şey nasıl başıma geldi...

Üç yılın sonunda, ancak ayakta durabilecek hale gelmiştim. New York'ta bir pizzacıda garsonluk yapıyordum. Gündüzleri okula gittiğim için kendime bir gece işi seçmiştim. Akşam sekiz civarı işe başlıyor ve sabah altı gibi işten çıkıyordum.

Son zamanlarda yaşadıklarıma dayanmak zorlaştığı için,

kendime güzel bir yöntem geliştirmiştim. Sabah saat iki sularında, çaktırmadan çantamda taşıdığım votkayı bardağıma boşaltıp, içmeye başlıyordum. Dörde doğru çakırkeyif olup, sabah altıya kadar büyük bir keyifle, New York'un sarhoşlarına pizza servisi yapıyordum. Sürekli naneli sakız çiğnediğim için kimse ağız kokumu fark etmiyordu.

Keyfimin yerine gelmesi giderek zorlaştığı için, bardağıma doldurduğum votka miktarı da giderek artmaya başlamıştı.

Bir gece bayağı sarhoş olmuştum. İş çıkışı metroya bindim ve evime doğru yola koyuldum. Metroda sızmış kalmışım. Kendime geldiğimde hâlâ sarhoştum. Panik içinde metrodan dışarı çıktım. Hava hâlâ aydınlanmamıştı. Şehrin diğer yakasına geri dönebilmek için, caddenin karşısına geçmem ve metroya oradan girmem gerekiyordu. Yalpalayarak caddenin karşısına geçtim. Elli metre ileride bulunan metronun girişini gördüm...

Kaldırımda yürürken, kaynağını tam olarak anlayamadığım bir acı hissettim ensemde, dönüp baktığımda iki kişinin arkamda olduğunu gördüm. Biri enseme yumruk atmıştı. Benim kafam, adamın göğüs hizasında bir yerdeydi. Arkamı döndüm ve hızlı adımlarla metroya yetişmeye çalıştım. Metronun içinde kameralar olduğu için daha güvenlidir diye düşünüyordum.

Hızlı adımlarım, koşar adım halini aldı.

Bir minibüsün yanından geçerken bazı gölgeler fark ettim ama zaten sarhoştum ve ne olduğunu anlayabilecek durumda değildim. Minibüsün arka kısmına geldiğim an, sadece parmaklarını görebildiğim bir yumruk suratımda patladı.

Kendimi yerde buldum.

Mahalle arası kavga hikâyelerinde hep anlatılır ya, kavgada yere düşmeyeceksin, eğer düştüysen de yüzünü koruyacaksın. Ben de öyle yaptım, "Ulan ben oyuncuyum, yüzüme bir şey olmamalı" dedim ve iki elimle yüzümü, kafamı korumaya aldım...

Bu kavga hikâyelerini kim çıkarttıysa, belli ki hayatında hiç dayak yememiş. Adamın beni bir köpek yavrusu gibi ensemden tutup kaldırdığını hatırlıyorum.

O sırada biri elini ceplerime doğru götürdü. Ben de refleks sonucu ellerimi aşağı indirdim. Ellerim aşağı inince, ensemden tutan el başımı sert bir biçimde minibüse doğru savurdu.

Aksiyon sahnelerini bir kenara bırakıp sonucu söyleyeyim: Bu dayağa bağlı olarak sol gözümü kaybetmiştim.

Ben hayatında bir kere bile kavga etmemiş bir insanım; bir kere bile para çalmadım; bir kere bile "Yahu şu gözümü kaybetsem ne hoş olur" ya da "Güzel bi dayak yesem nasıl olur acaba?" demedim.

Peki, nasıl oldu da böyle bir olay benim başıma gelmişti?

Çok basit Ben çağırdım! Daha doğrusu, duygusal kokum, enerjimdeki tat çağırdı. Evren de, hiç yorum yapmadan, istediğimi, yani istediğime eşdeğer olabilecek durumu yerine getirdi.

Şu geceleri içerek çalışmaya başlamamdan iki, üç ay öncesine götüreyim sizi.

Bana okulu bitirten, beni Amerika'ya götüren, New York'a yerleşmemi sağlayan pozitif enerjim, yavaş yavaş (ben odağımı değiştirdiğim için) tükenmeye başlamıştı.

Ben, "Bay üniversite mezunu aktörrr" bir pizzacıda çalışmaktan, yaşadığım yerin dilini tam olarak konuşamamaktan gocunmaya başlamıştım. Eskiden en güçlü silahım, savunma kalkanım olan KONUŞMA SANATI elimden gitmişti! Gündüzleri okula gidiyor, geceleri benim gibi aktör olan sınıf arkadaşlarıma pizza servisi yapıyordum. Utanmaya ve kendime acımaya başlamıştım. Hayatta en sevdiğim yönetmen-yazar olan Bertold Brecht ile ilgili bir sohbet ortamı bile açılsa ben ağzımı açamıyordum, dil bilgim yetmiyordu. Türkiye'deki arkadaşlarım ha bire bana "Hadi oğlum, meşhur olamadın mı hâlâ?" gibi *e-mail*'ler atmaya başlamışlardı.

Evde karanlıkta oturur ve sürekli kendime acırdım. Başımı omzuna koyacak bir annem bile yoktu. **"Niye bana bunlar oluyor, ben bunları hak edecek ne yaptım?"** der ve ağlardım.

Şu iki cümleye dikkat edin, tekrar yazıyorum:

"Niye bana bunlar oluyor, ben bunları hak edecek ne yaptım?"

O andan itibaren enerjimin tadı, duygularımın kokusu bu doğrultuda yayın yapmaya başladı. Dominant duygum, yayın yaptığım frekansım, "Bunu hak etmiyorum, acınacak haldeyim" idi.

EVREN HER İSTEDİĞİMİZİ GERÇEKLEŞTİRMEK ZORUNDA. Ona verilen görev bu. Hepimiz **EVRENDEN TOR-**

PİLLİYİZ. İstisnasız, yaptığımız her yayına uygun gerçekliği bize yaşatmak Evren'in işi.

Bugün bile, bu olayı anlattığımda, bana ne diyor insanlar biliyor musunuz?

"Ah yavrum, yazık sana, hiç hak etmedin böyle bir şeyi!"

Doğru hak etmedim. Ama "hak etmediğim şeylerin başıma gelmesi EMRİNİ" Evren'e ben verdim.

Birçok öğrencim, demin verdiğim örneği kolayca anlayabiliyor. "Kendine o kadar kötü davranmışsın ki, başına kötü şeyler gelmiş" diyen bile oldu.

Bir de, her şey yolunda ve son derece keyifli giderken yaşadığımız aksilikler vardır. Aslında, Evren'in çalışma prensibi aynı! Bizim bunu tam olarak anlayamamamızın nedeni, hayatı tek bir DOSYA gibi görmemiz. Aslında hayatımız, binlerce dosyanın bulunduğu, DOSYA DOLABIdır.

Bir konu hakkında son derece pozitif ama aynı anda bir diğer konu hakkında son derece negatif olabilirsiniz. Evren pozitif olduğunuz konuyla ilgili pozitif gerçeklik, negatif olduğunuz konuyla ilgili negatif bir gerçeklik yaratacaktır.

On yıldan uzun bir süre hiç Türkiye'ye gelmedim. Tek bir gün bile. O kadar uzun bir süre sonra geri dönmüş olmak beni çok heyecanlandırmıştı.

Geldiğimin üçüncü haftasıydı galiba. Heyecanım hâlâ devam ediyordu. Görmediğim arkadaşlarımı görmek, doğup büyüdüğüm şehirde olmak, çocukluğumun geçtiği evi görmek beni çok heyecanlandırmıştı. Bir yandan da sürekli seslendirme ya da oyunculuk teklifleri geliyor olması, POZİTİF enerjime, daha çok pozitiflik katıyordu. Hayatı çok seviyordum. Sanki ayaklarım yerden kesilmiş gibiydi.

Negatif olduğum bir tek konu vardı; TRAFİK!

İstanbul'un trafiği bana, *Alacakaranlık Kuşağı* dizisinin bölümlerinden biri gibi geliyordu.

Bütün dünya kuantum fiziğini anlamaya çalışırken, bizim taksiciler çoktan "Maddeden enerjiye dönüşümü ve tekrar maddeye dönüşebilmenin" sırrını çözmüşlerdi. Çözmeseler, Galatasaray'ın daracık sokaklarında, ters yönden gelen bir taksi ve ona yol vermek istemeyen bir taksi aynı anda nasıl geçip yollarına devam edebilirlerdi? Kafa kafaya geldiklerinde, ikisi birden enerjiye dönüşüp, birbirlerinin içinden geçip, tekrar madde haline dönüşüyor olmalıydılar.

Taksim Meydanı'nda kırmızı ışıkta duran tek yaya bendim.

Trafiğin ve yayaların durumu beni cidden rahatsız etmeye başlamıştı.

Onca yıl sonra Türkiye'yi nasıl bulduğumu soranlara hep aynı şeyi söylüyordum, "Her şey bir harika ama siz bu trafiğin içinde canınızı nasıl kurtarabiliyorsunuz?"

"TRAFİK = TEHLİKE" benim inanç sistemim halini almaya başlamıştı.

Bakın o günlerdeki "duygularımın, enerjimin" raporu şöyle görünüyordu:

Hayat – Mükemmel
Kariyer – Mükemmel
İlişki – Mükemmel
Para – Mükemmel
Arkadaşlıklar – Mükemmel
Keyif – Mükemmel
Ev – Mükemmel
Giyim, kuşam – Mükemmel
Trafik – REZALET

DOSYA DOLABINDA, sadece bir dosya "negatif" raporlar içeriyordu.

Eve alışveriş yapmak için, bir arkadaşımla Eminönü'ne indik. Bir iki mağazaya girip çıktıktan sonra, Esra'nın bana "Hazır gitmişken bir de ekmek bıçağı al" dediğini hatırladım ve mutfak malzemeleri satan dükkânların olduğu yere gittik.

Kocaman bir ekmek bıçağı gördüm ve hemen aldım. Bir yandan da arkadaşımla sohbet ettiğim için dikkatim etrafta değildi. Tezgâhtar bıçağı paketledi, parasını ödedim ve çıktık.

Eminönü'nde yürümeye başladık. Ne trafik ışığı, ne de bir polis olduğunu fark ettim. Sokak aralarında, arabalarla kovalamaca oynamak gerekiyordu. Arkadaşım, alışık olduğu için, çekirge gibi oradan oraya atlayıp karşıya geçebiliyordu.

Peşinden ben de atladım. Tam karşı kaldırıma adımımı attığım an, inanılmaz bir acıyla yere yapıştım kaldım. Ne olduğunu anlamamıştım ama arkadaşımın bakışlarından çok iyi bir şey olmadığı belliydi.

Ben karşıdan karşıya geçerken, tam gaz gelen bir taksinin tamponu, elimdeki torbaya çarpmış ve dangalak tezgâhtar koca ekmek bıçağını gazete kâğıdına sardığı için, torbanın kenarını yırtıp çıkan bıçak, neredeyse yarısına kadar baldırıma girmişti.

BU OLAY NEDEN BAŞIMA GELDİ?

"Ahhh ahhh, vahhh vahhhh bak talihsizliğe, tam Amerika'lardan gelmiş, hasret giderirken, gitti oğlanın bacağı!"

Bunun, ne talihsizlikle ne de şanssızlıkla ilgisi yok.

Ben, son üç haftamı, sürekli, "İstanbul'da trafiğin ne kadar tehlikeli" olduğuna yoğunlaşarak geçirmiştim. Evren de bana, tam düşündüğüm şekilde bir gerçeklik hazırladı: "Tehlikeli bir trafik."

Sadece biraz dikkatli olmamız yeter. Duygularınızı dinleyin, enerjinizi gözleyin. Size ilk bölümde verdiğim tabloyu ezberleyin gerekirse. İçinizdeki rehber, size zaten ne yöne doğru gittiğinizi sürekli söylüyor.

Hayatın işlevi, Evren'in işleyişi, çok küçük detaylarda kendini sürekli tekrarlıyor.

Kısa bir süre önce Bodrum'da tatil yapıyorduk. O gün bir arkadaşımızla buluştuk, öğle yemeği yedik. Daha yemekleri ısmarlamadan o kadar koyu bir sohbete dalmıştık ki, arkadaşımız garsonun yüzüne bile bakmadan, "Çoban salatası istiyorum" dedi. On dakika sonra yemeklerimiz geldi ve arkadaşımız son derece bozuk bir şekilde, "Ee ben soğan sevmem ki, bunda soğan var" dedi.

"Bi tanem... Alooo... çoban salatası soğanlı olur."

Bakma garsona öyle kötü kötü, sanki adam bir hata yapmış gibi.

Eğer sen soğan istemiyorsan, bunu söyle, NET OL. Düşüncelerde netlik dedik değil mi? Ne istediğinizi, ÖNCE siz bilin ve Evren servis yaptığında da bozulmayın.

BAZI TANIDIK SENARYOLARA BİRLİKTE GÖZ ATALIM

"Yok yok ben bu spiritüel olayları anlıyorum, her şeyi çözdüm ama..."

Şu ana kadar detaylı örnekler vermeme rağmen, anlattıklarım daha çok teori ağırlıklı bilgilerdi. Bu kısımda size, günlük hayatta karşılaşacağınız olaylarda nasıl uygulama yapabileceğinizi göstermek istiyorum. Ele aldığım başlıkları incelerken size bazı egzersizler de vereceğim. Bu egzersizlerin hepsini detaylı bir şekilde beşinci bölümde bulabilirsiniz. İsterseniz önce gidin, beşinci bölümde yazan egzersizlere çabucak bir göz atın ya da burada egzersizlerle karşılaştıkça, gidip neler olduklarını okuyun.

Size daha önce de söylediğim gibi, bir kitap yazıp, ortaya genel bir formül koyup, bunu herkesin takip etmesini beklemek, bence hiç akıllıca değil. Size çok tanıdık gelebilecek bazı sorunları yazıp, çözümünde kullanabileceğiniz "MUHTEMEL formül" önerileri sunacağım. Bunları hayatınıza uygularken, gerekli düzenlemeleri yapmak size kalıyor.

Unutmayın! Anahtar cümle: "Kendinizi iyi hissetmek!"

Sorunları nasıl yarattığımızı ve neden onlardan bir türlü kurtulamadığımızı ya da nasıl kurtulduğumuzu size bir şemayla göstermek istiyorum. Bu şemayı bütün örneklerimizde uygulamalı olarak kullanacağız.

Önce şemayı bir inceleyin. (**Bkz – Sorunların gelişimi şeması**)

Sorunların gelişimi

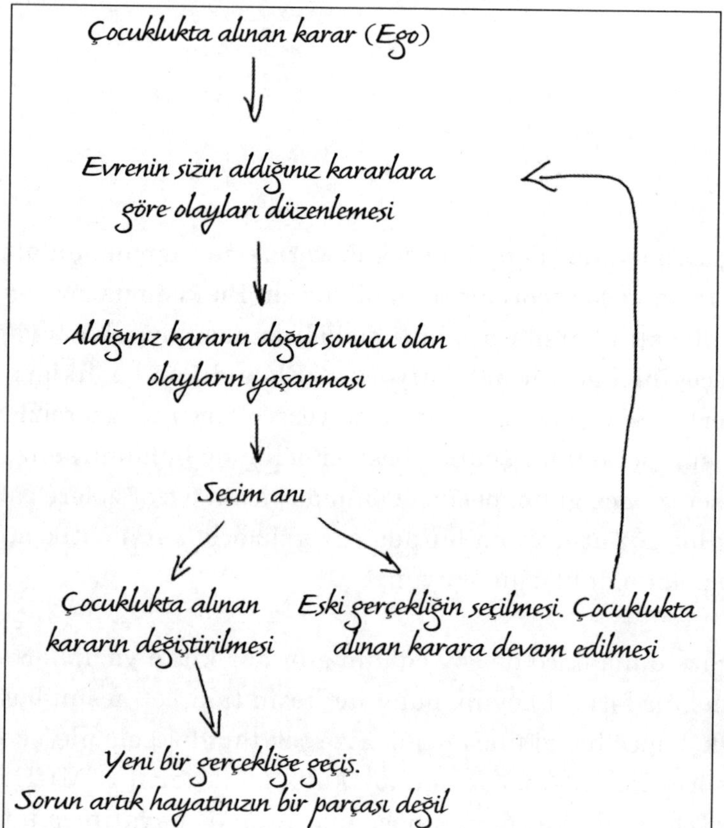

Çocuklukta bir karar aldınız. Ego bunu, hayatınızın gerçekliği olarak size kabul ettirdi.

Evren, size bu karara uygun olayları, insanları getirdi.

Aldığınız bu kararın sonuçlarını yaşadınız.

Seçim anında:

Yeni bir karar almaya karar verdiniz ve aldınız. Artık özgürsünüz, bu sorun bir daha sizi aynı biçimde rahatsız edemez. Evren, yeni kararınıza uygun bir gerçeklik yaratmak üzere harekete geçti bile.

Aynı kararı değiştirmeden, tekrar yaşamak üzere Evren'e sinyaller göndermeye başladınız. Evren kısa bir süre sonra, farklı kişilerle, farklı mekânlarda, aynı senaryoyu, size TEKRAR yaşatmak üzere harekete geçti bile.

Yürümeyen ilişkiler

Üçüncü defa boşanmak istemiyorum

Birçoğunuzun ilişkisi TAM İSTEDİĞİNİZ gibi yürümüyor ya da yürüyecek bir ilişkiniz bile yok. Genelde suçlu hep karşınızdaki.

– Kocam beni anlamıyor. Ay Allahım, adam tam bir kalas.
– Geçen hafta her dakika arıyordu. İki gündür ses seda kesildi. Aradığında cevap vermeyeyim de görsün.
– Ay artık nefes alamıyorum. Bu kadar kıskançlık olmaz yahu!
– Yok abi, ne öyle oyuncak mıyım ben? Bırak yahu.
– Baba ne yapmak lazım bu fıstıklardan biriyle çıkmak için?
– Bıktım artık, her dakika tartışıyoruz.
– Beni seviyor ama o bunun farkında değil.
– Değerimi anlamıyor.
– Bana ne yapacağımı söyleyip durma ha bire be adam!
– Ağzından çıkanı kulağın duysun. Sen kiminle konuştuğunu zannediyorsun. Karşında çocuk mu var senin?
– Yok abi, fazla yüz vermeyeceksin, hemen tepene çıkarlar.

Bu cümlelerden en az birini mutlaka kullanmışsınızdır.

İlişkisi yolunda gitmeyenler ya da ilişkisi olmayanlar, sözüm size: **"Karşı tarafın hiçbir suçu yok. Bunu siz yaratıyorsunuz!"**

Şimdi örnek ilişkimizi bir paragrafla anlatayım.

Öğrencilerimden biri Julie (gerçek adı bu değil tabii ki) ilk geldiğinde erkek arkadaşının ilgisizliğinden yakınıyordu. Ona kafasındaki ideal ilişkiyi sorduğumda "Beni sürekli arasın istiyorum" dedi. Ben de kendisine sorunun karşı tarafla ilgisi olmadığını, her şeyi kendinin yarattığını ve çözümün "sevgilisinin onu her gün araması" OLMADIĞINI anlattım. Ve şu soruyu sordum:

"Hangi Julie olmayı isterdin? Sevgilisi onu her dakika aradığı için mutlu olan mı yoksa aramadığı zamanlarda bile aynı derecede mutlu olabilecek Julie mi?"

İkincisinin daha iyi bir seçenek olduğunu ama nasıl mümkün olabileceğini anlamadığını ifade etti. Gelin hep birlikte bu örneği formüle oturtalım.

PROBLEM

"Sevgilim beni her gün aramıyor. Yeterince ilgi görmüyorum."

1- SİZİ BU NOKTAYA GETİREN MUHTEMEL "EGO" OYUNLARI – ÇOCUKLUKTA ALINAN KARAR

Bildiğiniz gibi EGO, bizim çok küçük yaşlardaki halimiz. Eğer bugün gerçekliğinize –hayatınıza– sizinle hiç ilgilenmeyen ya da yeterince ilgilenmeyen bir erkek çektiyseniz, bunun sebebi çocukluğunuzda aldığınız, **erkeklerle ilgili bir karardır.**

Karşınızdaki erkeğin davranışlarından siz sorumlu değilsiniz ama o karakterde bir adamı hayatınıza ÇEKEN sizsiniz.

BELKİ,

– *Babanız sizinle çok ilgilenmedi.*

Karar: Erkekler böyle işte. Ben asla istediğim ilgiyi elde edemeyeceğim.

– *Babanız sizinle aşırı ilgilendi ve siz çocukken, "Yeter artık bir erkeğin bu kadar üstüme düşmesini istemiyorum" dediniz.*

Karar: Bu kadar ilgi çok can sıkıcı, kendimi hapiste hissediyorum. Ben bazı şeyleri kendi başıma da yapabilirim.

– *Anneniz sürekli babanızın ne kadar ilgisiz olduğunu vurguladı.*

Karar: Annem ve babam bile bunu yaşıyorsa, ben de bunu yaşamak zorundayım. Hayat böyle bir şey.

– *Görüşlerine çok değer verdiğiniz bir arkadaşınız sizin başınızın etini yedi. (Bayılıyorum öyle bok yedi başı "en yakın" arkadaşlara.)*

Karar: Evet o da benimle aynı görüşte. Demek ki erkek dediğin böyle bir şey.

– *Çok değer verdiğiniz bir yakınınız, amca, dayı, enişte hatta belki ağabeyiniz, bir gün sizinle oynamak yerine gidip televizyon seyretti.*

Karar: Benimle ilgilenmek yerine sürekli yapacak başka şeyleri var.

2– EVREN SİZE, ALDIĞINIZ KARARLARA UYGUN BİR GERÇEKLİK HAZIRLADI

Yukarıda saydıklarımdan biri veya benzeri bir karar aldığınız an, Evren'e son derece güçlü sinyaller göndermeye başlıyorsunuz.

"Erkekler ilgi göstermez" kararını aldığınızı farz edelim. Bu noktadan itibaren, sizin verdiğiniz emir doğrultusunda, Evren hayatınıza BU KARARA UYAN erkekler getirmek zorunda. İlişkinizde sevgiliniz ilgilenmeyecek, işyerinde patronunuz, hatta bir mağazaya girdiğinizde erkek tezgâhtar ya da erkek garson sizinle ilgilenmeyecektir. Çünkü sizin gerçekliğinizde "Erkek ilgi göstermez" gibi bir kural var.

3- ALDIĞINIZ KARARLARIN SONUÇLARINI YAŞAYACAKSINIZ

Önünüze on adam koysak ve hepsi sizinle çıkmak istese bile, gidip içlerinde, EN İLGİLENMEME eğiliminde olanını seçeceksiniz. Bir restorana girdiğinizde, bütün masalar boş bile olsa, siz gidip EN İLGİSİZ garsonun masasını seçeceksiniz. Markette alışveriş yaparken, bütün kasalar boş olsa, gidip EN İLGİSİZ çalışanın kasasında bekleyeceksiniz. En yakın arkadaşınızın, sevgilisiyle ilgili sizinle paylaştığı şeyler bile, ÇOĞUNLUKLA ilgisizlik üzerine olacak.

ERKEKLER ve İLGİSİZLİK hayattaki ana temanız olacak. Yani kısaca size, İLGİSİZ ERKEK mıknatısı dersek, erkekler de İLGİSİZLİK metali olacak. Bir mıknatıs gibi, kendinize hep ilgisiz olanları çekeceksiniz.

Diyelim bir ilişkiye girdiniz. Başta her şey çok güzel gibi görünecek ama bu süre içinde, siz Evren'e sürekli "Erkekler ilgisizdir" sinyali yaydığınız için, ilişkinizde yaşamaya başladığınız sorunlar ilgisizlik etrafında dönmeye başlayacak. Örneğin, önce sevgilinizin iş toplantılarının sayısı artacak, belki anne ve babasına daha çok vakit ayırmak isteyecek, yardıma ihtiyacı olan bir yakın arkadaş onun tüm vaktini almaya başlayacak, evde bilgisayarının başından ayrılmaz hale gelecek, ya da işten yorgun argın gelip, direkt yatak odasına geçip uyumaya başlayacak.

4– SEÇİM ANI

Sorunların baş göstermesi ile birlikte SEÇİM ANInız gelecek. Seçim anında, çocuklukta aldığınız bu kararı "erkeklerin ilgisiz" olduğu kararını değiştirebilirsiniz. O saniyeden itibaren Evren size yeni bir gerçeklik hazırlamaya başlayacak.

"Seçim anı gelecek" dediğim zaman, öğrencilerim, aylar sonra gelecek bir günden bahsettiğimi zannediyorlar. Hayır, "seçim anı" adı üstünde HER AN gelebilir ve geliyor da. Gündelik işlerinizi yaparken, ego bir an için sizi yakalayıveriyor ve siz o an, BİR SEÇİM yapıyorsunuz, EGOnuza inanmayı ya da inanmamayı seçiyorsunuz. Aylar sonra yaşadığınız dramatik olay, sadece birikmiş seçeneklerin SONUCU.

Şöyle düşünün, elinizde iki tane cam bardak, bir çay kaşığı ve ayrı bir kabın içinde de su var. Bardaklardan birini, EGO bardağı olarak kabul edin, diğeriniyse DEĞİŞİM bardağı olarak. Aslında yapacak başka işiniz gücünüz yoksa bu anlattığım deneyi gerçekten yapın. İlişkinizle ilgili aklınıza gelen her düşünceden sonra, eğer EGOya inandıysanız, yani şu cümlelerden birini veya benzerlerini kullandıysanız, EGO yazan bardağın içine bir çay kaşığı su koyun.

– Bak aramadı işte, dur bi mesaj atayım bakalım ne yapacak.

– Nerede şimdi, dünden beri bi tuhaf zaten, bi haltlar karıştırıyor ama dur bakalım.

– Yaa işte yaa biliyodum böyle olacağını, bu da diğerleri gibi.
– Aysel bana demişti zaten bu heriften adam olmaz diye.
– Yahu bi kadın, iki saat neden telefonuna cevap vermez?
– Ay bıktım bunun ilgisizliğinden, bak şimdi ben ne yapacağım ona.

VS VS VS VS!

Bu cümleleri her duyduğunuzda, birazdan uygulayacağımız ve beşinci bölümde anlattığım egzersizlerden birini yaptığınızda, DEĞİŞİM bardağına bir çay kaşığı su koyun.

Bakın bakalım günün sonunda hangi bardakta daha çok su birikmiş. Eğer EGO bardağınızda daha çok su varsa, bu demektir ki, gün içinde daha çok EGOnun çizdiği rotayı takip etmişsiniz, bu da sizi, O HİÇ İSTEMEDİĞİNİZ sona doğru götürecek olan rota.

Eğer DEĞİŞİM bardağınızda daha çok su varsa, tebrikler! Çok kısa bir süre içinde bahsettiğiniz problem artık sizin hayatınızın bir parçası olamayacaktır. Çünkü içine su bile koymadığınız bir bardağa, bir süre sonra İHTİYACINIZ KALMAYACAKTIR.

Başlangıçta EGO bardağınız DEĞİŞİM bardağınıza göre daha dolu olabilir, bu sizi yıldırmasın, herkes için durum aynı. Ben kendi problemlerimde DEĞİŞİM için bardak kullanırken, EGO için damacana kullanıyordum! Elbette ilk başlarda EGO sizi ikna etmeyi daha kolay başaracak. Ee ne de olsa yıllardır onunla harika bir ortaklığınız var. Ama üstünde çalışarak, gücünüzü geri alıp, oyunun dengesini siz değiştireceksiniz!

Eğer değiştirmezseniz, Evren size aynı gerçekliği tekrarlamaya devam edecek. Belki, sizinle ilgilenmiyor diye sevgilinizden ayrılacaksınız ve yeni bir ilişki arama yoluna gideceksiniz. İşte bu noktada, Evren yine sizin karşınıza birçok erkek ya da kadın çıkartacak ama, bilin bakalım siz yine nasıl birini kendinize çekeceksiniz!!!

ÇÖZÜM: GÜLÜMSE - ODAKLAN - DEĞİŞTİR

Takip edeceğimiz üç adım işte bu kadar basit. Aslında ortada gerçekten var olan TEK BİR ADIMdır. Size daha önce anlattığım "OLMAK" yani olmasını arzu ettiğiniz gerçekliğin içinde kendinizi görüp, daha o gerçeklik oluşmadan bile, O kişi OLABİLMEK. Siz önce O kişi olun, bakın O gerçeklik ne kadar çabuk sizin hayatınızın parçası oluveriyor. Bu tek adımlık çözümü, üç adıma bölerek anlatmak istiyorum. Çünkü ben kendi üstümde ilk çalışmaya başladığımda, hocam bana "Bahsettiğin sorun var olmasa, sen KİM OLURDUN?" dediğinde, salak salak suratına bakmıştım. Bana çok kavramsal gelmişti ve anlamam yıllarımı aldı. Anladıktan sonra sürekli, "Bu işi nasıl daha çabuk anlaşılabilir bir hale getirebilirim" diye düşünüp, üç adımdan oluşan G.O.D. sistemini geliştirdim.

Bu başlığımız "ilişkilerinde ilgisizlikten yakınanlar" olduğuna göre yapmanız gereken en temel şey kendinize şu soruyu sormak ve net bir cevap almak:

"Eğer ilişkimde son derece mutlu ve huzurlu olsam, sevgilimin ilgisi beni tamamen doyuruyor olsa ben KİM OLURDUM?"

Tabii ki yine siz siz olurdunuz, kalkıp adınızı değiştirecek haliniz yok. Sorunun cevabı daha çok İÇ DÜNYANIZLA ilgili...

Şimdi sorununuzla ilgili tabloyu doldurmaya başlayın. İlk bir iki cümleyi ben size örnek olarak verdim.

Şu anki BEN	Harika bir ilişkisi olan BEN
Çok keyifli değilim.	Son derece keyifliyim.
İlişkim bana keyiften çok baş ağrısı veriyor.	İlişkim, hayatımın diğer alanlarını da pozitif bir şekilde etkiliyor.
Canım eve gitmek bile istemiyor.	Akşam olunca eve gitmeyi iple çekiyorum.

Sol taraftaki "şu an olan halinizle", sağ taraftaki "tarif ettiğiniz haliniz" arasında büyük farklar görüyorsanız hiç şaşırmayın. Zaten bu yüzden hâlâ istediğiniz gibi bir ilişki yaşayamıyorsunuz. Çünkü önce, sağ tarafta tarif ettiğiniz kişi olmanız gerekiyor.

HEM DE HAYATINIZ DEĞİŞMEDEN! SANKİ DEĞİŞMİŞ GİBİ!

Evet, kötü haber. Hatta ben ilişki üzerinde çalışırken hocama aynen şöyle demiştim: "Yahu zaten o kadar iyi hissediyorsam ilişkiye ne gerek var? İlişki istememin nedeni şu an iyi hissetmiyor olmam." O da bana muzip bir şekilde "İyi şanslar o zaman" dedi.

Ta ki yukarıdaki kuralı uygulamayı becerene kadar birbirinden sorunlu ilişkiler yaşadım durdum.

Diyelim tablonun sol tarafı ve sağ tarafı gece ile gündüz gibi fark gösteriyor. Gelin adım adım, acele etmeden bu durumu nasıl değiştirebileceğinizi inceleyelim.

ADIM BİR: GÜLÜMSE

İçinde bulunduğunuz duruma gülümseyebilmeniz lazım. "Gülümseyebilmenin" gerçek anlamı, içinde bulunduğunuz durumla barışık olmanız demektir.

İçinde bulunduğunuz durumu –sorunu– tamamen kendinizin yarattığını kabul etmeniz gerek. Bu sizden başka hiç kimsenin seçeneği ya da suçu değil. Siz, ama sadece siz, böyle olmasına neden oldunuz. Bunu bir şekilde kafanıza sokun. Bu "olmazsa olmaz" adımlardan bir tanesi. "Yok yahu, olanların benle hiç ilgisi yok" diyorsanız boşuna okumaya devam etmeyin.

Mutlaka konuyla ilgili günlük egzersiz yapmaya başlayın. Durun ben emin olmak için GÜNLÜK EGZERSİZ kısmını bir daha büyük harflerle yazayım. Günlük derken inanın bana haftada bir GÜN demek istemiyorum. GÜNLÜK! Adı üstünde HER GÜN!

Bakın günlük egzersiz neden çok önemli:

İlişkinizle ilgili enerjiniz, egonuz tarafından zaten çarpıtılmış durumda. Ego, yarattığı gerçekliğe inanmanız için günde 24 saat hiç durmadan çalışıyor.

– Bir barda otururken, gülmeyen bir kadın gördüğünüzde aklınızdan bir an bile olsa "Al işte, bak zavallı kızcağızın gülümseyecek hali bile kalmamış, hayvan herif kim bilir ne yaptı kıza, şuna bak ilgilenmiyor bile" diye geçiyorsa, bu EGONUZ İŞ BAŞINDA demektir.

– Üst katta komşunuz kocasıyla kavga ediyorsa ve sizin aklınızdan birden "Ben biliyom o karıyı. Kesin başka biriyle ilgilenip adamı çileden çıkartmıştır" şeklinde bir düşünce geçiyorsa, EGONUZ İŞ BAŞINDA demektir.

Ego sizi ikna etmek için 24 saat çalışıyorsa, siz de egoyu ikna etmek için kıçınızı kaldırın ve günde bir saat çalışıverin! Ego sizi her ikna etmeye çalıştığında siz aslında bunun farkındasınız ama o sırada ya bir iş toplantısında ya da arkadaşlarınızla şamata halinde olduğunuz için duymamış gibi yapıyorsunuz ve sanıyorsunuz ki, duymazlıktan geldiğinizde ego kendi kendine "Eh madem kimse dinlemiyor bari ben de susayım" diyecek. Böyle düşünüyorsanız iyi şanslar size! Ne diyeyim!

Egonun kulağınıza fısıldadığını hissettiğiniz an, gününüzü hemen durdurun. Çok ciddiyim. Yaptığınız her ne olursa olsun hemen yaptığınız şeyi bırakın. Hangisi daha önemli? O an yaptığınız iş mi yoksa kendi hayatınız mı?

– Trafiktesiniz ve ego birden kulağınıza fısıldamaya başladı: "Bak bugün seni yine aramadı. Arayacağım dedi ama hiç ses seda yok. Acaba niye aramıyo?" Bunu duyduğunuz an hemen kenara çekin.

– Bir arkadaşınızla telefonda konuşurken ego sizi kıskıvrak yakalayıverdi. Hemen izin isteyip telefonu kapatın. Zaten geyik yapıyordunuz, ne olacak beş dakika sonra devam etseniz?

– Televizyon izlerken birden ego size bir şeyler fısıldamaya başladı. Hemen filmi izlemeyi bırakın. Merak etmeyin, korsan DVD'den filmi izlerken sonu değişmeyecek, bir şey kaçırmazsınız.

Egoyu "anında" hissetmeniz ve hemen hayatınızın akışını durdurup konuyla ilgili canınız hangi egzersizi istiyorsa mutlaka uygulamanız lazım.

Ego kendini gösterdiği an enerjiniz yavaş yavaş veya HIZLA DÜŞMEYE BAŞLAYACAK. Olaya hemen müdahale edip enerjiyi yükseltmek sizin elinizde.

"Yahu ne acelesi var, sonra yaparım!"

Eminim yaparsınız. Zaten hep yaptığınız için hâlâ doğru dürüst bir ilişkiniz yok ya da aynı abuk sabuk ilişkiyi, üç yıldır bir orasından bir burasında çekiştirip duruyorsunuz! Sözlerim çok mu ağır geldi?! İyi, sevindim. Belki bu sefer aklınızı başınıza toplar, kendinize hak ettiğiniz saygıyı gösterir ve hayatınız için bir şeyler yapmaya başlarsınız.

– Eğer çocukluğunuzda olan –sizi bugünkü gerçekliğe inandıran olayın– ne olduğunu bulduysanız EGO İLE KONUŞMA egzersizi en idealidir.

– Eğer ego ile konuşma size deli saçması gibi geliyorsa, ODAK DEĞİŞTİRME egzersizini deneyin.

– O da size deli saçması gibi geliyorsa, ÇATALLAMA egzersizi yapın.

– Yok kardeşim yahu, o da işe yaramıyor diyorsanız MEDİTASYON yapın.

"Ben yerimde duramam, meditasyon bana gelmez" diyorsanız bir yastığı yumruklayın. Yok onu da yapamam diyorsanız, valla o zaman gidin ya kendinizi önünüze çıkan ilk kadının ya da adamın kollarına atın ya da abuk bir gazetenin, sabuk bir köşe yazarına derdinizi anlatın, çünkü benim elimden gelen bu kadar!

ADIM İKİ: ODAKLAN

Ne yöne gitmek istediğinizi Evren'e, AÇIK ve NET bir şekilde söylemeniz gerek.

Yürumeyen bir ilişkide yüzde doksan bütün dikkatiniz ilişkinin yürümediğindedir. Arkadaşınızla konuşurken, kahve falı baktırırken, araba kullanırken, tuvalette otururken vs... Eh Evren de sizin hizmetinizde, odağınız neredeyse size onu artırarak veriyor. Gülümsemeyi becerdiğiniz an hemen YENİ odağınızı oluşturmaya başlayın.

Öğrencilerimden biri yolunda gitmeyen ilişkisi üzerinde çalışırken hararetli bir şekilde, motor gibi, hiç yorulmadan nelerin yolunda gitmediğini anlatırdı. Arada nefes almak için durduğu bir anda ona şu soruyu sordum.

– "Nasıl bir ilişki isterdin?"
– "..."

Çalışmaya başladığımızdan beri ilk kez susuyordu. Kuşların ötüşlerini ve trafiğin sesini tekrar duyabilmenin mutluluğu içindeydim.

Şu ana kadar bir kere bile nasıl bir ilişki, nasıl bir hayat arkadaşı istediğini düşünmemişti bile. Biraz zorlandıktan sonra istediği ilişkiyle ilgili cümleler yavaş yavaş dökülmeye başladı.

– "İlgisiz olmasın."
– "Beni arada şımartıp sonra kendini çekmesin."
– "Ona sarıldığımda sıkıldığını hissetmeyeyim."

Yukarıdaki cümleleri kuran biri görünüşe göre istediği tarz bir ilişkiye odaklanmış durumda mıdır sizce? ACABA!!!

Bu cümlelerin hepsinde NEGATİF resimler var.

İLGİSİZ.
KENDİNİ GERİ ÇEKEN
SIKILAN

Bu cümlelerin hepsinin aslında POZİTİF karşılıkları var. Biraz uğraşmamız gerekecek çünkü şu ana kadar kendimizi hep o ya da bu şekilde NEGATİF düşünmeye programlamışız.

– "Son derece huzurlu bir ilişki içindeyim."
– "İlişkide özgürce kendim olabiliyorum."
– "Birlikte saatlerce vakit geçirebiliyoruz. Ayrıyken de, birlikteyken de günlerim son derece keyifli geçiyor."

Önceki üç cümleyle aynı şeyleri söylüyoruz ama şimdi söylemeye başladığımız cümlelerin hiçbirinde NEGATİF resim yok.

Şimdi, kendi POZİTİF cümlelerinizin üzerinde çalışmaya başlayın. Cümlelerinizi yazdıktan sonra, geri dönüp bakın bakalım hiç negatif bir kelime var mı içlerinde. Tek bir negatif kelime bile, odağınızın negatifte olduğunun göstergesidir.

Size daha önce verdiğim şemayı şimdi bu örnekle inceleyelim.

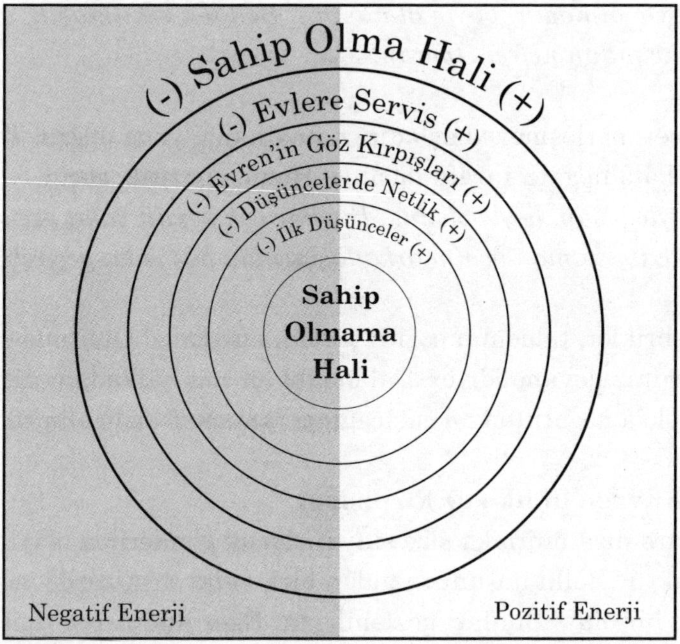

A- Sahip olmama hali

İstediğim gibi bir ilişkiye sahip değilim.

B- İlk düşünceler

Bütün erkekler –kadınlar– böyle zaten. Bak falanca da benimle aynı fikirde.

Hangi yöne gittiniz, NEGATİF mi POZİTİF mi? Tabii ki negatif. Hemen tablonun pozitif tarafına geçecek cümleyle bunu değiştirin.

Eminim bir yerlerde benim istediğim gibi bir ilişkiyi yaşayan insanlar var. O halde ben de istediğim gibi bir ilişki yaratabilirim.

C- Düşüncelerde netlik

Şöyle olmasın, böyle olmasın... Benden sıkılmasın, arkadaşlarımdan nefret etmesin.

Evet, netleşmeye başladınız ama hangi yöne doğru. Tablonun hâlâ negatif tarafındasınız. Hemen pozitife geçin.
Şöyle olsun, böyle olsun... Birlikte çok keyifli vakit geçirelim ve istediği zaman benim arkadaşlarımla hoş vakit geçirebilsin.

Tebrikler, tablonun pozitif tarafına geçtiniz! Unutmayın yaratımınız devam ediyor. Tablodaki en son halkada pozitiften mi yoksa negatiften mi çıkacağınız tamamen sizin elinizde.

D- Evren'in ilk göz kırpışları

Karşınıza mutlaka size sinyal olarak gönderilen olaylar çıkacaktır. Belki hoşunuza giden biri, belki ilişkinizde yaşadığınız bir olay. Bunları gözlemleyin. Eğer ilişkilerde ilgisizlik üzerinde çalışıyorsanız ve bir iki hafta sonra bir arkadaşınız kalkıp size kendi ilişkisindeki ilgisizliği anlatıyorsa hemen kendi düşüncelerinize, hislerinize bir göz atın. Bırakın o sırada arkadaşınız vıdı vıdı vıdı konuşsun. Nasılsa dinleyin diye anlatmıyor. Eğer enerjiniz düşüyorsa, bunun tek nedeni karşınızdakine İNANMAYA ve HAK VERMEYE başlamış olduğunuz içindir. Bu da demektir ki, negatife doğru daha kolay geçebiliyorsunuz. Çalışmaya devam.

Ya da karşınıza çok hoş biri çıkıyor. Ama ilk anda İLGİSİZLİK ile ilgili bir şeyler hissediyorsunuz. Evren size göz kırpıyor ve diyor ki: "Bak paketi hazırladım, adrese teslim etmek üzereyim. Şu an senin kendine çekebildiğin bunun gibi bir şey. İstiyor musun?"

Tam tersi de olabilir. Bir süredir bilinçli bir şekilde kendinizi pozitifte tutuyorsunuz. Karşınıza yeni biri çıkıyor ya da öyle bir şey oluyor ki şu an içinde bulunduğunuz ilişki, birden değişim göstermeye başlıyor. Evren size göz kırpıyor ve neyin servis yapılmak üzere olduğunu haber veriyor.

E- Evlere servis

Ya aynı şekilde ilgisizlik üzerine kurulu bir ilişki başlatıyorsunuz ya da var olan ilişkinizde karşınızdaki aynı ilgisizliğine devam ediyor.

Eğer "pozitif taraftan" servis yapıldıysanız, birdenbire karşı taraf, kafasına tuğla düşmüş gibi ya da eski Türk filmlerinde araba çarpınca kör olan, bi daha araba çarpınca gözleri açılanlar gibi pozitif bir değişim gösteriyor. Ya da yepyeni biriyle tanışıveriyorsunuz.

F- Sahip olma hali

Her iki tarafta da, hem pozitif hem negatif, yol boyunca ısmarladığınız şeyi ELDE ETTİNİZ. "Elde etmeme" durumu hiçbir zaman söz konusu değil.

Ya eskiye nazaran daha iyi bir ilişkiye ilk adımları attınız ya da aynı terane devam ediyor. İkisinde de Evren, SİZE UYAN, SİZİN İSTEDİĞİNİZ durumu sofraya getirdi.

Gelen yemeği beğendiyseniz afiyet olsun. Yok beğenmediyseniz başa dönüp oyunu yeniden oynamaya başlayın. Unutmayın, her seferinde biraz daha fazla tecrübeyle, daha başarılı bir el oynayacaksınız.

Ne olursa olsun kendinize bir iyilik yapın ve gelen yemeği küfrede küfrede yemeyin. Geri gönderin ve bir daha ısmarlayın. Evren'in mutfağında istediğiniz yemeği yapabilecek sonsuz malzeme mevcut. VE HEPSİ BEDAVA!

ADIM ÜÇ: DEĞİŞTİR

Gülümsediniz, odaklandınız, bekliyorsunuz. İstediğiniz şey on dakikada, bazen on günde ya da on yılda gerçekleşebilir. Keşke size, ilişki yirmi gün, yeni iş otuz gün, araba almak kırk gün sürer gibi kesin rakamlar verebilsem. Mümkün değil. Ne kadar süreceği TAMAMEN sizin ne kadar çabuk, "bir kutudan çıkıp diğerine girebildiğinizle" doğru orantılı.

Mükemmel bir ilişkiyi yakalamam altı ay, para durumumu düzeltmek dört sene, oyunculuk kariyerimi istediğim yere getirmek sekiz sene, seslendirme kariyerimi istediğim yere getirmek bir ay sürdü.

Süreyi belirleyen sizin konuyla ilgili ENERJİNİZİ – FREKANSINIZI nercde tuttuğunuz. Size en başta verdiğim ENERJİ – DUYGU dönüşüm tablosuna bir göz atın. İlişkilerle ilgili duygularınızda nerede olduğunuzu bulun. Bu tabloyu günlük kullanırsanız, EGO sizi ne zaman negatife ikna etmeye çalışsa bilinçli bir şekilde pozitife gelebilirsiniz.

Hangi egzersizi seçerseniz seçin, önemli olan enerjinizi – frekansınızı olduğunuz yerden bir adım bile olsa yukarı çıkarmak. DEĞİŞTİR adımında, sizin bire bir YAPMANIZ gereken bir şey yok. Sadece konuyla ilgili enerjinizi yukarıda tutun. Zaten etrafınızda bulacağınız ya da benim bu kitapta verdiğim egzersizlerin hepsi bu amaçlı.

"Ben şimdi bir karton alıp üstüne harika bir kadın, erkek resmi yapıştıracağım ve birdenbire karşıma hayatımın kadını, erkeği çıkacak" diyorsanız, İYİ ŞANSLAR! Egzersizler size istediklerinizi elde ettirtmek için değil, sizin belli düşünce kalıplarından çıkmanız ve size istediğinizi elde ettirtecek düşünce kalıplarına geçebilmeniz için yapılan uygulamalardır.

ALTIN KURAL

İçinizdeki bir boşluğu doldurmak için ilişkiye girmek istiyorsanız siz bilirsiniz. O boşluğu sizden başka hiç kimse dolduramaz. İlişkilere girmemizin tek nedeni KİM OLDUĞUMUZU KEŞFETMEKTİR.

Olmayan para

Yok valla olsa vermez miyim...

Para konusu benim favori konularımdan biri çünkü şu ya da bu şekilde hepimizin yegâne ortak sorunu ve aynı zamanda EGOnun sizi en akıllıca yakaladığı, üstüne üstlük ilk defa TOPLUMSAL olarak saygı gördüğü bir alan. Diğer bütün konularda EGO cıs kaka iken, para konusunda maalesef egoyla hareket edince daha saygın bir insan oluveriyorsunuz.

Nasıl yani?

Bakın şöyle:

"PAZARLIK ETMEK"
İster inanın ister inanmayın "pazarlık etmek" en büyük ego oyunlarından biri. Pazarlık etmeye ya da sizinle pazarlık edilmesine izin verdiğiniz an, bilin ki geminin kaptanlığını EGO yapıyor.

Türkiye'ye ilk döndüğüm sıralarda çok sevdiğim bir dostumla Eminönü'nde beyaz eşya satan bir çarşıya gittik. Şimdi tam hatırlamıyorum ama galiba *blender* almak için oradaydık. Beğendiğimiz bir tanesinin fiyatını sorduk. Mağaza yetkilisi bize 90 lira gibi bir fiyat verdi. Ben daha ağzımı açamadan arkadaşım başladı pazarlığa.

– Aaa olur mu canım o kadar. Hadi in in.
– Yok abla, valla gelişi neredeyse o kadar.
– Yok almam.

Adam şöyle bir etrafına bakındı, içeri gitti, birileriyle bir şeyler konuştu. O sırada arkadaşım bana hemen bir harekât planı uygulatmaya başladı.

– Şimdi beğenmemiş gibi yap.
– Niye yahu, beğendim.
– Ya Aykut sen beni dinle. Sanki mağazadan çıkacak gibi yap.
– Mağazadan çıkacak gibi nasıl yapılır? Ya çıkarsın ya çıkmazsın. Ne yapayım? Bir ayağımı içeride diğerini dışarda mı tutayım?
– Sus şimdi adam geliyor.

– Abla yok olmaz diyo patron.
– Ay yani şurada sürekli gelip alışveriş ediyoruz. Ayıp yani insan bir indirim yapmaz mı?
– Yok valla ben ilk defa geldim bu pasaja.
– Aykut şimdi geçiricem kafana *blender*'ı.

Böyle bir on beş dakika daha aldım verdim oynadıktan sonra 5 lira indirim yaptırdı arkadaşım. 5 lira indirim yaptırmış olmanın keyfi içinde, *blender*'ı almadan çıktık mağazadan. Arkadaşım zafer kazanmış gibi hissetse bile, aslında son on beş dakikadır EVREN'E şu cümleleri avaz avaz haykırıyordu:

"BENİM PARAM YOK, BEŞ LİRA BİLE BENİM İÇİN O

KADAR ÖNEMLİ Kİ, UĞRUNA ON BEŞ DAKİKA AĞIZ DALAŞI YAPMAYA BİLE DEĞER."

Evren'e gönderdiğiniz mesajlara dikkat edin!!!

Aradan herhalde bir altı yedi ay geçtikten sonra AYNI ARKADAŞIMA bir diziden teklif geldi. Yapımcı firmayla toplantıya girdiğinde tahmin edin ne oldu. Evet, yapımcı firma, fiyat indirmesi için kendisiyle sıkı bir pazarlık yapmaya başladı.

Hani eskiler derdi ya "kendine yapılmasını istemediğin şeyi başkalarına yapma" diye. Biz bunu hep eşek şakaları için geçerli sanırdık, en azından ben öyle sanırdım. Eğer siz bir başkasının sizi kazıklayacağı, bir hizmeti ya da bir ürünü daha ucuza kapatacağınız ENERJİSİNİ AKTİF tutarsanız, sıra başkalarına geldiğinde onlar da SİZİ UCUZA kapatma enerjisini AKTİF TUTACAKLAR.

Ben size gidin her şeyi ne fiyattan veriyorlarsa alın, kuzu kuzu parasını ödeyin demiyorum. Bir bakın bakalım, sizin bütçenize uygun mu? Değilse, sizin bütçenize uygun fiyat veren bir yer bulun.

Arada sırada tanıdığım kişiler bana gelir ve söyle der:

– Aykut, ben bir iki seans yapmak istiyorum. Kaça olur?
– Saatine 150 dolar alıyorum.
– Yaa Aykut şimdi onca senelik dostluğumuz var. Bir şeyler yap işte.

Aynen onların tonunu kullanarak aynı cümleyi kendilerine gerisin geri tekrarlıyorum.

– Yaa Ahmet onca senelik dostluğumuz var. Bir şeyler yap işte, saatine 150 yerine 180 dolar öde bana.

Aynı şey. Eğer onca yıllık dostluğumuz varsa, bunu alışverişimizde kullanacaksak, niye ben daha fazla para almıyorum? Yani sen beni daha fazla mı seviyorsun bizim ilişkimizde ki bu alışverişte kaybeden ben oluyorum?!

Madem kendinize bir değer biçiyorsunuz onu KORUYUN. Ben bu malı şu fiyata satıyorum, benim servis ücretim şu kadar, bu işi ben şu kadar paraya yaparım. Bunu belirledikten sonra HANGİ NEDENden dolayı sözünüzden dönerseniz dönün Evren'e bir tek mesaj veriyorsunuz.

BU İŞİ KAÇIRIRSAM BAŞKA YERDEN PARA GELMEYECEĞİNDEN KORKUYORUM. O YÜZDEN FİYATIMI (DEĞERİMİ) DÜŞÜRÜYORUM.

Sonra EVREN, size aynı şekilde gerçeklik yaratmaya devam ettiğinde piyasayı suçlayın, çalışmayan derneği suçlayın, Türklerin koyun sürüsü ruhunu suçlayın, devleti suçlayın, Amerika'yı suçlayın, doları suçlayın, yine Merkür'ün bilmem neresinden geçiş yapan yamuk Jüpiter'i suçlayın. Ha bire suçlayın.

Siz Evren'e bas bas, BEN PARASIZIM ve PARANIN GELECEĞİNE DE İNANMIYORUM diye bağırın, sonra başkalarını suçlayın.

Gelin yukarıda verdiğim iki örneği biraz değiştirerek tekrar ele alalım.

Kendinizi benim pazarlık yapan arkadaşımın yerine koyun.

Sizinle birlikte *blender* almaya gittik. Mağazaya girdik ve bize 90 lira fiyat verdiler. Ve sizin aylık NET 10.000 lira geliriniz var. Yani her ay bankanıza 10.000 lira para yatırılıyor.

BEŞ LİRA İÇİN PAZARLIK YAPAR MIYDINIZ?

Cevabınız evetse, neden hâlâ ayda 10.000 lira kazanamadığınıza hiç şaşırmayın.

Ya da size bir iş teklifi geliyor. Bu arada, aylık geliriniz 10.000 lira veya üzeri. Karşı taraf size diyor ki, günde on beş saat çalışacaksın ve aylık sana 1000 lira vereceğiz. KABUL EDER MİSİNİZ?

Bunu anlattığım zaman bazı öğrencilerimin kafasından geçenleri üç aşağı beş yukarı okuyabiliyorum. Eminim kafalarının bir köşesinde "Ee Aykut senin tuzun kuru, Amerika'dan gelmişsin, dolarları atmışsındır bankaya, bende de o kadar para olsa kendimle pazarlık yaptırmam" fikri oluşuyor.

Bakın işin aslı nasıl:

Biz evlenirken, büyük bir özveriyle düğünümüzün bütün ana masraflarını Esra'nın ailesi karşıladı. Buna rağmen, Esra ile ben de, kendi bütçemiz çerçevesinde hatırı sayılır bir para harcadık. Hatta düğünden sonraki bir iki ay oldukça dikkatli harcama yapmamız gerekecek duruma geldik. Bütün bu harcamalar sırasında bana bir iş teklifi geldi. Bir firma, tanıtım reklamlarında benim sesimi kullanmak istiyordu. Hemen ajansıma yönlendirdim. Onlar da metni gördüler ve bir fiyat çıkarttılar. Yanlış hatırlamıyorsam istediğimiz fiyat 4000 dolar civarındaydı ve o sırada, bana ilaç gibi gelecek bir paraydı bu. Gerçekten bazı açıkları kapatabilirdi. Karşı firmada içeride bir arkadaşım vardı, beni aradı ve "Baba çok fazla istemişsin, başkasını arayacaklar" dedi. Tamam dedim, benim DEĞERİM bu. Aykut Oğut'u kullanacaklarsa, parasını ödeyecekler. Buradan gelmezse, başka yerden mutlaka gelir bu para. Çünkü ben şu an 4000 dolarlık bir işi kendime çekebilecek frekanstan yayın yapıyorum demek ki.

İşi alamadım. Başkasına yaptırdılar. HİÇ ÖNEMLİ DEĞİL. Aynı dönemde onun gibi kaç tane iş yaptım bir bilseniz.

Hiçbir AN, EVREN'E şu mesajı göndermedim "YA PARA GELMEZSE, YA BEN BU PARAYI KAÇIRIRSAM?"

Yani oturduğum yerden ahkâm kesmiyorum.

"PARANIN VAKTİNDE ALINMAMASI" ise bir diğer komedi. Kendinize biçtiğiniz değerin korunmasının yanında, onun size ne zaman verildiği de çok önemli.

Türkiye'de bir âdet geliştirilmiş, otuz günden doksan güne varan ödemeler var. Eee, ben işi hemen yapıyorum!!! Param niye geriden geliyor?

Bazı arkadaşlarımla sohbet ederken çok ilginç şeyler duyabiliyorum.

– Abi altı aydır paramı ödemiyorlar.
– Geçen seneden alacağım var.
– Şirket ödemeleri durdurmuş. Paramı alamıyorum.
– Yahu o herifle çalışmayın sakın, benim içeride 6000 lira param kaldı.

Hiç para almadan, içeride 6000 lira birikene kadar aklın neredeydi?

Sana müstahak!!! Seni çalıştırıp çalıştırıp, paranı hiç ödememek lazım.

Şirket size ödeme yapmıyor, siz etrafa borçlanıyorsunuz, kendinizi kötü hissediyorsunuz, şirketin işlerini yapmaya devam ediyorsunuz, şirket diğer şirketin işlerini yapmaya devam ediyor, parasını alıyor, siz hâlâ borç içinde, ondan para al bundan para al, sonra neden ay sonu gelmiyor diye kara kara düşünüyorsunuz.

Bir arkadaşımla oturduk sohbet ediyoruz. Kendisi televizyon işinde. Çektiği diziden altı bölümdür para alamıyor. Eğer seans yapmıyorsam, burnumu insanların işine sokmam ama bu sefer dayanamadım.

– Baba şimdi sen aylardır para alamıyorsun öyle mi?
– Evet.
– Ve hâlâ çekimlere gidiyorsun.
– Evet.
– Tam vaktinde işinin başındasın.
– Evet.
– Görevini tam anlamıyla yapıyorsun.
– Evet.
– Peki, onlar senin yaptığın işi beğeniyor mu?
– Evet.
– Ama para ödemiyorlar.
– Evet.
– Sen hâlâ çalışmaya devam ediyorsun.
– Evet.

"İyi bok yiyorsun" demek geldiyse de içimden, demedim.

Her zaman soru sormayı tercih etmişimdir. Sormaya devam ettim.

– Neden hâlâ devam ediyorsun?
– Ee para lazım ne yapayım.
– ?!?!

Ulan zaten para vermiyorlar ki!

İşin kötüsü bir de, paramı ha bugün alırım ha yarın alırım düşüncesiyle kendinizi bazı harcamalara sokuyor, daha sonra borçlu durumuna düşüyor ve PARA İLE İLGİLİ ENERJİNİZİ iyice yerin dibine batırıyorsunuz.

Ve bu arada EVREN'E yine avaz avaz bağırıyorsunuz.

BEN BAŞKA İŞ GELMEYECEĞİNDEN O KADAR EMİNİM Kİ MECBUREN BU İŞE DEVAM EDİYORUM.

Hiç yapım şirketini, Evren'i, beni, annenizi, babanızı, Türkiye'nin ekonomik düzenini falan suçlamaya kalkmayın. Siz KENDİ yarattığınız gerçekliği tekrar tekrar yaşıyorsunuz.

Biri size gelip "Ayşecim bir iş var, ama parasını beş ay sonra vereceğiz" diyebiliyor. Şimdi gelin senaryoyu ters çevirelim. Gidin patronunuza ve şunu söyleyin "Patron bana işin parasını şimdi ver, ama ben işi beş ay sonra yapacağım."

– Aa deli misin sen be?

Size yapılınca oluyor, siz yapınca "Deli misin sen be"...

Elinizde tuttuğunuz kitap için belli bir para ödediniz ve kitapçıdan alıp çıktınız. Ya da internetten hemen bir hafta içinde geldi. Ya biz bu kitabı şöyle satsaydık: "ŞİMDİ ÖDE, KİTABI SENEYE GÖNDERİYORUZ."

Ee buna gülüyorsunuz. Size yapılan çok farklı bir şey mi?

"KREDİ KARTLARI"

Egonun sizi düşürebileceği en güzel tuzaklardan biri, kredi kartları. "Kartlar kötüdür, sakın kullanmayın" demiyorum. Bende de var üç beş tane. Ben de tuzağa düştüm ve elimdeki her şeyi kaybettikten sonra dersimi aldım. 30.000 doların üzerinde para batırdım kartlar yüzünden.

Kredi kartları meselesini şöyle açıklamaya çalışayım:

Eğer sağlıklı bir insansanız, bir dilim çikolatalı kek size hiçbir zarar vermez. Ama eğer şeker hastası iseniz, aynı dilim kek –bazı durumlarda– sizi ölüme kadar götürebilir.

Eğer kredi kartının, her ay harcadığınız kısmını tamamen ödüyorsanız HARİKA! Ama minimum ödemeler yapmayı planlıyorsanız, tünelin sonunda IŞIK değil, gittikçe artacak bir para sıkıntısı görünüyor.

NEDEN?

Elinizde limiti 5000 liraya varan kredi kartları var. Ve aylık geliriniz 3000 lira. Aylık gideriniz ise 2500 lira civarında. Bu demektir ki, her ay 500 lira biriktirebiliyorsunuz. AMA o ay kredi kartından iki bin liralık harcama yaptınız. Yeni iPhone elinize çok yakıştı eminim!

Şu saniyeden itibaren sizin için dört ay sürecek bir BORÇLU olma dönemi başladı. Çünkü, bütçenize göre, kredi kartına ayda sadece 500 lira ödeme yapabilirsiniz. (Biliyorum bunu düşünmemiştiniz!)

Bundan sonraki her saniye –ta ki o borç kapanana kadar– aklınızdan sürekli geçecek düşünce şu olacak: KREDİ KARTINA BORCUM VAR! İşte ego tarafından, ufak ufak korku tohumları ekilmeye başladı. "Ya bi şey olur ve her ay 500 lira ödeyemezsem?"

– Bir kredi kartı reklamı gördünüz = BORCUM VAR

– Alışveriş yaptınız, önünüzdeki kredi kartıyla ödeme yaptı = BORCUM VAR.

– Eve geldiniz, posta kutusuna bir göz attınız. Neyse kredi kartı faturası gelmemiş hâlâ = BORCUM VAR.

– Çamaşır makinası bozuldu, tamir ücreti 100 lira. Kredi kartına ancak 400 ödeyebileceğinizi düşündünüz = BORCUM VAR.

– Sinemaya gittiniz, ay sonunda karta ödemeniz gereken bir "peşin para" olduğu için, çok doğal olarak, HADİ BU BİLETLERİ KART İLE ALALIM. Otuz gün kazanmış olurum dediniz = BORCUM VAR.

Tebrik ederim, hayatınıza nur topu gibi bir BORCUM VAR enerjisi davet ettiniz! Hatta son harcamanızla kredi kartı batağına yavaş yavaş batmaya başlamış oldunuz. Zaten bankaların da tek güvendiği, sizin bu ego oyunundan çıkamamanız.

Para başlığını masaya yatırmadan önce, bakın toplum olarak parayla nasıl KÖTÜ bir ilişki kurmuşuz; aslında son derece KABUL GÖRMÜŞ bazı kavramlarımız, bizi nasıl sefalet içinde tutuyor.

– Fazla para adamı bozar abicim.

– Senin dinin imanın para olmuş.

– Araya para girdi mi, kardeş kardeşe düşer.

– Para dediğin elinin kiri. (Buna bayılıyorum. Hayat boyu

fakir kalmak istiyorsanız özellikle bu cümleyi tekrarlayın.)

– Zenginler şımarık olur.
– Parayla saadet olmaz.
– Paran mı var derdin var (Hahahahaha).
– Her şey parayla mı ölçülecek yani?
– Para geldiği gibi gider.

Gelin bu cümleleri evrensel bakış açısından bir inceleyelim.

Fazla para adamı bozar abicim;

Ne olur buna siz cevap verin. Bu kadar zamandır bu kitabı okuyorsunuz. PARA ADAMI BOZAR diyen biri, hangi enerjiyi kendine AKTİF ENERJİ olarak seçmiştir?

Senin dinin imanın para olmuş.

Sen paraya fazla önem veriyorsun. Eğer paraya önem vermezseniz, Evren de size para sağlamak için hiçbir çaba göstermeyecektir. Bu lafı size söyleyenler olduysa, İDDİA EDİYORUM borç harç içinde gezen tiplerdir, ay sonu onlar için bir türlü gelmiyordur. Ya da tek dertleri sizi ucuza kapatmaktır.

Araya para girdi mi kardeş kardeşe düşer.

Eğer buna gerçekten inanıyorsanız, Evren'e aynen şunu gönderiyorsunuz: "BEN KARDEŞİMİ ÇOK SEVİYORUM, O YÜZDEN PARA MARA İSTEMİYORUM!" Sonra kara kara düşünürsünüz kredi kartı nasıl ödenecek diye.

Para dediğin elinin kiri.

Harika, on numara. Parayla el kirini, kafanızda aynı kefeye koyduğunuz an, Evren mesajı alıyor. HEMEN TEMİZLEMEK lazım. Hatta daha güzel bir versiyonunu tavsiye edeceğim size. "Para dediğin burnunun sümüğü." Daha iğrenç oldu, paranızdan kurtulmanın en güzel yolu.

Zenginler şımarık olur.

Ve size şımarıklık kötü bir şey olarak öğretildiği için, kim ister ki şımarık olmayı ve dolayısıyla para sahibi olmayı?

Parayla saadet olmaz.

Bakın bu önemli bir madde. Evet, parayla mutluluk satın almaya çalışıyorsanız yine bir çıkmaz içindesiniz demektir. Ben size gidin parayla MUTLU OLMAYA ÇALIŞIN demiyorum zaten. Borç içinde olmayın diyorum. Size üç değişik gelir düzeyinden tanıdığım insanları kıyaslayacağım. Kuzenim, ben ve bizim eve yardıma gelen dünya tatlısı bir teyzemiz.

Ben her ay 10 lira kazanıyorum, kuzenim 100 lira kazanıyor, evimize gelen teyzemiz 1 lira kazanıyor. Yani herkes diğerinin on katı para kazanıyor.

Kuzenim hayatımda gördüğüm yegâne mutlu, huzurlu insanlardan biri. Ben de öyleyim, eve gelen teyzemiz de aynı şekilde her sabah geldiğinde yüzünden gülücükleri eksik olmayan biri. Bu üç kişinin yegâne ortak noktası ne biliyor musunuz? BORÇ İÇİNDE YÜZMÜYORUZ.

Evet, parayla saadet olmaz ama BORÇLA kesin MUTSUZLUK kapısını zorlarsınız.

Paran var mı derdin var.

Ben buna bir yorum yapmayacağım. Yormayın beni, artık anlamışsınızdır.

Her şey parayla mı ölçülecek yani?

Yoo artık kirayı öpücükle ödeyeceğiz, benzini öpücükle alacağız, istasyondakiler buna nasıl tepki verir bilmiyorum ama neyse. Telefon faturanız için harika bir önerim var, zarfın üzerine şöyle güzel, rujlu bir öpücük kondurup firmaya geri gönderin.

Elbette parayla ölçülecek yahu!

Şu an hâlâ yeryüzünde alışveriş birimi PARA olduğuna göre, elbette her şey parayla ölçülecek. Çakıl taşlarına dönüş yaparsak onu o zaman konuşuruz.

– Yok Aykutçum, sen yanlış anladın, yani arkadaşlıklardan bahsediyoruz biz, aile içinde yapılan işlerden falan.

Ha pardon, ben sizi yanlış anlamışım. Arkadaşınız sizden bir iş isteyecek, kendisi bu işten para kazanacak ve size arkadaş öpücüğü verecek. Tabii o zaman her şey parayla ölçülmemeli!

İki kere iki eşittir dört. Eğer, ben size bir iş, bir hizmet sunuyorsam, karşılığını –para olarak– alacağım. Eğer, siz bana bir iş, bir hizmet sunuyorsanız, karşılığını –para olarak– alacaksınız.

Bu, hiçbir şeyi "para karşılığı yapmayın" demek değil. Eğer GERÇEKTEN KALBİNİZDEN geliyorsa yapın. Beş kuruş bile almayın. AMA mecburiyetten, küfrede küfrede, içinize sinmeden yapıyorsanız, hak etmediğinize inanıyorsanız, Evren'e yine mesajlar gitmeye başladı, haberiniz olsun.

Yerlere göklere sığdıramadığım hocam Darel Rutherford, son kitabını "sesli kitap" haline getirmek istiyordu. Bana bu işle ilgilenip ilgilenmediğimi sordu. Kitabı baştan sona okuyup kaydetmem gerekiyordu. Yaklaşık bir ay sürecek bir proje. Ben de seve seve yapabileceğimi söyledim. Bana maliyet sorduğunda, "Aman ne demek, estağfurullah, para ne demek, hiç olur mu öyle şey?!" demek geldi içimden. Dedim de. Bana verdiği cevap yüzüme tokat gibi patladı:

– O zaman ben de gider başkasına yaptırırım.

Nasıl yahu?

– "Eğer sen bu iş için bedava çalışacağını söylüyorsan SANA BUNCA YILDIR ÖĞRETTİKLERİMİ anlamamışsın" dedi.

O kitaptan aldığım parayı nasıl büyük bir keyifle yediğimi size anlatamam.

Geçenlerde bir partide Kerem adında çok cana yakın biriyle tanıştım. Tamamen kendi imkânlarıyla 45 dakikalık bir animasyon hazırlamış. Tanıştıktan sonra bana "Başrol seslerden biri olur musun?" dedi. "Bu film nereye gidecek? Nerede satacaksın?" dedim. Festival filmi olarak hazırladığını ve kurduğu animasyon stüdyosu için hazırlık gibi gördüğünü anlattı. Projesini, o kadar hevesli bir şekilde paylaştı ki benimle, normal şartlarda bayağı yüklü bir miktar isteyeceğim bu projeyi, bedava yapmayı kabul ettim. Ona yardımcı olabilmek benim için inanılmaz bir keyif olacak.

Para geldiği gibi gider.

Bunu sona bıraktım, çünkü masaya yatıracağım cümle bu. Parayla olan ilişkimizi çok güzel anlatacak bir örnek.

PROBLEM

Ne yapsam ne etsem gelirimi artıramıyorum. Genel bir pa-

ra sorunum var. Para, geldiği gibi gidiyor.

1- SİZİ BU NOKTAYA GETİREN MUHTEMEL "EGO" OYUNLARI – ÇOCUKLUKTA ALINAN KARAR

Şu an herhangi bir şekilde para sorununuz varsa, yine EGOnuzun çocuklukta aldığı kararların sonuçlarını yaşadığınız için. Parayla ilgili sorununuz birçok değişik biçimde olabilir. Çok iyi para kazanıyor ama ödemelerinizi vaktinde alamıyorsunuzdur, yeterince para yapamıyorsunuzdur, her şey çok iyi giderken birileri size iyi bir kazık atmış ve batmanıza yol açmıştır vs.

BELKİ

– *Babanızın bir sözü kulağınıza küpe oldu: "Para bu, geldiği gibi gider."*
Karar: Para böyle bir şey işte. Her zaman gelecek ve gidecek.

– *Bir eşya kırdınız ve anneniz size bağırırken "Parayla alınıyor bu, nasıl zor kazanıyorum ben o parayı biliyor musun?" dedi.*
Karar: Para dediğin çok zor kazanılır.

– *Aylık harçlığınızı alırken babanız ya da anneniz şaka olsun diye "Hak etmedin bu ay ama hadi al bakalım" dedi.*
Karar: Parayı sürekli hak etmek zorundayım.

– *Çocukken, bir şekilde zengin insanları gözleme fırsatınız oldu. Televizyonda izlediniz, evinize geldiler, okuldaki sıra arkadaşınızın evine gittiniz ve ailesiyle ilgili gördükleriniz hiç hoşunuza gitmedi.*

Karar: Para insanı bu hale getiriyor. Parayı bir anda o insanların yaşadıkları sorunlarla bağdaştırdınız.

– Ailenizin işleri son derece iyi giderken, birden bir maddi sıkıntı içine düştünüz.

Karar: Bak o kadar iyi giden işler bir anda bozuldu, para dediğin her an gidebilir.

– Okul sıralarında bir şeyler yapıp satmaya başladınız ve aileniz size "Bu kadar paragöz olma" dedi.

Karar: "Ailem ne derse haklıdır. Ben çok paragöz biri olmayacağım. Az param olsun daha iyi."

2- EVREN SİZE, ALDIĞINIZ KARARLARA UYGUN BİR GERÇEKLİK HAZIRLADI

Bu son örnek, arkadaşlarımdan birinin örneği olduğu için onu detaylandırmak istiyorum.

Siz eğer, çocukluktan itibaren "Para gelir ve hemen gider" gibi bir frekanstan yayın yapmaya başladıysanız, Evren size, buna uygun bir yaşam hazırlamak zorunda. Geliriniz ne olursa olsun, yaptığınız iş ne olursa olsun, yaşamınız sürekli, "paranın gelmesi ve hemen gitmesi" teması etrafında dönmek zorunda.

Yeni kurduğunuz iş, yapacağınız atılımlar, bulduğunuz iş, piyangodan çıkan para, ailenizden miras kalan para, hepsi bir şekilde gelir ve hemen ardından MUTLAKA gidecek bir yer bulur. Ve bu yer kesinlikle sizin mevduat hesabınız değildir!

Evren size, sizin PARANIN GELMESİ VE GİTMESİ gerçekliğinize uygun insanları, olayları, iş imkânlarını getirmek zorunda.

Etrafınızda başka insanlar para biriktirebilirken, siz bir türlü bunu beceremeyecek ve sürekli son derece MANTIKLI görünen –ama aslında egonun yaratımı olan– para harcama yerleri bulacaksınız.

Yine çok sevdiğim arkadaşlarımdan biri, belli bir miktar parayla hayatını idame ettirmeye kendini çok güzel alıştırmıştı. Zaman zaman zorluklar içinde bile olsa, genelde ayın sonunu getirmeyi başarırdı. Bu durumdan da fazla şikâyetçi değildi. Yani genel olarak, keyfi yerindeydi diyebilirim. Derken televizyon dizilerinden birinden teklif aldı. Dizinin çekimleri başlayıp, eline daha önce kazandığının üç dört katı para geçmeye başlayınca, sohbetlerimizin şekli de yavaş yavaş değişti.

– Ya Aykut spora başlamak istiyorum.

– Başla hayatım, senin evin oralarda vardı bir iki salon. Ucuz da, ayda 80 liraya üyelikler var.

– Kim uğraşacak şimdi öyle zibidi yerlerle, ben Levent'teki büyük salonlardan birine gitmek istiyorum.

– ...

– Yarın işin var mı? Gidip Nişantaşı'nda bana spor yaparken giymek için bir şeyler alalım.

– ...

– Aa sen önümüzdeki ay Amerika'ya gidiyorsun değil mi?

– Evet.

– Bana bir *laptop* bir de dijital kamera alsana, sana parasını vereyim.

Evet, aylık gelirini dörde katlamış, ama aynı zamanda aylık giderini de dörde katlamıştı. Eskiden 2000 lira ile zar zor ayın sonu gelirken, diziden sonra bilmem kaç bin lira ile ayın sonu zar zor gelmeye başlayacaktı. Sonraki sohbetlerimizde bu durumu daha iyi kavradığı için, birdenbire açılmama kararı aldı. Parası olmasına, para akışı devam etmesine rağmen, para biriktirme yolunu seçti ve şu an iyi bir miktar birikmiş parası olduğu için, artık işinde bile İSTEDİĞİ, SEVDİĞİ projeleri bekleme ve HAYIR diyebilme lüksünü kazandı.

3- ALDIĞINIZ KARARLARIN SONUÇLARINI YAŞAYACAKSINIZ

Aldığınız karar paranın gelmesi ve gitmesi olduğu için, Evren de size buna uygun bir yaşam sağladığı için bunun sonuçlarını yaşayacaksınız.

Yeni bir işe gireceksiniz, daha yüksek maaş almaya başlayacaksınız, birden arabanız bozulacak, tamire para GİDECEK. Yeni bir eve taşınmaya karar vereceksiniz, PARA GİDECEK. Para bir gelecek bir gidecek, iki gelecek iki gidecek. Siz bu inanç sitemini değiştirmediğiniz takdirde bir milyar gelecek, bir milyar gidecek.

Kozmik bir şaka gibi, paranın gitmesi için yepyeni alanlar yaratacaksınız.

4- SEÇİM ANI

Hayatınıza tekrar para geldiğinde, bir "seçim anına" girmiş olacaksınız. İşte bu noktada, eğer isterseniz, yıllardır içinde olduğunuz kısır döngüden kurtulabilir ya da yine aynı noktada, seçimi tekrar başa dönmekten yana kullanıp, para harcayacağınız bir yer bulup "Bak işte yine geldi ve geldiği gibi gitti" deyip oyunu yeniden oynamaya başlarsınız.

– Ama spor yapmak istiyorum.
– Alışveriş yapmak ZORUNDAYIM.
– Laptop istiyorum. Facebook'a her yerden girebilmeliyim.

– Evi boyatacağım.

Demin bahsettiğim oyuncu arkadaşım, seçim anı geldiğinde, kendi için DOĞRU olan seçimi yaptı. EGOsu onu, para harcamanın yeni yollarını bulmak için ikna etmeye çalışırken, kendisi inatla SEÇİMinde kararlı bir şekilde kaldı ve aynı senaryoyu tekrar tekrar yaşamadan, PARA BİRİKTİREN kısma geçip, kendine yepyeni bir gerçeklik oluşturdu.

ÇÖZÜM: GÜLÜMSE - ODAKLAN - DEĞİŞTİR

İçinde bulunduğunuz duruma gülümseyebilmeniz lazım. Gülümseyebilmenin anlamı, içinde bulunduğunuz durumla barışık olmanız demektir.

Hayatta karşılaştığınız her sorun için kendinize aynı soruyu sorabilirsiniz. "Bu sorun hayatımda olmasaydı KİM OLURDUM?" Artık biliyorsunuz ama yine de tekrarlamak istiyorum burada DUYGUSAL DÜNYANIZDAN bahsediyoruz.

Gelin birlikte, şimdiki SİZ ile son derece bolluk, bereket içinde yaşayan SİZ arasındaki farkları bulalım. Yardımcı olabilmesi için ilk iki üç cümleyi ben vereceğim.

Para sıkıntısı çeken BEN	Bolluk içinde yaşayan Ben
Para denince içime fenalıklar basıyor. Stresliyim.	Son derece Keyifliyim. Para denince aklıma hep birikimlerim geliyor.
İçime kapanıyorum. Sosyal ortamlara girmek bile istemiyorum.	Sürekli arkadaşlarımla olmak ve mutluluğumu onlarla paylaşmak istiyorum.
Kendime güvensizim.	Kendime güveniyorum.

Şimdi, kendi cümlelerinizle bu tabloyu doldurun. Benim verdiğim tablo PARA SIKINTISI çeken birine ait. Yani sol sütun ve sağ sütun arasında büyük bir fark var. Eğer sizin de parasal sıkıntılarınız varsa, buna benzer bir fark göreceksiniz. Eğer iki sütun arasında bir fark göremiyorsanız ne mutlu size! Çünkü bu, para sıkıntınız yok demektir.

Yine işin en yürek yakan tarafına geldik. Sağ tarafta tarif ettiğiniz kişi her kimse, her ne özellikler taşıyorsa, ÖNCE O KİŞİ OLMAK ZORUNDASINIZ.

Bazen öğrencilerim bana, "Evet evet oldum, o kişiyim artık" derler. Bunu test etmek için tek bir soru yeterli.

GÜLÜMSÜYOR MUSUNUZ?

İlk atmanız gereken adım GÜLÜMSEMEK.

ADIM BİR: GÜLÜMSE

Paranızın olmamasına, borç içinde olmanıza, o ay istediğiniz ayakkabıyı, eşinizin çok istediği doğum günü hediyesini alamamış olmanıza, ay sonlarının bir türlü gelmemesine, bir arkadaşınızın düğününe giderken hediye bile alamamış olmanıza hatta belki yemek yiyecek paranız bile olmamasına "gülümseyebilmek."

Yıllar önce, yukarıda size saydığım maddelerin neredeyse hepsini, aynı anda deneyimlediğim zamanlarım oldu ve parklarda yaşamak zorunda kaldım. Çok basit şeylere bakarak bile gülümsenebileceğini o zaman öğrendim.

Hayatınızda hiç odanızdaki ışığı açıp kapamanın ne kadar büyük bir keyif olduğunu fark ettiniz mi? İstediğiniz zaman açıp kapatabiliyorsunuz, çıt çıt. İçerisi isterseniz karanlık, isterseniz aydınlık. Emrinize amade. İstediğiniz gibi kullanın. Parkta böyle bir lüksünüz yok. Hava karardığı an, çıt çıt açıp kapatamıyorsunuz güneşi. Pencereden, doyasıya dışarı bakmanın tadına vardınız mı hiç? Parkta yaşarken bunu da yapamıyorsunuz. Her ne durumda olursanız olun, banka veya kredi kartı ekstreniz ne derse desin, HER AN GÜLÜMSEYECEK BİR ŞEY bulabilirsiniz. Yeter ki bakmayı bilin.

Bir ara yemek yiyecek param bile kalmamıştı. Genel olarak, "durumum iyi değildi" anlamında söylemiyorum bunu. CİDDEN bir sonraki öğünü yiyecek param yoktu. Arkadaşlarımdan –ki çoğu parkta yatıp kalktığımı bilmiyordu– "Bozuk paran var mı" bahanesiyle para toplar ve yemek yemeye çalışırdım.

Nasıl çıktım o durumdan?

İlk önce GÜLÜMSEMEYİ öğrendim. Durumu kabullenmeyi öğrendim. Küfrede küfrede değil, keyfini çıkarta çıkarta gülümsemeyi öğrendim. Ne yapalım dedim, şimdilik böyle, en azından ileride torunlarıma anlatacak hikâyelerim birikiyor. Tabii o zamanlar bir gün kitap yazacağım aklımın ucundan bile geçmiyordu.

Egonuzun nasıl işlediğini biliyorsunuz, sizi negatif cümlelerle aynı kutunun içinde tutmaya çalışıyor.

İşyerindesiniz, bilgisayarda fal bakarken, yani çalışırken, birden ego sizi kıskıvrak yakalayıverdi.

– Ayın yedisi oldu ve para bitti. Yirmi gün daha ben ne halt edeceğim?

Hemen işinizi gücünüzü bırakın. Sakın bu cümlenin arkasından gelecek olan cümlelerle enerjinizi iyice düşürmeyin. Egzersizlerden birini seçin ve az da olsa bir GÜLÜMSEME hissedene kadar devam edin. İlk başlarda biraz yorucu olabilir, çünkü hayatınız boyunca hep o negatif cümlenin peşinden gitmeye alıştınız. İnanın bana, gün geçtikçe gülümseme konusunda daha uzman hale gelmeye başlayacaksınız.

– Bir arkadaşınız size "Hadi bu gece Nevizade'ye gidelim" dedi. Paranız yok gidemiyorsunuz. "Başım ağrıyor, ben eve uzayayım bu gece" dediniz ve yanından ayrıldınız. Yolda EGO sizi çok güzel aşağı doğru çekiyor: "Bak bu yaşta hâlâ bir rakı içecek para yok cebimde." HEMEN DURUN. Bu cümleyi takip edecek diğer cümleleri düşünmeye başlamayın. Siz düşündükçe, EGO usta bir şekilde yenilerini üretmeye devam edecek. Hemen durun ve egzersizlerden birini uygulayın, gülümseyene kadar devam edin. Ne gerekiyorsa yapın, ama hemen yapın! Yarına bırakmayın.

ADIM İKİ: ODAKLAN

Ne yöne gitmek istediğinizi Evren'e AÇIK ve NET bir şekilde söylemeniz gerek.

"Para geldiği gibi gider" kuralına göre hayatınızı yaşıyorsanız, muhtemelen borç içinde yaşıyorsunuz demektir ya da ay sonu bir türlü gelmek bilmiyordur. O zaman da, PARA denildiğinde ODAĞINIZ sürekli BORÇ ya da PARANIN YETMEMESİ üzerindedir.

Para konusunda her ne durumdaysanız ŞU AN içinde bulunduğunuz duruma gülümsedikten hemen sonra İSTEDİĞİNİZ gerçekliğe odaklanın. Bazı durumlarda odaklandığınızı sandığınız resim, aslında tam olarak "istediğiniz" değildir. Birlikte inceleyelim:

"Tamam" dediniz. "Gülümsemeye başladım. Şimdi yeni gerçekliğimi yaratıyorum."

Ve bazı cümleler üretmeye başladınız.

– Bütün borçlarımdan kurtulmak istiyorum.
– Artık parasız tek bir gün bile geçirmek istemiyorum.
– Geç ödeme yapmayan bir şirketle çalışmak istiyorum.
– Yıl sonu primim en az oranda bile olsa razıyım.

Bakın yine nasıl kendinize negatif bir gerçeklik ısmarlamaya başladınız. Yukarıdaki cümleler sizi sadece negatif gerçeklik içinde tutacak çünkü hepsinde NE İSTEMEDİĞİNİZ daha dominant ve gelecek zaman söz konusu.

BORÇ
PARASIZ
GEÇ ÖDEME
EN AZ

Aslında hepsinin GERÇEK pozitif karşılıkları var. Siz, uzun zamandır kendinizi negatif düşünmeye odakladığınız için, doğal olarak ağzınızdan çıkan ilk cümleler –her ne kadar pozitif gibi görünseler bile– hâlâ negatif.

Bunları, tam anlamıyla pozitife çevirelim ve hepsini gelecek zamandan ŞİMDİKİ zamana ya da GEÇMİŞ zamana çevirelim yani "Halihazırda OLMUŞ" gibi yapalım.

– Para biriktiriyorum.
– Her gün beni rahat ettirecek kadar paraya sahibim.
– Çalıştığım şirket, her seferinde TAM VAKTİNDE ödeme yapıyor
– Yıl sonunda İSTEDİĞİMİN ÜZERİNDE prim aldım.

Şimdi kendi cümlelerinizi geliştirmeye başlayın. Başlangıçta POZİTİFleri bulamasanız bile önemli değil, zaman içinde buna o kadar alışacaksınız ki, NEGATİF cümle kurmakta güçlük çekeceksiniz.

Şimdi para hakkındaki ODAĞINIZI birlikte tablo üzerinde inceleyelim.

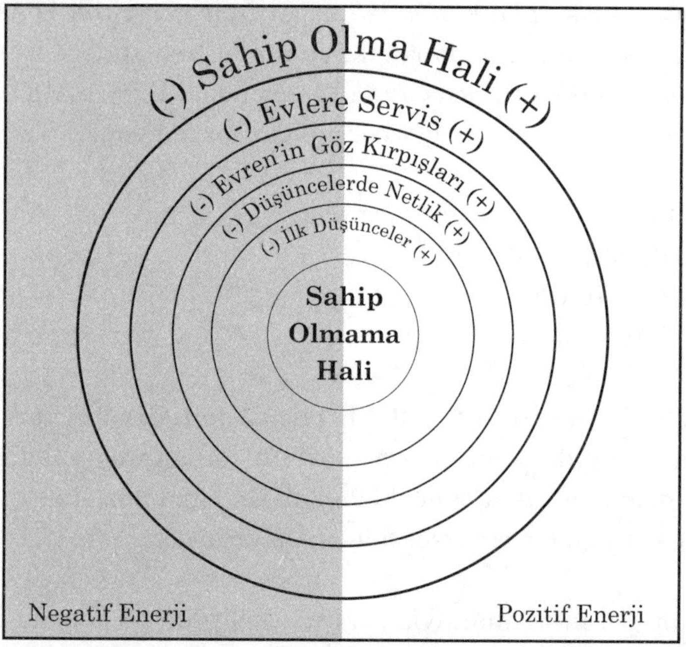

A- Sahip olmama hali
Param yok.

B- İlk düşünceler
Para dediğin gelir gider.

Hangi yöne gittiniz: NEGATİF mi POZİTİF mi? Tabii ki negatif! Hemen tablonun pozitif tarafına geçecek cümleyle bunu değiştirin.

Etrafımda birçok insan para biriktiriyor, demek ki para aslında geldi mi hemen gitmesi gereken, çiş gibi bir şey değil.

C- Düşüncelerde netlik
Şu borçlarım bir bitsin bak gör o zaman beni... Bir de beni kazıklamayacak yeni işe gireyim tamamdır.

Evet, netleşmeye başladınız ama hangi yöne doğru. Tablonun hâlâ negatif tarafındasınız. Hemen pozitife geçin.

Para biriktirmeye başlıyorum.

Yepyeni bir işim var, son derece dürüst insanlarla çalışıyorum.

Tebrikler! Tablonun pozitif tarafına geçtiniz. Unutmayın, yaratımınız devam ediyor. Pozitiften mi yoksa negatiften mi çıkacağınız tamamen sizin elinizde.

D- Evren'in ilk göz kırpışları

Karşınıza mutlaka size sinyal olarak gönderilen olaylar çıkacaktır. Eğer para durumunuzu düzeltmek üzerinde çalışıyorsanız, bir iş imkânı olabilir, bir arkadaşınız size potansiyel bir para kaynağından bahsedebilir, maaşınıza zam gelebilir. Her ne şekilde olursa olsun, eğer pozitif tarafta devam ediyorsanız mutlaka bunun ilk adımları karşınızda belirmeye başlayacaktır.

Eğer negatifte devam ediyorsanız, bu sefere de –MUTLAKA– size negatifte olduğunuzu gösteren olayları deneyimlemeye başlayacaksınız. Bozulan araba, hiç beklenmedik bir borç, işinizi kaybetmeniz, evi su basması vs. Evren size diyecek ki "Bak hâlâ PARA HARCAMA üzerine odaklısın."

Evren size iki şekilde de yol gösterdiğine göre, hangi tarafta devam etmek istediğiniz tamamen size kalmış.

E- Evlere servis

Eğer şu ana kadar pozitif bir şekilde devam ettiyseniz, evlere servis sırasında kapınıza gelen paket oldukça hoşunuza gidecektir. Artık eski döngünüzden çıktınız ve yepyeni bir gerçekliğin içine girdiniz. Eskisinden daha iyi bir durumdasınız. Azıcık bir değişim bile varsa, bu sizin oyuna devam etmeniz ve yeni gerçeklik içinde daha fazlasını yaratabilmeniz için yeterli.

Bir öğrencim, para durumunu pozitife geçirmeye karar verdiğinin ilk iki ayında hiçbir değişim yaşamamıştı. Her şey aynen devam ediyordu. Durumunu incelediğimizde, egosunun "Kredi kartı kullanma" oyunuyla kendisini kandırdığını gördük. Sürekli aynı filmi izleyip duruyordu. Sonunda içinde kısılıp kaldığı döngüyü fark ettiğinde, yaptığı ilk eylem kredi kartlarını kesmek oldu. Şaka değil, gerçekten kıtır kıtır kesti kartları. Sonraki iki ay, ülke dışında olduğum için kendisini göremedim. Döndükten sonraki ilk seansımızda inanılmaz değişimler yaşamaya başlamıştı. Kredi kartı borçları bayağı azalmış, kendisine yeni iş imkânları yaratmaya başlamıştı bile.

Evren hemen göz kırpmaya başlamış ve kendisini yeni fırsatlara doğru yönlendirmeye başlamıştı.

F – Sahip olma hali

İki tarafta da, hem pozitif hem negatif, yol boyunca ısmarladığınız şeyi ELDE ETTİNİZ. "Elde etmeme" durumu hiçbir zaman söz konusu değil.

Ya hâlâ borç harç içinde yüzüyorsunuz ve ayın sonu gelmek bilmiyor, yani TEKRAR BORÇ İÇİNDE OLMA gerçekliğini elde ettiniz ya da yeni bir gerçeklik içinde, para biriktirmeye yöneldiniz.

Gelen yemeği beğendiyseniz afiyet olsun. Yok beğenmediyseniz başa dönüp oyunu yeniden oynamaya başlayın. Unutmayın, her seferinde biraz daha fazla tecrübe kazanacak ve daha başarılı bir el oynayacaksınız.

Ne olursa olsun kendinize bir iyilik yapın ve gelen yemeği küfrede küfrede yemeyin. Geri gönderin ve bir daha ısmarlayın. Evren'in mutfağında istediğiniz yemeği yapabilecek sonsuz malzeme mevcut. VE HEPSİ BEDAVA!

ADIM ÜÇ: DEĞİŞTİR

Gülümse ve Odaklan'dan sonra aslında yapacak fazla bir işiniz kalmıyor. Bundan sonra olabilecek tek şey –eğer ilk iki adımı gerçekleştirdiyseniz– gelecek olan fırsatlara EVET demek.

O andan itibaren Evren size yepyeni fırsatlar sunmaya başlayacak. Bunlar en başta, TAM İSTEDİĞİNİZ fırsatlar değilmiş gibi görünebilir. Siz ilk iki adımda ustalaştıkça, DEĞİŞTİR adımında olan olaylar, sizin istediğinize daha yakın hale gelecek.

Eğer hiçbir şey olmuyorsa, para durumunuzda hâlâ on liralık bir değişim bile yoksa, bilin ki birinci ya da ikinci adımda bir şeyleri geçiştiriyorsunuz, yani kendinizi kandırıyorsunuz demektir. Hiç kızmayın, başa dönüp yeniden oynamaya başlayın.

Para sorunu üzerinde çalışmak isteyenler için ALTIN bir kuralım var:

ALTIN KURAL

Para sorununuz hangi şekilde olursa olsun, ilk yapmanız gereken GELİRİNİZİ GİDERİNİZDEN daha yukarıda tutmak ya da bir diğer deyişle GİDERİNİZİ GELİRİNİZİN altına indirmek, ay sonunda pozitifte kalmak. Ay sonunda, biriktirdiğiniz on lira bile olsa, bu sizi pozitife taşıyacak ilk adımdır.

İlerlemeyen kariyer

Davulcuya mı varsam, zurnacıya mı?

İlişkiler ve para kadar popüler olan diğer bir sorun ise, bir türlü ilerlemeyen kariyerdir. Size bir sürprizim var! Herhalde bunu size daha önce hiç söylemedim ama "Kariyerinizin ilerlemiyor olması TAMAMEN sizin yaratımınız!"

Yine Evren'e gönderdiğiniz karışık sinyaller, birbirini sıfırlayan enerjiler yayıyorsunuz.

Etrafınıza bir bakın ve şu soruyu sorun: "Kaç kişi sevdiği, gerçekten sevdiği işi yapıyor?" Çok ciddiyim. Hatta gidin ve insanlara birer birer sorun bu soruyu. Artık anlamışsınızdır, neden Türk atasözleri benim en favori deyişlerim arasında yer almıyor; çünkü büyük bir çoğunluğu NEGATİF! Ama içlerinde bir tane var ki bayılıyorum:

"Adamın karıyı öpmeye niyeti yok, dudağın nerede diye sormuş."

Aynı şey, sevmeden işini yapanlar için de geçerli.

Kariyerle ilgili bir probleminiz varsa kendinize İLK sormanız gereken soru şu: "Ben bu işi sevdiğim için mi yapıyorum?"

Bu soruyu sorun ve çok samimi bir cevap vermeden önce iyice düşünün.

Türkiye'ye geldiğimden beri, neredeyse tanıştığım insanların yüzde doksanı sevmedikleri işi ve daha korkuncu, sevmediklerini bile bile yapıyorlar.

Tanıştıklarımdan biri, hukuk fakültesi son sınıf öğrencisi bir kız. Babasının isteğiyle hukuk okumaya başlamış.

– Ee hayatım, avukatlık yapacak mısın?
– Hayır.
– Uluslararası ilişkiler falan.
– Yooo!
– Şirketlere yasal danışmanlık?
– Aman aman Allah korusun!

Allah neyini korusun bu durumun, sen kendi kendini kapana kıstırmışsın, Allah'ın işi gücü yok, seni oradan çıkaracak. Madem bu işi yapmayacaksın, o okulda ne işin var?

Bakın, sevmediğiniz yemeği yersiniz anlarım, karnınızın doyması lazım. Sevmediğiniz pantolonunuzu giyersiniz anlarım, diğerleri kurumamıştır, donla sokağa çıkamazsınız. Sevmediğiniz bir arkadaşla çay içmek zorunda kalırsınız, onu bile anlarım. Bunların hepsi GEÇİCİ, sizin hayatınızı büyük ölçüde etkilemeyecek şeyler. SEVMEDİĞİN, İSTEMEDİĞİN bir okula gitmek, dört koca sene geçirmek, sonra da bu alan üzerine kurulu bir hayata atılmak, işte bunu ASLA ANLAMIYORUM!

Şimdi bazılarınızın, "Ee mecburdum" dediğini çok net duyabiliyorum. Genelde seanslarımda hep bu cümle kullanılır.

İŞTE BU SİZİN EGOnuz. Hadi hayırlı olsun, nur topu gibi bir egonuz var!

Kariyerinizin ilerle-memesinin elbette birçok farklı nedeni var ama EN POPÜLER olanı, "sevmediğiniz işi yapmak". Burada kısaca, sevmediğiniz kariyer olayını anlatıp, açıklamalara geçtiğimde, SEVDİĞİNİZ HALDE İLERLEMEYEN KARİYERden bahsedeceğim. Tıpkı, daha önceleri benim kariyerimde olduğu gibi.

Sevmediğiniz bir işi yapıyorsanız, Evren'e çok güçlü bir şekilde gönderdiğiniz mesaj şu: BEN BU İŞİ İSTEMİYORUM. Evren sizin EMRİNİZE uymak zorunda ve bu yüzden hemen gerekli ayarlamaları yapıyor. Görevi, sizi sevmediğiniz bu İŞTEN kurtarmak.

Belki patronla kavga ediyorsunuz, işten ayrılmak üzeresiniz. Ya da bir hata yaptınız ve kovulma noktasına geldiniz. İşte o an KORKU yani EGO hemen devreye giriyor ve BU İŞİ KAYBETMEMEM LAZIM diyor. Hemen durumu düzeltip işte kalmayı beceriyorsunuz. İki ay sonra başlıyorsunuz tekrar, BEN BU İŞİ İSTEMİYORUM diye yakınmaya, Evren bunu duyup hemen gerekli ayarlamaları yapıyor. Tam işten kopmak üzereyken YİNE korkular ağır basıyor ve durumu düzeltip işte kalmayı beceriyorsunuz ya da aynı şekilde başka SEVMEDİĞİNİZ bir işe geçiyorsunuz. İki ileri bir geri adımlar atarken bir bakıyorsunuz ki bir hayat geçmiş ve siz sevmediğiniz işten, sevmediğiniz bir şekilde emekli olmuşsunuz.

Bu tip bir işte başarılı olmanız hemen hemen imkânsız.

Amerika'ya yerleştiğim ilk yıllarda her işi yapmak zorunda kaldım. Benzin pompacılığı, bulaşıkçılık, komilik, aşçı yamaklığı vs. İlk başlarda İŞLERİ SEVMESEM bile, bana hayatımı idame ettirecek parayı kazandırdıkları için SEVE SEVE (aslında ona başka bir şey denir ama neyse) yaptım bu işleri.

Biraz para birikmeye başladığında, ufak ufak esas hislerim su yüzüne çıkmaya başlamıştı. Bakın yaptığım işlerde, İLERLEME ihtimaline karşı nasıl tepkiler veriyordum.

Hiç unutmam, Virginia'da bir Türk restoranında aşçı yamağı olarak işe girmiştim. İşyeri sahibi bana daha önce hiç mutfakta çalışıp çalışmadığımı sorduğunda bir de güzel yalan söyledim ve işe alındım. İşim, şefe yardım etmek ve onun bütün istediklerini hazırlamaktı. Şefle tanıştığım ilk gün adam bana şöyle bir baktı ve "Daha önce hayatında hiç mutfağa girmedin değil mi?" dedi. Biraz utanmış ve biraz da rahatlamıştım. Şöyle etrafıma bir bakındım, bir acil çıkış kapısı aradım koşarak kaçabilmek için ama bulamayınca, "Evet" dedim. "Bu ilk olacak. Nasıl anladın?" Cevabı çok basitti:

– Hiçbir aşçı kafasında güneş gözlükleriyle mutfağa girmez. Çıkar onları, tak şu beyaz aşçı şapkasını.

O günden sonra beni EĞİTMEK ve iyi bir aşçı olmam için elinden geleni yapmayı kendine görev edindi. Meğerse mutfak dünyasında en iyi şefler, iyi bir şefin yanında yamaklık yaparak başlarmış. BEN BİR AKTÖRÜM!!! KİM TAKAR SENİN MUTFAĞINI demek istediysem de demedim, diyemedim. O günden sonra benim "Rocky Balboa" eğitimim başladı.

O zamanlar sevmediğim işi yaparken kendimi nasıl baltaladığımın hiç farkında değildim. Yıllar sonra, bütün öğrendiklerimden sonra, şimdi geriye dönüp baktığımda bunu görebiliyorum.

Normalde mutfak işleri –çalıştığım yerde– saat sabah 9.00 civarında başlardı. İlk geceden sonra şef yanıma geldi, sanki bana dünyanın en büyük sırlarını anlatacakmış gibi yavaşça fısıldadı kulağıma: "Sabah 7.00'de burada ol. Kimseye bir şey söyleme."

Ertesi sabah daha gözümü açmadan kendimi mutfakta buldum. Önüme kocaman bir bıçak seti açtı ve başladı hangi bıçakla neyin kesileceğini anlatmaya. Ardından tek tek her bıçağın nasıl kullanılacağını göstermeye başladı. Bir saat kadar sonra "Hadi bakalım şimdi biraz egzersiz yap, aç şu kapıyı ve oradan malzemeleri getirip kesmeye başla" dedi. Gösterdiği kapıyı açtım, kiler gibi bir yerdi. Kasalarca domates, çuvallarla patates, soğan yani bilumum yemek malzemesi vardı içerde. İçeriden bir iki domates, soğan, iki üç patates aldım ve mutfağa geri döndüm. Ağır ağır başladım elimdekileri kesmeye. Yarım saat sonra işim bitti ve "Tamamdır şef" dedim. Kestiklerime şöyle bir baktı ve aynen şöyle dedi:

– Güzel. Şimdi kilerdekilerin hepsini aynen böyle doğra
– NASIL HEPSİNİ?!?!
– Orası bizim bir günlük kilerimiz. Her sabah beşte yeniden doldurulur

Bu işin içinde olanlar ne demek istediğimi anlayacaktır. Anneniz salata için malzeme doğratıyorsa, keyifle doğrarsınız üç beş domatesi ya da arkadaşlarınızla güzel bir rakı sofrası hazırlığı yapıyorsanız. Hadi bakalım bir de gecede dört yüz kişiye yemek çıkartan bir restoran için yapın aynı şeyi.

Fonda "Eye of the Tiger" çalarken, benim aylar süren eğitimim başlamıştı. Her seferinde yanımdan geçerken yüzünde hep bir memnuniyetsizlik ifadesiyle bakardı. Bu işi yapmak istemediğim için, ben elimden gelen her türlü sabotajı, EGO ise beni bu işte tutmak için her türlü taktiği deniyordu. Hatta bir süre sonra iş zıvanadan çıktı ve ben domateslerle top çevirmece öğrenmeye başladım. Hani sirklerde olur ya, üç beş tane tenis topunu havada çevirirler. Hatta bir ara bayağı ustalaşmış ve dört domatesle bir salatalığı aynı anda çevirmeye başlamıştım. Kısacası kovulmak için elimden gelen her şeyi yapıyordum.

Mutfakta çalışmak benim yeni KUTUM halini almıştı. İnanın dünyanın en rahatsız ortamları bile bir anda yeni KUTUNUZ, GERÇEKLİĞİNİZ halini alabilir ve şartlar ne kadar kötü olsa bile, EGOnun görevi sizi KUTUDA tutmaktır.

Hiç uzun süre hapis yatmadım –sadece dört gün– ama yirmi yıl gibi sürelerle yatan insanlarla tanıştım. Yirmi yıl sonra tahliye olduklarında, eve gittiklerinde en çok neyi özlediklerini tahmin edebilir misiniz? HAPİSHANEYİ!!! Çok ciddiyim. Kutunuz ne kadar rahatsız olursa olsun, içinde belli bir süre kaldıysanız o kutu sizin gerçekliğiniz halini alır ve EGO, hemen kendini adapte eder oraya. Biz buna KONFORSUZ KONFOR BÖLGESİ diyoruz. Her ne kadar istemeseniz de, kendinizi oraya ait hissetmeye başlar ve başka HİÇBİR YOL olmadığına inanırsınız. Daha doğrusu EGO sizi buna ikna eder.

Mutfak yaşamı da benim için KONFORSUZ KONFOR BÖLGESİ olmuştu. İstemediğim bir işi, mecburiyetten yapmaya başlamıştım. O işten ayrılıp, şartları daha iyi bir işe geçebilme olasılığı aklımın köşesinden bile geçmiyordu. Böyle bir durumdan ancak iki şekilde çıkabilirsiniz. Ya bilinçli bir şekilde EGO ile olan savaşınızı bırakıp, bir seçim yapacak kadar YA DA dibe vurup ve "Yeter artık yandım anam!" diyerek koşa koşa, arkanıza bakmadan oradan kaçarak.

O mutfakta bir yıldan fazla çalıştım. Her iki üç ayda bir kovulacak gibi olur, korkup düzenli çalışmaya başlar, sonra yine kovulacak gibi olur, korkup düzenli çalışmaya başlardım.

Haftada 6 gün, günde 12 saat çalışıyordum. "YANDIM ANAM" durumu, tatlı şefinin işten çıkmasıyla oldu. Tatlılardan sorumlu şef işten ayrılınca benim usta bir akşam yine yanıma yaklaştı ve "Sabah 7.00'de burada ol. Kimseye bir şey söyleme" dedi. Bunun anlamını çok iyi biliyordum. Tatlı işi benim üstüme kalacaktı. Bu da haftada 7 gün, günde 15 saat çalışmak demekti.

O gece oradan "Yandım anam!" diyerek çıktım ve bir daha da arkama bakmadım.

Şimdi gelelim diğer konuya, İSTEDİĞİMİZ halde ilerlemeyen kariyerlere.

Hayatta elimi hangi işe attıysam bir şekilde başarılı oldum. Hatta bir iki defa, laf olsun diye girdiğim işlerden bile oldukça iyi paralar kazandığım oldu. Bir işe girdikten sonra, çok kısa bir sürede, hemen hemen istediğim yere gelebiliyordum. Bir tanesi hariç: Oyunculuk.

Oyunculuk kariyerim çoooookkk uzun bir süre hiçbir yere gitmedi. Üzerinde çalışırken, birçok farklı kariyer girişimlerim oldu. Hepsi başladı, gelişti, oyunculuğu solladı geçti. Oyunculuk prematüre bir bebek gibi kaldı hayatımda.

Kendi kendime, mümkün olan bütün ego sorunlarını ortaya çıkardım. Hocalarımla çalıştım, egzersizler yaptım. Sonunda, var olan birçok EGO oyununu çözmeyi başardım. Egomun yarattığı hikâyelerden bazılarını sizlerle paylaşayım.

– Sanırım altı ya da yedi yaşlarımdaydım. Annemle televizyon seyrediyorduk. Şimdi adını bile hatırlayamadığım bir müzik grubu vardı televizyonda. Anneme dönüp "Ben de böyle meşhur olmak ve televizyona çıkmak istiyorum" dedim. Annem son derece sevecen, destekleyici bir tavırla "Elbette olabilirsin bir tanem ama bak bu insanlar otuz otuz beş yaşlarına kadar, hiç durmadan çalışıp didinip ancak bir yere geliyorlar" dedi.

Karar: Bu iş otuz-otuz beş yaşımdan önce olmayacak.

– İlkokul sıralarında şişman topaç gibi bir çocuktum. Hayran hayran seyrettiğim bir kız vardı sınıfımızda, Nilüfer. Aradan o kadar uzun yıllar geçti ki rahat rahat onun gerçek adını kullanabilirim. Nilüfer bana hiç yüz vermezdi, daha doğrusu benim istediğim anlamda yüz vermezdi. Arkadaş olarak oyunlar oynardık ama o kadar. Bir gün bir arkadaşıma sordum, "Neden acaba benimle ilgilenmiyor?" diye. Verdiği cevap yepyeni bir EGO oyununun başlangıcı olmuştu: "Kızlar şişman çocukları sevmez, o yüzden ilgilenmiyor seninle."

Karar: Şişman olduğum sürece hiç kimse beni beğenmeyecek.

Yıllar sonra konservatuvar giriş sınavlarını kazanamadığımda daha sonradan hocam olan Cüneyt Gökçer bana "Canım çok şişmansın. Vücudun, senin sahnede hareket etmeni engelliyor. O yüzden sınavı kazanamadın" demişti.

Bunun gibi onlarca EGO oyununu, tıpkı bir soğan soyar gibi, tek tek eledim. Hâlâ kariyerim hiçbir yere gitmiyordu.

Ta ki, en son EGO oyununu keşfedene kadar.

– ÇOK BÜYÜK ADIM ATMA İSTEĞİ.

Gelin kariyer ve büyük adımlar olayını masaya yatıralım. Eldivenler, neşter veeee kesiyoruz...

PROBLEM:
Kariyerim bir türlü istediğim yerde değil. Ne yapsam, ne etsem, istediğim gibi olmuyor.

Şimdi, takip etmekte olduğumuz formatın biraz dışına çıkmak istiyorum. Bu seferlik çocuklukta neler olduğuna pek değinmeyelim çünkü BÜYÜK ADIMLAR atma eğilimi, egonun her yaşta geliştirebileceği ve son derece gizli kapaklı oyunlarından bir tanesi.

"Büyük adım atmak" nasıl bir ego oyunu olabilir ki? Bize hep "Büyük düşün" demezler mi? Evet doğrudur. Büyük düşünmeye sonuna kadar varım. Olay zaten nasıl düşündüğünüz değil, ama yolun tam ortasında birdenbire nasıl bir bakış açısı kazandığınızla ilgili. Gelin "büyük düşünmek" hangi noktada birdenbire ego oyunu haline gelebiliyor inceleyelim.

Şu an olduğunuz bir yer var. Neresi olduğu hiç önemli değil. Belki bir şirkete yeni girdiniz, ilk defa kendi işinizi kurdunuz, bir projeye henüz başladınız ya da aklınıza, işe dönüşebilecek bir fikir geldi. Bunların hepsi çok güzel. Başladığınız an, A noktasında olduğunuzu kabul edelim. B noktası da varmak istediğiniz yer olsun. A noktasından B noktasına giderken, elbette bir süre geçmesi ya da birtakım şeylerin değişmesi gerekecek.

Grafiker olmaya karar verdiniz. Önce şu ya da bu şekilde bir eğitim alacaksınız. Sonra ilk işiniz, ilk kazanılan para ve derken size artık grafiker demeye başlayacaklar. Zaman geçmesi ve bazı becerilerin kazanılması gerekti.

Oyuncu olmaya karar verdiniz, yine bir eğitim süreciniz olacak, ardından ilk projeler vs. Bir süre sonra size oyuncu demeye başlayacaklar.

Bir şirkete girdiniz, patronlarınız dedi ki "Gel bu şirketin falanca bölümünü adam et." Çok iyi bildiğiniz bir işi yapacaksınız ama bu bile belli bir zaman ister ve bazı şeylerin değişmesi gerekir.

Müzik eğitimi aldınız. Okuldan mezun oldunuz ve müzik yazmaya başladınız. İlk albümünüzü çıkartmak istiyorsunuz. Onlarca şarkı yazmanız gerekecek. Yine belirli bir süre geçmesi ve bazı olayların değişmesi lazım.

Kendi işinizi kurdunuz. Mağazanızı ya da ofisinizi açtınız. Her şey yerli yerine oturana kadar belirli bir süre geçmesi gerekecek.

Kısacası her A noktasından, her B noktasına giderken belirli bir süre geçecek. Bu süre 5 dakika, beş gün, hafta, ay ya da yıl olabilir. Süreyi uzatıp kısaltacak olan SİZİN ODAĞINIZ. İşte burada EGO işin içine giriyor.

Şimdi bir iki örneği daha didikleyerek gidelim. O zaman çok yararlı bir şey olan "büyük düşünmenin" nasıl size çelme taktığını göreceksiniz.

Kitap yazmaya karar verdiniz. Aklınıza inanılmaz güzel

bir fikir geldi. Küçük düşünen biri: "Yahu ben nasıl kitap yazacağım, daha iki satır bile yazı yazamamış biriyim" der ve hemen vazgeçer.

Büyük düşünen biriyse, "Ne olursa olsun ben bu işi becerebilirim" der ve yola çıkar. Olduğunuz yere A, yani kitap yazmaya başlamak ve olmak istediğiniz yere B, kitabı bitirmek diyelim.

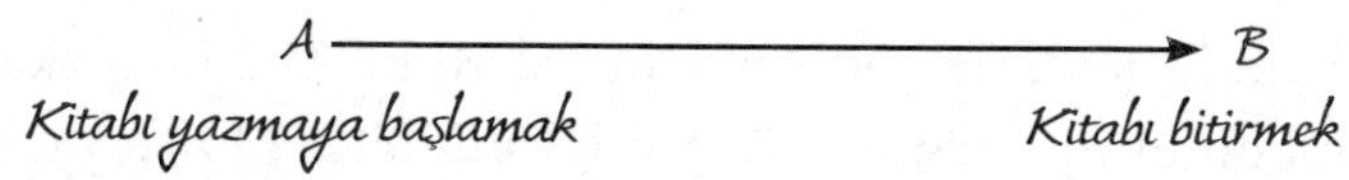

Kimi alır eline kâğıdı kalemi ya da geçer bilgisayarın başına (Benim yaptığım gibi) ve başlar yazmaya. Belki önce güzel bir taslak çıkartır ya da bazılarının yaptığı gibi kendini cümlelerin gidişine kaptırır. Şimdilik her şey harika gidiyor. İki hafta sonra bir bakar ki henüz sadece beş sayfa yazmış. İşte EGO için inanılmaz güzel bir fırsat. Oyun başlıyor! İki haftada sadece beş sayfa yazabilmiş olmanın getirdiği bir matematik hesap başlar.

– İki haftada beş sayfa yazdıysam, iki yüz sayfalık bir kitap seksen hafta sürer, bu da nereden baksan iki yıla yakın. Oohooo ben nasıl bitireceğim bu kitabı?

Şu anda negatife doğru kaymaya başladınız bile. Ego sizi eski kutunuzda, KİTAP YAZMAMIŞ biri olma kutunuzda tutmaya çalışıyor. Hemen ardından, geçen hafta niye yazamadığınızla ilgili mazeretler bulmaya başlayacaksınız. Evi topladım, annem geldi, kedim hastalandı, elektrikler kesildi, sular kesilmedi, ekonomik kriz oldu, dolar battı, kıçım başım ağrıdı vs. Bir iki hafta daha böyle geçecek, sonra dâhi bir arkadaşınız, dâhiyane bir şekilde "Yahu sen bunu yazıyorsun ama kim basacak ki?" diyecek. İşte EGO sizi kıskıvrak yakaladı. Daha kitabı yazmadan, birdenbire KOCAMAN BİR ADIM ATTINIZ ve bittikten sonra neler olacağını düşünmeye başladınız, hem de NEGATİF olarak!

Olduğunuz yer, yani A, sadece beş sayfası yazılmış bir kitap, olmak istediğiniz yer B, kitabın basılması.

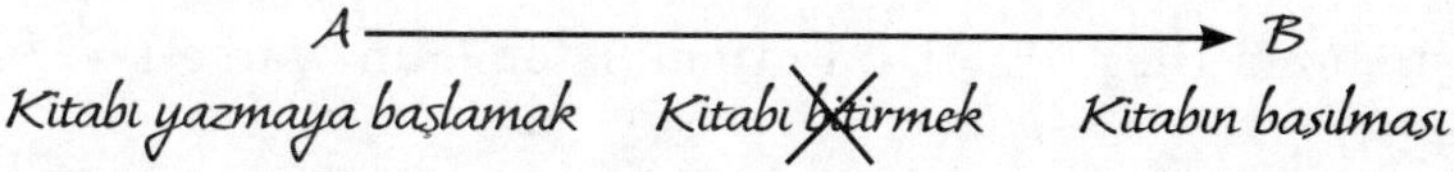

Kitabın basılması fikri sizi hayallerinizde daha da ileri götürdü. Sonra kitap basıldıktan sonra neler olacağını düşünmeye başladınız. Belki "En iyi satan kitaplar" arasında yer alacak.

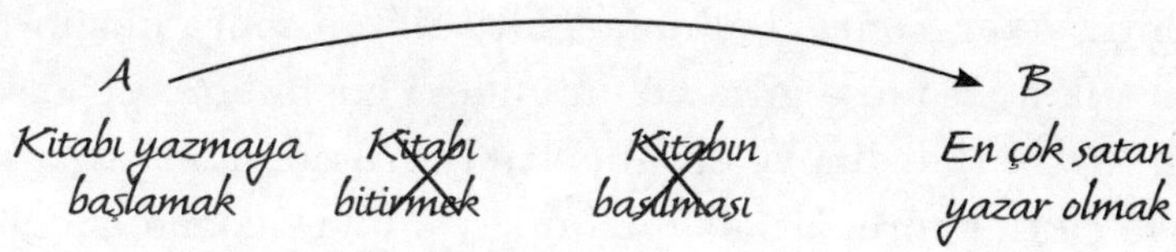

Gittikçe B noktasını nasıl uzağa taşıdığınızın farkında mısınız? Bir adım daha ileri götürelim. Belki kitabınız o kadar çok sattıktan sonra, gelen parayla spor bir araba almaya karar verdiniz.

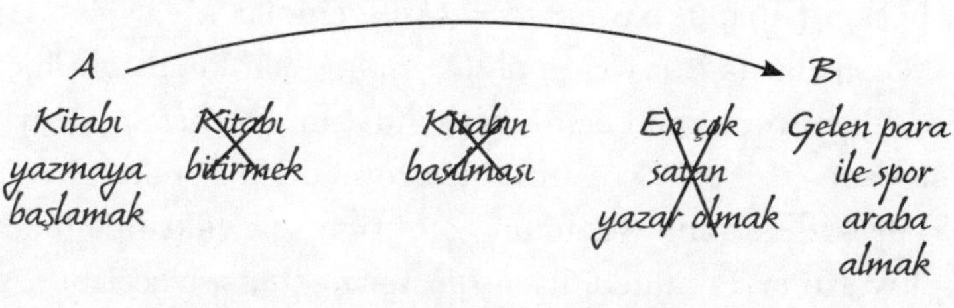

İşte tam bu noktada, birdenbire, BUGÜNE yani A noktasına döndünüz, Beşiktaş - Taksim dolmuşunda, trafiğin içinde bekliyorsunuz. Birdenbire B noktasından, yani sattığınız kitabın parasıyla aldığınız arabanın içinden bugüne döndünüz. B noktasını o kadar uzağa ittiniz ki, artık A ile B arasındaki FARK sizi heyecanlandırmıyor sadece ÜZÜYOR, ACI VERİYOR çünkü B noktası artık "Orada bir köy var uzakta" kadar uzak sizden.

İşte buna BÜYÜK ADIM atmak istemenin "yan etkisi" diyebiliriz.

Bu kitabı yazmaya başladığımda ne bir yayıncım vardı ne de kitabın basılacağına dair en ufak bir gösterge. Odağımı ne zaman "Bu kitap nasıl basılacak?" kısmına götürsem acı verdi. O yüzden, odağımı sürekli geride tuttum. Sadece "Kitabı bitir yeter, sonraki adımları bitirdikten sonra düşün" dedim. İlk ay, sadece giriş bölümündeki başlıklara karar verdim. "Olsun" dedim ve devam ettim. Ardından bir otuz, kırk sayfa çıktı. Sonra, altı ay tek bir sayfa bile yazmadım. Olsun dedim, hiçbir zaman basılmasını düşünmedim bile. Aklıma geldikçe, en kötü ihtimalle internette satarım, arkadaşlarıma e-kitap olarak dağıtırım dedim.

Derken mayıs ayının sonlarına doğru, Esra Amerika'daki hocası Gurmukh'u bir *workshop* için Türkiye'ye getiriyordu. O sıralarda çok yoğun olduğumdan ben kendisine hiç yardım edemeyeceğimi baştan belirtmiştim. *Workshop* hazırlıkları devam ederken, Esra sürekli yardım talebini tekrarlıyor, ben de sürekli, kitabımı yazmam gerektiğini ve vaktim olmadığını söylüyordum. Sonunda direnç göstermekten vazgeçtim. "Aman ne yapayım, kitabı *workshop* bittikten sonra yazarım, şimdi Esra'nın benim yardımıma daha çok ihtiyacı var dedim ve Gurmukh *workshop*'u için çalışmaya başladım. Yapılması gereken ne kadar ayak işi varsa yapıyordum. Arada bir aklıma kitap gelip, canım sıkılsa da, kendimi hemen rahatlatıyordum.

Gurmukh gelmiş, *workshop* başlamıştı. Son derece yoğun bir tempo içinde çalışıyorduk. Giriş çıkışlarda bütün sorumluluk bende olduğu ve on ayrı işi aynı anda yapmam gerektiği için bayağı yorulmuştum. Bu arada herkes, *workshop* öncesinde Gurmukh ile tanışmaya çalıştı için –Ee Madonna'nın yoga hocası gelmişti– bir de Gurmukh'un koruması olma görevi bana kalmıştı. Emir büyük yerden geldi "Kimse Gurmukh'un yanına *workshop* öncesinde yaklaşmayacaktı."

Bir akşam salona iki kişi girdi. Karı koca olduklarını tahmin edebiliyordum ama çok şık giyindikleri için, yoga yapmaya gelmedikleri kesindi. Adam nazik bir şekilde yanıma yaklaştı ve "Gurmukh ile görüşmek istiyorduk" dedi. Aynı anda yüz kişiyle uğraşmak zorunda olduğum için "Bugün git yarın gel" demeyi istediysem de, "Siz biraz kenarda bekleyin lütfen" dedim. Ve işlerime geri döndüm. Hafif çaplı bozulmuş oldukları yüzlerinden belliydi.

Aradan yarım saat geçti, onlarca insanı geri çevirmiş ama bu çifti bir türlü aklımdan çıkaramamıştım. İşim azalır azalmaz üst kata çıktım ve yanlarına oturdum. Önce davranışımdan dolayı özür diledim. Sonra bir şey içmek isteyip istemedikleri sordum.

Kendilerine Gurmukh ile *workshop*'tan sonra görüşebileceklerini ama öncesinde mümkün olmadığını anlattım. Hatta orada sıkılmasınlar diye, ben de oturup onlarla kahve içmeye başladım. Laf lafı açtı, birbirimize ısınmaya başlamıştık. Fırsattan istifade "Neden Gurmukh'u görmek istiyorsunuz?" dedim. Erkek olan:

– "Biz Dharma yayınlarının sahibiyiz. Gurmukh'un *İnsanın Sekiz Yeteneği* kitabını biz çıkarttık. Yazarımıza bir merhaba demek istiyoruz" dedi.

Karşıma sürpriz bir şekilde çıkan çift, Namık ve Güliz'di. Eski yayıncılarım. Elinizde tuttuğunuz kitabın, ilk hayata geçmesini sağlayan insanlar. Oysa ben evde oturup, inatla kitabı yazmaya devam etmek istiyordum. Onlarla hiç tanışamayabilirdim.

BÜYÜK DÜŞÜNDÜM ama hep KÜÇÜK ADIMLARI hedef olarak koydum.

Öğrencilerimden biri –benim hâlâ anlamadığım– yeni bir iş fikriyle geldi bir gün "5000 web sitelik bir medya imparatorluğu kurmak istiyorum" diye. Sakın yanlış anlamayın, hiçbir fikirle dalga geçmem, saygıyla dinlerim. Bana fikrini biraz daha detaylandırdı, yine bir şey anlamamıştım ama kafamda bir şeyler belirmeye başlamıştı. Derken aklıma bir soru geldi:
Şu an kaç siten var peki?
Hiç yok.

Şimdi bakın kendi kendini nasıl bir EGO tuzağının içine itiyordu.

5000 sitelik bir medya imparatorluğu demek, 5000 sitesi de tam gaz çalışan, işlevleri her neyse, tam anlamıyla yerine getiren bir sistem demektir. Sadece BİR sitesi tam anlamıyla çalışan, 5000 sitelik bir imparatorluk olmaz. Öğrencimin A noktası yani bulunduğu yer, HİÇ WEB SİTESİ olmaması, B noktası yani ulaşmak istediği yerse, BEŞ BİN WEB SİTELİK bir imparatorluktu. A ile B noktası arasında o kadar büyük bir uçurum vardı ki, aradaki fark, sadece şu an bulunduğu A noktasından bakınca NEGATİFE kaymasına yol açıyordu. Bir şarkı vardır, sözlerini tam hatırlayamıyorum: "Rafın üstünde yüz şişe bilmem ne" diye başlar, sonra "doksan dokuz, doksan sekiz vs" diye bire kadar iner. Daha ikinci nakaratta, tek tek geri sayılacağı anlaşılınca, insanlar baygınlık geçirir. İşte aynı şey!

Aynı hatayı ben oyunculuk kariyerim için yaptım. Okuldan mezun olduktan hemen sonra Amerika'ya yerleşmeye karar verdim. Amacım bir şekilde orada da oyunculuk yapmaktı. Güzel. A noktası, Türkiye'de oyuncu olmak, B noktası Amerika'ya yerleşmek. Son derece başarılı bir A ve B noktası durumu. Taşındıktan hemen sonra, yavaş yavaş B noktasını uzağa doğru kaydırmaya başladım.

A noktası Amerika'da yaşayan biriyken, B, New York'ta tiyatrolardan birinde oynamaktı.

A noktası bir tiyatroda küçük bir rol oynayan biriyken, B, Oscar kazanmış, dünya çapında bilinen bir oyuncu olmaya kaydı.

İlk başlarda çok güzel bir fikirdi bu. Her sabah heyecanla kalkardım yataktan, Oscar'ı alacağımdan emindim.

Günler günleri kovalarken, EGOM da beni kovalamaya başladı. A noktası artık canımı sıkmaya başlamıştı çünkü B noktası çok daha keyifli bir yer gibi duruyordu. Hiç kulak asmadan, B noktasını iyice ileri taşımaya devam ettim. Bir Oscar daha aldım, tanınmış bütün oyuncularla birer film çektim, Steven Spielberg ile çalıştım, Tom Cruise'un sağ kolu olarak film yaptım, yirmi milyon dolar maaş almaya başladım, iki üç malikâne yaptırdım kendime, özel uçağımla dünyayı dolaştım ve duyduğum bir sesle kendime geldim:

– Uyuma oğlum, dört numaralı masa hamburgerlerini bekliyor.

Özel uçağımdan inip garsonluğa dönmek bana ACI VERMEYE başlamıştı. İçinde bulunduğum durumdan KURTULMAK isteği giderek artıyordu. Ben yine de aldırmadım ve B noktasını büyük bir inatla olabildiğince uzakta tutmaya devam ettim...

Aradan sekiz sene geçti.

Hâlâ ne Oscar alabilmiş durumdaydım, ne de özel uçağım vardı. Tom Cruise ise hâlâ benim kim olduğumu bilmiyordu.

Arada hiç mi güzel şeyler olmadı? Elbette oldu. On kadar film çektim Amerika'da ama hiçbiri beni istediğim yere götürmedi. Ödül aldım ama beni istediğim yere götürmedi. Reklam filmleri çektim, sonuç aynı. Hatta dizilerde bile oynadım, seslendirme yaptım, meşhurlarla tanıştım, en iyi ajanslara bile girmeyi becerdim. Ama hâlâ B noktasından milyonlarca kilometre uzakta hissediyordum kendimi. Çünkü B noktasını, sürekli daha uzakta bir yere itip duruyordum.

Film çekerken, seslendirme yaparken, dizilerde oynarken hep aklımda tek bir düşünce vardı: "Tamam iyi güzel, bu işi yapıyorum ama benim istediğim B noktası bu değil ki!!!" Yaptığım işler bile zevk vermez hale gelmişti. ANın güzelliğini göremez, tadını çıkartamaz olmuştum.

Bir teklif geldiğinde, aklımda hep tek bir düşünce vardı: "Beni B noktasına götürür mü bu proje?" Biriyle tanıştığımda aklımda tek şey olurdu: "Bu adam, bu kadın beni B noktasına götürebilir mi?" Bir dizi görüşmesine gittiğimde hep merak ederdim "İçinizden biri beni B noktasına götürebilecek mi?"

Artık sokaklara fırlayıp bağırmak istiyordum "B noktasına giden bir Allah'ın kulu yok mu yahu?"

Arada, B noktasına varmış insanlarla karşılaştığımda ise içimi büyük bir hırs kaplardı. Onlara B noktasının nasıl bir yer olduğu sormak yerine, hemen yanlarından uzaklaşırdım. ÇÜNKÜ CANIM ACIRDI!

Size başından beri, önce içinde bulunduğunuz duruma "gülümsemeniz" lazım diyorum ya, ne gülümsemesi, kan ağlıyordum! Hayatımın diğer alanları son derece güzel gidiyordu ama konu oyunculuktan açıldığında, kara bulutlar başlardı tepemde dolanmaya.

Her türlü egzersizi yaptım. Hocamla uzun uzun bu konu üzerinde konuştuk ama nafile. B noktası hâlâ çok uzaktaydı. İçinde bulunduğum durumu bir türlü, GÜLÜMSENECEK hale getirememiştim, çünkü hâlâ kafamda, B noktasında yaşamaya devam ediyordum.

Daha önce dedim ya, iki şekilde istediklerimizi elde eder ya da istemediğimiz durumları değiştirebiliriz.

1- Bilinçli bir şekilde seçerek.

2- Dibe vurana kadar gidip, sonunda "Yandım anam, yeter artık" diyerek.

Ben dibe vurana kadar bu iş böyle devam etti. B noktası

kaçtı ben kovaladım. Ben on adım attıysam, B noktası kırk adım uzaklaştı benden.

Esra ile tanıştığımda henüz dibe vurmamıştım. Dibin kıyısında dolaşıyordum. Bu arada daha önce söyledim mi bilmiyorum, Esra da oyuncu.

Tanıştığımızın ikinci ya da üçüncü ayında ben bir film teklifi aldım. Fena bir rol değildi ama tahmin edebileceğiniz gibi benim aklımda tek şey vardı: "Bu rol beni B noktasına götürecek mi?" Her gün setten döndüğümde yüzüm asık gelirdim eve. Sette olan her şeyden şikâyetçiydim. Asıl şikâyetçi olduğum film seti değil, hâlâ B noktasında olamamaktı.

Derken Esra bir film teklifi aldı. Bana sorarsanız hayatımda gördüğüm en kötü senaryolardan biriydi ve son derece amatörce yola çıkılmıştı, ne olduğu belirsiz, –nazik olmayı beceremeyeceğim şu an– hayatımda gördüğüm en boktan projeydi!!!

İçimden sürekli "Nasıl kabul edersin böyle bir filmi, görmüyor musun yahu? Son derece boktan bir proje çıkacak ortaya. İleride çocuklarımız seyretse, ne cevap vereceksin?" gibi şeyler geçtiyse de, sadece "Hadi bakalım, sevindim senin adına" dedim.

Eline senaryo geldiğinde şöyle bir göz attım. Hatta bıyık altından gülümsedim de. "Tam tahmin ettiğim gibi, bi halt olmaz bu projeden!" Proje düşük bütçeli değil, sıfır bütçeli bir filmdi.

Sonraki günlerde Esra senaryo üzerinde çalışmaya başladı. Ama nasıl çalışmak, zannedersiniz ki Steven Spielberg'ün filmine hazırlanıyor. Ezberlerini bitirdi. O teknik senin, bu teknik benim büyük bir keyifle rolü üzerinde çalışmaya başladı. Beni karşısına alır ve rolünü oynardı. SAATLERCE!

Bense büyük bir keyifle sete gideceği zamanları bekliyordum. Hanya'yı Konya'yı o zaman anlayacaktı. Ben de ona büyük bir keyifle "Sana demedim mi bu projeden bi bok olmaz?" diyecektim.

Esra sete gidip gelmeye başladı.

– Ee Esracım, nasıldı set bugün?
– Tek kelimeyle MÜKEMMEL!!!
– ???
– Nasıl güzel vakit geçirdim anlatamam sana.
– Bana bak yoksa sette birine âşık falan mı oldun?

Gözlerime, kulaklarıma, hiçbir organıma inanamıyordum. Şaşkınlık içinde bir diğer set gününü beklemeye başladım.

– Ee hayatım bugün nasıldı set?
– Gün geçtikçe daha keyifli bir hal alıyor.
– ???

Çıldırtma beni kadın, nasıl keyif alırsın yahu? B noktasından ne kadar uzaktayız görmüyor musun? Herkes gider B noktasına senin film gider tersine.

Film bitti. Dediğim çıktı çıkmasına, film cidden hiçbir yere gitmedi ama Esra inanılmaz keyifli günler geçirdi. Birçok şey öğrendi, yeni arkadaşlar edindi. En önemlisi, enerjisini POZİTİFte tutmayı çok güzel becerdi.

İşte benim dibe vurmam böyle başladı. Karşımda etten kemikten, canlı bir örnek vardı. Esra da benimle aynı B noktasına gitmeyi hedeflemişti hayatında, ama küçük adımlarla ilerlemekten hiç çekinmiyordu. Çekinmeyi bir kenara bırakın, bir de keyif alıyordu. Sonuç olarak o, küçük küçük çaktırmadan ilerliyor, bense hâlâ beni bir atlayışta B noktasına götürecek projeyi, NEGATİF bir şekilde bekliyordum.

Hiç gelmedi!

İçinde Eric Roberts, Armand Assante gibi isimlerin olduğu filmlerde başrol oynama aşamasına bile geldim. İçinde, hayat hikâyemden bahsettiğim senaryom, bazı büyük stüdyolar tarafından değerlendirilmeye bile alınmıştı. Ama hiçbiri beni B noktasına götürmüyor ve tatmin etmiyordu. Sadece acı veriyordu.

ÇÖZÜM: GÜLÜMSE - ODAKLAN - DEĞİŞTİR

Artık dibe vurmakla kalmamış, dibin kendisi haline gelmiştim.

Bir şeyi karıştırdığımın farkına vardım. B noktasını geriye çekmekle, adımları küçültmekle, HAYALİNİZDEN VAZGEÇMEK arasında büyük fark varmış. O ana kadar, adımları küçültmenin, geriye çekmenin, hep HAYALDEN VAZGEÇMEK olduğunu zannediyordum. Esra'yı gözlemlemek beni kendime getirmişti. Hayalleri yani B noktası, benimki kadar uzakta olmasına rağmen, bir sonraki adımı hep çok yakındaydı.

ADIM BİR: GÜLÜMSE

İlk olarak adımlarımı küçültmeye başladım. Kabul ediyorum, çok kolay olmadı. Aylarca uğraştım. Dile kolay, on yıllık bir saplantıydı benimki.

Oyunculuk kariyerim üzerine "her gün" düşünmeyi bıraktım. Yavaş yavaş başka şeylerden keyif almaya ve oyunculuk yüzünden açılan boşluğu doldurmaya başlamıştım.

Size bu kitapta anlattıklarımı uygulamaya başladım.

EGO her seferinde, boş bulduğu her an, "Bak B noktasına gidemedin, senden ne köy olur ne kasaba" dese bile ben hemen bunu pozitif bir cümleyle değiştirdim.

EGOm bana:

– Başarısız oldun.
– Bak şimdi başkaları neler düşünecek senin hakkında.
– Falanca başarmış gördün mü, sen hâlâ yerinde say.
– Annen baban yukarıdan seni seyrediyor, kim bilir senin hakkında nasıl hayal kırıklığına uğramışlardır.
– Üç beş tane iş yaptın da adam mı oldun?

dedikçe, ben bunları hemen pozitifleriyle değiştirdim.

– O kadar çok şey başardım ki, kendimle gurur duyuyorum.
– Başkaları ne düşünürse düşünsün. Zaten, ben ne yaparsam yapayım, onlar bir şeyler düşünecek.
– Falanca başarmış ama filanca da başaramamış olmasına rağmen, hayatından son derece memnun.
– Eminim annem ve babam, bana bakıp en azından istediklerimi uygulama cesaretini gösterdiğim için gurur duyuyorlardır.
– Hayır, üç beş iş yaptığım için değil, ama üç beş işle gurur duymaya başladığım için ADAM OLDUM.

Ufak ufak da olsa eski halime, hayattan keyif alan halime dönmeye başlamıştım. Eski bir dostla uzun yıllar sonra yeniden karşılaşmak gibiydi. Tekrar gülümsemeyi öğrendim. İçten gelerek.

ADIM İKİ: ODAKLAN

Ne yöne gitmek istediğinizi Evren'e AÇIK ve NET bir şekilde söylemeniz gerek.

Daha önceki bölümlerde size ODAKLANMANIN ne kadar önemli olduğunu anlattım. Bu örnek için de aynı şey geçerli. Odağımı küçültmem ve bunu yaparken, yeni odağımı son derece net bir şekilde belirlemem gerekiyordu.

İlk olarak kendime bir filmde oynama odağı koydum. Film beni –eski– B noktasına götürmeyebilirdi. Ama –yeni– B noktasına götüreceği kesindi. Yeni B noktam, sadece bir filmde oynamaktı.

Ve bu gerçekleşti. Uzun yıllar sonra ilk defa bir film setinde büyük bir keyifle çalışmaya başladım.

Sonra başka bir B noktası seçtim. "Bu sene oyuncu olarak şu kadar para kazanmak istiyorum" dedim. O kadar küçük bir miktar koydum ki, hemen gerçekleşti.

Sadece bir sonraki adıma odaklanmaya başladım. Hangi adımı seçersem seçeyim tek bir ODAĞIM vardı: KEYİF ALMAK!

Derken, Esra ile birlikte Türkiye'ye geldik. Görünüşe göre benim eski B noktamdan çoooookk uzaklarda kalıyordu. Hiç umursamadım. Sadece küçük adımlar önemliydi artık benim için.

Ardı ardına teklifler almaya başladım. Bir filmi kabul ettim. Esra ile birlikte oynadık filmde. 27 gün süren çekimler son yıllarımın en güzel oyunculuk anılarını bıraktı bende. Sette kurduğum dostluklar ise halen devam ediyor.

Setteki insanlarla tanıştıkça benimle ilgili soru işaretleri artmaya başladı. "Amerika'dan gelen bu adamın, bu film setinde ne işi var? Herhalde aklından zoru olmalı."

Daha sonra diziler için görüşmelere gitmeye başladım. Hemen hemen tanıştığım her yapımcı bana, "Neden döndün?" sorusunu sordu. Uzun uzun anlatamayacağım için, kısa cevaplarla geçiştirmeyi tercih ettim.

Ama şimdi cevabı biliyorsunuz. B noktasını daha yakına çektim ve küçük adımlar atmanın KEYFİNİ çıkartmaya başladım.

İşte o yüzden buradayım.

Şimdilik!!!

ADIM ÜÇ: DEĞİŞTİR

Bugüne kadar binlerce defa DEĞİŞTİR kısmına kadar gelip, elim boş bir şekilde tekrar oyuna başladığım için artık ilk iki adımda iyice ustalaştım. Onca yıl sonra, ilk iki adımda HİLE YAPAMAYACAĞIMI yani kendimi kandıramayacağımı öğrendim ve tekrar başa dönüp, bu sefer hile yapmadan oynadım.

İlk iki adımı tam anlamıyla oynadıktan sonra, DEĞİŞTİR kısmında tek yaptığım, olmuş elma toplar gibi, ağacın altında beklemek oldu. Elmalar tek tek kucağıma düşmeye başladı. Ağaca tırmanmaya gerek yok, zaten siz tırmandıkça ağacın dalları daha da uzuyor yani elmalar sizden uzaklaşıyor.

Bu adımda, Evren bütün fırsatlarını sizin ayağınıza getirecek. Siz sadece EVET demekle yükümlüsünüz.

Artık sadece gelen fırsatlara evet diyorum.

ALTIN KURAL

Sahip olmak istediğiniz her ne ise, eğer şu an olduğunuz yerden çok uzaktaysa, A'dan B'ye atlamaya çalışırken muhtemelen düşüp kafanızı gözünüzü yaracaksınız. Daha yakın mesafeleri seçin. B noktasını olabildiğince uzağa koyup, kıçınızın üstüne düştüğünüzü izlemek, EGOnun en çok keyif aldığı oyunlardan biridir. Size garezi olduğu için değil, sadece düştüğünüzde cidden çok komik göründüğünüz için. Ego bu oyunda çok eğleniyor, ya siz?

Kendine güvensizlik ve sürekli başkalarının onayını istemek

Halk arasındaki tabiriyle "yalakalık"...

Yine son derece sık görülen EGO oyunlarından biri de, sizi KENDİNİZE GÜVENSİZ hale getirmektir.

"BEN BECEREMEM, çocukken alınabilecek en kolay kararlardan biridir. Hatta "ben beceremem" grip salgını gibi son derece hızlı bir şekilde yayılmaya bile başlayabilir. Birçok farklı şekilde görünebilen. "Ben beceremem" virüsünün varlığını tespit etmek son derece kolaydır. Aşısı henüz bulunmamış olmakla birlikte, biraz üzerinde çalışarak yatağa düşmeden iyileşebilirsiniz.

– Nerede bizde o şans.
– Ne biliim, olmuyo işte.
– Sence yapabilir miyim?
– Yok abi, o iş hayatta olmaz.
– Tabii o adamla çıkacak, benimle çıkacak hali yok ya.
– Acaba bana bu sene prim verirler mi?

Eğer bu cümlelerden birini ya da benzerini kurduysanız, sizde de "KENDİNE GÜVENSİZLİK" bir şekilde var demektir.

Gerçekte kendine güvensizlik dediğimiz şeyin altında yatan duygu, BEN HAK ETMİYORUMdur. Sadece para ya da işle ilgili olanlardan bahsetmiyorum. Çok basit anlarda bile BEN HAK ETMİYORUM duygusu açığa çıkabilir. Bilgisayarda bir şey yapıyorsunuz ve BECEREMEDİNİZ. "Ayy ben anlamıyorum bu bilgisayarlardan yaaa uffff!" Şu an size son derece normal gelen bir cümle kurdunuz. Koca bilgisayar bu. İcat etmek için yüzlerce mühendis geceli gündüzlü çalışmış, ben kimim de bunu anlayacağım yahu? Ama işin aslı öyle değil. Siz bu cümleyi kurarken asıl söylediğiniz tam olarak şöyle "Ben bilgisayarlardan anlamayı HAK EDEN biri değilim" veya "Akıl dağıtılırken BANA KALMAMIŞ!"

Çok daha genel konuşayım.

"YAPAMADIĞINIZ HER NE İSE, yapamamanız için her ne mazereti öne sürüyorsanız sürün, O İŞİ YAPAN İNSAN OLMAYI HAK ETTİĞİNİZE İNANMADIĞINIZ İÇİN yapamıyorsunuz."

Gelin cümlelerimizi biraz açalım.

– Nerede bizde o şans.
Başkaları, yani O İŞİ yapanların, bunu becermesinin TEK nedeni var. ŞANS!!! Bende şans olmadığı için yapamıyorum. Biraz şans olsa canına okurum ortalığın, ama yok işte.

Kusura bakmayın ama maalesef ŞANS diye bir kavram Evren'de henüz yok. Siz isterseniz inanmaya devam edin. İyi ŞANSLAR!!!

– Ne biliim olmuyo işte.
Ahh canım yazıık... Deniyor deniyor ama bir türlü beceremiyor. Hadi biri garibana yardım etsin. O kadar çok duy-

dum ki DENİYORUM AMA OLMUYOO lafını, söyleyenleri bir araya toplasak, küçük çaplı bir ülke kurabiliriz.

Bakın DENEMEK ile ilgili hocamın çok güzel bir TESTi var.

Masanın üzerine bir kalem koyun. İki elinizi masanın üstüne, kalemin sağına ve soluna koyun. Üçe kadar sayın ve kalemi elinizle almayı DENEYİN.

Lütfen okumaya devam etmeden önce yapın bunu.

Kalem elinizde, sırıtarak okumaya devam ettiğinizi görebiliyorum.

Ben size kalemi elinize ALIN demedim. DENEYİN dedim.

Hadi şimdi tekrar kalemi masanın üzerine bırakın. Elleriniz masanın üzerinde. Kalemi elinize almayı DENEYİN.

Yine kalem elinizdeyse size sövmekten başka çarem kalmayacak.

Size kalemi ALIN demiyorum. DENEYİN diyorum!

Ee Aykut, sen de bokunu çıkartma. Ne demek "Alın demiyorum, deneyin diyorum?" Ulan kalemi ya eline alırsın ya da almazsın.

KESİNLİKLE HAKLISINIZ!

DENEMEK diye bir şey, dünya var olduğundan beri yoktu. Bundan sonra da olmayacak. Bir şeyi ya yaparsınız ya da yapmazsınız.

DENİYORUM OLMUYOR = Yapmıyorum.!!!!
DENİYORUM OLMUYOR = Yapmayı istemiyorum!!!!

Siz isterseniz DENEMEYE devam edin, iyi ŞANSLAR!

– Sence yapabilir miyim?
Sorduğunuza göre, muhtemelen cevap HAYIR. Hayır yapamazsınız. Yapabilecek olsaydınız sormazdınız, yapardınız.

Duymak istediğiniz ya "Aa şekerim tabii yaparsın" ya da "Valla bana zor gibi görünüyor, ben olsam yapamam." İki şekilde de kendinizi haklı çıkartmanın bir yolunu arıyorsunuz. İki arada bir derede, yani DENEME noktasındasınız.

– Yok abi, o iş hayatta olmaz.
Olabilecek gibi olsa, BEN YAPARDIM. Ben yapamadığıma göre, bende bir hata olmaması gerektiğine göre, bütün HATA İŞİN KENDİSİNDE.

İşin yapılabilirliğinin olmaması, sizin kendinize güvensizliğiniz ihtimalini tamamen ortadan kaldıracaktır. Siz de kendinize yüzde yüz güvenen bir insan olduğunuza göre, o iş aslında yapılması imkânsız bir iştir. Umarım EGOnun sizi ne güzel ikna ettiğini görüyorsunuzdur.

– Tabii o adamla çıkacak, benimle çıkacak hali yok ya.
Niye? Sen uzaylı mısın? Yoksa kendine son derece güvensiz biri misin?

Kendinizi bu kadar, bile bile, yerin dibine nasıl batırabiliyorsunuz? Bir de bunu sanki delikanlılıkmış gibi etrafa duyurmaktan da gurur duyuyorsunuz. Evren'e ne kadar yetersiz olduğunuzu avaz avaz bağırıp, sonra da merak ediyorsunuz niye bu kadar yetersiz olduğunuzu. En son aşamada ise, artık birtakım şeyler için ÇOK GEÇ olduğunu hissedip, güzelim atasözlerimizden birine sığınıyorsunuz: KÖR EŞEĞİN BİLE ALICISI OLURMUŞ! Siz kör eşek olmayı kabul ediyorsanız, ben size alıcı bulurum, hiç merak etmeyin.

– Acaba bana bu sene prim verirler mi?

Eğer gerçekten kendinize güveniyorsanız, prim alacak şekilde çalıştıysanız, NEDEN VERMESİNLER? Bu cümlenin tercümesi aslında şöyle bir şey: "Prim alacak kadar çalışmadım ama idare ederim. Yaptığım hataları ya da tam olarak yapmadığım işleri göz ardı ederlerse primi alırım. Yok etmezlerse, prim alamam."

PROBLEM

Kendime güvenmiyorum. Yapmak istediğim birçok şey var ama becerebileceğimi sanmıyorum.

1- SİZİ BU NOKTAYA GETİREN MUHTEMEL "EGO" OYUNLARI - ÇOCUKLUKTA ALINAN KARAR

Bugüne kadar gözlemlediğim iki tür "kendine güvensizlik" var. Biri bariz olanı, sizin de kabul ettiğiniz. Diğeriyse sizin bildiğiniz ama çok başarılı bir maskeyle sakladığınız. Daha doğrusu, "SAKLADIĞINIZI SANDIĞINIZ".

Eğer ilk gruptaysanız, işiniz çok kolay. İkinci grubun üyelerinden biriyseniz –ben öyleydim– önce kendine güvensiz olduğunuzu kabul etmeniz gerekecek. Bunu gazetelerde yayımlatmanıza gerek yok, sadece evde kendi kendinize kabul edin yeter. Size kötü bir haber vereyim, siz istediğiniz kadar saklamaya çalışın, etrafınızdakiler sizin ne mal olduğunuzu çok iyi biliyorlar.

Şöyle bir mantıktan yola çıkalım:

Kendinize gerçekten güvendiğiniz bir konuda, o konu açıldığında, ne olduğunuzu yirmi beş defa tekrarlama ihtiyacı duymazsınız. Eğer cümlelerinizde sık sık bir şeyi tekrarlıyorsanız, bu bir tek anlama gelir "Kendinizi ikna etmeye çalışıyorsunuz".

Şimdi bu kuralı öğrendiğinize göre, etrafınızdakileri daha iyi dinlemeye başlayın. Bakın neleri defalarca tekrar ediyorlar. Tekrarlanan cümlelerden karşıdakinin şeceresini o kadar güzel çıkartabilirsiniz ki.

– Ben aslında kıskanç bir adam değilim yahu. Kendime güveniyorum. Yani kıskanç bir adam olsam kız haklı, ama kıskanç değilim. Ben kıskanç olmadığım için bozuluyor zaten.

Anladık. Kıskanç değilsin. O zaman niye ha bire tekrar ediyorsun?

Öğrencilerime verdiğim bir örneği sizlerle de paylaşayım.

Diyelim sokakta yürürken, yedi sekiz yaşlarında bir çocuk yanınıza yaklaştı ve "Abi para ver yaa yoksa seni döverim" dedi. Şöyle bir baktınız. Elinizin tersiyle itseniz ikiye ayrılacak kadar cılız bir oğlan. Ne yaparsınız?

– Hadi evladım git işine.
– Annen, baban yok mu senin yahu?
– Gülersiniz.
– Ya da aldırmadan yürümeye devam edersiniz.

Şimdi aynı senaryoda küçük bir değişiklik yapalım.

Kahramanımız yedi sekiz yaşında değil, otuz yaşlarında ve oldukça iri yapılı olsun. Aynı sokaktasınız, birdenbire yanınıza yaklaştı ve "Para ver yoksa döverim" dedi. Bu arada söylemeyi unuttum, boyu da sizden uzun. Şimdi yapacaklarınız bir öncekinden çok farklı olacaktır. Belki yine yürüyüp gitmeyi tercih edeceksiniz ama peşinizden geliyorsa;

– Polis çağırmakla tehdit edersiniz.
– "Döverim ulan seni" dersiniz.
– "Ben kara kuşak sahibiyim!" dersiniz.

Artık ne dersiniz ya da yaparsınız bilemem. Ama korkacağınız kesin. İlk örnekte hiçbir şey bile yapmaya gerek duymayacak kadar sakin kalabilirken, ikinci örnekte İSPATLAMANIZ GEREKEN bir şeyler olduğu için –hatta belki de sahip olmadığınız ve varmış gibi göstermeniz gereken şeyler olduğu için– birtakım İSPAT yöntemlerine başvurursunuz. Amacınız artık, karşı tarafı İKNA etmeye yöneliktir.

Aynı şey arkadaşlarınızla olan sohbetlerinizde bile geçerli. Ego sizi YETERSİZ olduğunuza ikna ettiği an, siz, KARŞI TARAFI ve dolaylı olarak kendinizi, yeterli olduğunuza ikna etmeye çalışırsınız.

Bakın eskiden ben bu işi nasıl yapardım.

Los Angeles'a yeni taşındığım sıralarda hâlâ garson olarak çalışıyordum. O ana kadar New York'ta hatırı sayılır oyunculuk işleri yapmış olmama rağmen, egomun ikna gücü sayesinde kendime olan güvensizliğim devam ediyordu.

O sıralar yeni biriyle tanıştığımda, önce onları dinler ve kim olduklarını anlamaya çalışırdım. Eğer karşı taraf –benim kafama göre– benden daha az başarılı bir durumdaysa normal sohbetime devam ederdim. Yok eğer benden daha başarılı oldukları hissine kapıldıysam hemen bir yolunu bulur ve sorulmadığı halde kendi başarılarımdan –güya hiç çaktırmadan– bahsetmeye başlardım.

– Ee siz ne iş yapıyorsunuz.
– Ben oyuncuyum.
– Ne güzel. Hangi filmlerde oynadınız?
– İsa'nın hayatını oynadığım bir film vardı. Şu Chapman ödüllerinde en iyi erkek oyuncu ödülünü alan film.
– Yok seyretmedim.
– Ben aldım ödülü!
–???
– Yani çok önemli değil tabii. Belki filmi hatırlarsınız diye söyledim. *Los Angeles Times* gazetesi de haber yaptı beni.
– Tebrikler. Şimdi ne yapıyorsunuz?
– Gelen projeleri değerlendiriyorum.

Ne projesi? Ne geleni? Hâlâ garsonum. Sana kim sordu ödül aldın mı diye? Adam sana hiç gazetede haberin çıktı mı diye de sormadı. Söylediklerimin hepsi doğru, yalan değil ama o an kimse sormadı ama ben kendimi ispatlamak zorunda hissettim. Neden? Çünkü kendime olan güvenim yerlerde sürünüyordu.

İşte siz de bu durumda GİZLİ KENDİNE GÜVENSİZLERDENseniz, bir an önce bunu kabul edin.

Eğer ettiyseniz, devam edelim.

Yine uzun seneler önce gerçekleşmiş bir olayın sonuçlarını yaşıyorsunuz.

BELKİ;

– Bir gün mutfakta annenize yardım etmek istediniz. Ocakta pişen yemeğe doğru yöneldiniz ve o sırada anneniz –sizi korumak için– "Dur hayatım, şimdi dökersin sen onu. Sen git içeri kardeşinle oyna" dedi.

Karar: Ben hiçbir şey beceremiyorum ve annem de bunu biliyor.

– Verilen ev ödevi gereği bir resim çizdiniz. Resminizde güneşi maviye boyadınız. Evdekilere büyük bir zevkle resmi gösterdiniz ve size "Aa Güneş hiç mavi olur mu evladım, bu ne böyle?" dediler. Sizin de yaşınız "Picasso böyle çizerek dünya çapında bir ressam oldu" demeye uygun olmadığı için onlara inandınız.

Karar: Ben resim yapmayı bile beceremiyorum. Bak annem ve babam beğenmiyor beni.

– Kilolu bir çocuktunuz ve aileniz sizinle "inek" diye şakalaşıyordu. Amaçları sizi kırmak değildi. O zamanlar şaka henüz kakaya dönüşmemişti o kadar.

Karar: Ben normal değilim. İnek gibi bir yaratığım. Çirkinim.

(Hiç abarttığımı sanmayın. İşte bu benim güvensizliğimin nedenlerinden biriydi.)

İlkokulda bir hocam vardı. Çok tatlı ve sakin bir kadındı. Beş yıllık ilkokul eğitimimde sadece bir kere bağırdığını duydum. Mustafa Kemal isimli biri vardı sınıfta. Hayal meyal hatırlıyorum çocuğu. Tek aklımda kalan, okulun yakınlarında bulunan bir apartmanın kapıcısının oğlu olduğuydu. O gün her ne olduysa, Mustafa bizim hocayı çileden çıkarttı. Hocamın Mustafa'ya nasıl bağırdığını cümle cümle hatırlıyorum:

"Senden ne köy olur ne kasaba. Bir de adını Mustafa Kemal koymuşlar. Sen kim Mustafa Kemal olmak kim. Senden ancak kapıcının oğlu Kemal olur."

– Belki, ilkokul hocanız size bir "hiç" olduğunuzu söyledi. Hayatta hiçbir bok olamayacağınızı da eklemeyi ihmal etmedi.

Karar: "Hocam bile beni beğenmiyorsa, kim beğenecek. Ben zavallı bir kapıcı oğluyum" dediniz.

Eğer Mustafa bugün kendine güvensiz, bir baltaya sap olamadığını düşünen, zar zor geçim şartları içinde bir hayat yaşıyorsa, hiç şaşırmam. O günle ilgili ne karar aldıysa, onun sonuçlarını yaşıyor.

– Bir şiir yazdınız. Çocukluk hali, bir dergide yayınlanmış bir şiirden etkilenmiş ve kısmen kopyalamış olabilirsiniz. Sizi kendi şiirinizi yazmaya teşvik edecekleri yerde, hırsızlıkla suçladılar.

Karar: Çok yanlış bir şey yaptım. Ben işe yaramazın tekiyim.

2- EVREN SİZE, ALDIĞINIZ KARARLARA UYGUN BİR GERÇEKLİK HAZIRLADI

Eğer siz, işe yaramaz, beğenilmeyen, istenmeyen, çirkin, aptal, beceriksiz olduğunuz kararlarından birini ya da birkaçını aldıysanız, Evren size bunu doğrulayacak bir gerçeklik hazırladı.

Gelin demin bahsettiğim İNEK örneğine dönelim.

Çocukluğumda oldukça kiloluydum. O zamanlar, olmam

gerekenden kaç kilo daha fazlaydım hatırlamıyorum ama tek bildiğim, pantolonlarımı iki ucundan tuttuğunuzda yelkenli gibi görünürlerdi. İlk olarak kim ve neden başlattıysa başlattı, İNEK bir süre sonra benim lakabım oldu. Çalışkan olduğum için değil, İNEK gibi göründüğüm için. Beni çok seven bir ailem vardı ama şakalarının ileride beni nereye götüreceğini düşünemiyorlardı.

Ben bir ineğe benzediğimi düşünerek geçirdim bütün çocukluğumu. Hatta bir süre sonra ben bile şakalarına –bile bile– malzeme vermeye başlamıştım. Ne zaman inek deseler möölemeye başlıyordum. Bile bile dedim çünkü bu yolla dahi olsa, ilgi çekmek hoşuma gitmişti.

Yıllar sonra, ortaokul sıralarında, inek şakalarının dozu iyice artmıştı. Hatta arada kavga ettiğimizde babam bana "Terbiyesiz inek" diye bile bağırırdı.

Sonra hastalığı ilerlediği için evin havası değişmiş ve inek olayı tamamen rafa kalkmıştı. ACABA?

3- ALDIĞINIZ KARARLARIN SONUÇLARINI YAŞAYACAKSINIZ

İnek olduğuma, çirkin ve beceriksiz olduğuma inanmanın sonuçlarını elbette yaşadım.

Liseden sonra üniversite zamanı gelip çattığında, hâlâ oldukça kiloluydum. Size söylemiştim, konservatuvar sınavlarına ilk girdiğim sene yaklaşık 130-135 kilo vardım.

Şakalar bitmişti bitmesine ama ben hâlâ, içten içe bir inek olduğuma inanıyordum. Yani karar alınmıştı bir kere.

Konservatuvarın ilk senesinin sonlarına doğru Evren, bana aldığım kararın sonuçlarını yaşatmaya başlamıştı.

Bakın nasıl oldu.

Okulda çok güzel dostluklar edindim diyebilirim. En büyük zevkimiz, derslerden sonra okulun avlusunda ya da hava soğuksa kantinde oturmaktı. O zamanlar, Hacettepe Üniversitesi Konservatuvarı'nda, bütün sanat bölümleri aynı binanın içindeydi ve ortak bir avluyu kullanırdı. Bir gün yine diğer bölümlerden öğrencilerle avluda oturmuş geyik yaparken, Teymuralp geldi yanıma. O zamanlar sık sık birlikte takılırdık. "Hadi akşam bir şeyler yapalım" dedi. Ben gidemeyeceğimi çünkü bir işim olduğunu söyledim. İki gün önce Türk Hava Kurumu'nun "model uçak" kurslarına yazılmıştım ve o akşam ilk defa uçuşa gidecektim.

– Ne işin var oğlum?
– Uçuşa gideceğim bu akşam.

Konservatuvar tarihine geçen yeni lakabım bu cümleden sonra takılmıştı.

– Çocuklar bizim UÇAN BİR DANAMIZ varmış yahu!!!

Lakabım UÇAN DANA olmuştu. Doksanların başında konservatuvarda okuyanlardan tanıdıklarınız varsa UÇAN DANA neydi, kimdi diye bir sorun.

O günden sonra, uçan dana aşağı, uçan dana yukarı, herkes bana uçan dana demeye başladı. İneklikten, danalığa hem de uçan cinsine terfi etmiştim.

"Evrenden torpilim var" derken abartmamışım değil mi? Her istediğimi yapar bu Evren sağ olsun, hiç kırmaz beni.

4- SEÇİM ANI

İlk defa işe yaramaz olduğuma inandığım andan sonra birçok defa SEÇİM ANI yakaladım. Hemen hemen HER SANİYE. Her birinde oyunu baştan oynamaya karar verdim. İNEK olduğuma İNANDIM ve tablonun en başına döndüm. Olaylar gelişti ve tekrar seçim anı geldiğinde, YİNE inek olduğuma inanıp tablonun başına döndüm. Sonra bir diğer seçim anı geldi, ben yine inek olduğuma inanıp en başa döndüm. Bu kısır döngü yıllarca sürdü ve benimle birlikte gittiğim her yere geldi.

İneğe benzetilmek bende "kendine güvensizlik" olarak şekillenmeye başladı. Çok doğal, siz hiç kendine güvenen bir inek gördünüz mü?

Fiziksel olarak kendime hiç güvenmediğim için, bir süre sonra artık başkalarının ONAYINA ihtiyaç duymaya başladım. Biri bana bir kompliman yapsa –yalan bile olsa– hemen inanırdım. Ancak başkalarından aldığım onaylarla DOYUMA ulaşabildiğim için, onay alabilmek adına yapmadığım şaklabanlık kalmıyordu. İşte buna da yalakalık diyoruz.

Benim örneğimde, inek sadece bir benzetme tabii ki ama bende yarattığı birtakım etkileri olduğu da kesin. Uzun yıllar, kendimi hep, geviş getiren, koca göbekli, çirkin bir yaratıkla özdeşleştirdim durdum. Lise yıllarımda ve sonrasında, karşı cinsle kurmaya kalktığım ilişkileri etkiledi, yeni girdiğim bir grup içinde davranışlarımı etkiledi. Özümde kendime güvenmediğim, kendim için çizdiğim imajım bir İNEK olduğundan, özgüvensizliğimi hep maskeler kullanarak saklamaya çalıştım.

Grubun soytarısı hep ben oldum. İnsanları güldürdükçe benim gerçek halimi fark etmezler belki diye düşündüm. Güldürdüğüm sürece, tek ilgilendikleri kendileriydi.

– İşte grup soytarılarının altında ne yattığını şimdi biliyorsunuz.

Herkesin bir şekilde hatalarını bulmaya çaba sarf ettim ve bunda çok da başarılı oldum. Ben onların hatalarını önce bulursam benim hatalarımın konuşulmasına fırsat kalmaz zannediyordum.

– Grubunuzun içinde bulunan ukalanın aslında ne yaptığını anlıyorsunuz artık.

Hiçbir şeyi beğenmemeye başladım. "Bir insan hiçbir şeyi beğenmiyorsa, yani kolay kolay hiçbir şeye onay vermiyorsa, çok özel zevkleri, çok özel istekleri olan, çok özel bir insan olmalıdır" gibi abuk sabuk bir mantıkla arkadaşlarım arasında ÖZEL bir yer almaya çabaladım.

– Şimdi arkadaş grubunuzda hiçbir haltı beğenmeyen tipin niye beğenmediğini anlamışsınızdır.

Maskelerimi kullanmadan hemen önce SEÇİM ANLARI yakalamıştım. Ama ben hep maskeleri kullanıp, başa dönmeyi seçtim.

ÇÖZÜM: GÜLÜMSE – ODAKLAN – DEĞİŞTİR

İçinde bulunduğunuz duruma gülümseyebilmeniz lazım. Gülümseyebilmenin anlamı, içinde bulunduğunuz durumla barışık olmanız demektir.

Hayatta karşılaştığınız her sorun için kendinize aynı soruyu sorabilirsiniz. "Bu sorun hayatımda olmasaydı KİM OLURDUM?" Artık biliyorsunuz ama tekrarlamak istiyorum "burada duygusal dünyanızdan bahsediyoruz".

Özgüvensiz BEN	Özgüveni olan BEN
İnsanlara açılamıyorum. Kendimi kolay kolay insanlara açmıyorum.	İçim dışım bir. Korkacak çekinecek hiçbir şeyim yok.
İçime kapanıyorum. Sosyal ortamlara bile girmek istemiyorum.	Arkadaşlarımla olmak, mutluluğumu onlarla paylaşmak hoşuma gidiyor.
Aynaya baktığımda gördüğüm surat ve altında yatan kişi hiç hoşuma gitmiyor.	Her alışverişe çıktığımda eve bir ayna daha alıyorum Bayılıyorum bu surata.

Devamını da siz doldurun. Bakalım özgüven konusunda sağ ve sol taraf arasında bir fark olacak mı?

Gülümseme adımı anlatırken hep kullandığım bir cümle vardır. "İçinde olduğunuz duruma gülüp geçebilecek hale gelmelisiniz". Birçok öğrencim bunu –hatta ilk öğrendiğimde ben de– "Durumu kabullenip yaşama bu sorunla devam etmek" hatta "Polyannacılık" oynamak olarak algıladılar. Aslında bu hem doğru hem de yanlış bir gözlem.

Evet, doğrudur, durumu kabullenmeniz gerekiyor. Ama bu, hayatınız boyunca bu durumu HİÇ değiştiremeyeceksiniz anlamına gelmiyor. "Kabullenmek" sadece, değiştirebilme sürecinizi hızlandıracak bir adım, o kadar. Kabullenmeyi sahte bir şekilde maalesef yapamazsınız. Beni kandırabilirsiniz, etrafınızdakileri de öyle ama Evren'i kandıramazsınız. O hâlâ sizin frekansınıza, gerçek inanç sisteminize göre yaratmaya devam edecektir.

Kendime olan güvensizliğimle ilgili GÜLÜMSEMEYE başlamam çok uzun sürmedi. Değişmeye ilk karar verdiğim sırada, ne yaparsam yapayım bir işe yaramıyordu. EGO beni her seferinde bir güzel ikna ediyor ve ben yine abuk sabuk şekillerde, NE KADAR BAŞARILI olduğumu, kendime ve başkalarına anlatmaya çalışıyordum.

Sonunda "Susma Yöntemi"ni geliştirdim. Bu, içinize atmakla aynı şey değil, aman dikkat edin.

Aslında "Susma Yöntemi"ne daha uzun bir isim vermek gerekirse, "Konuşmadan önce, söylemek üzere olduğunuz cümleyi, neden söyleme ihtiyacı duyduğunuzu iyice anlamak" diyebiliriz.

EGO sizi bir defa ikna etti mi, siz bir önlem almadıkça, kartopunun çığ halini alması gibi büyüyerek yoluna devam eder. Hatta yalan söylemeye kadar götürür sizi. Ben de "en azından kartopu, kartopu olarak kalsın, çığ haline gelmesin" mantığından yola çıkarak, farklı bir yol izlemeye başladım.

Kararı aldıktan sonra ağzımdan çıkan her cümleyi tartmaya başladım.

Şimdi vereceğim örneklerde parantez içinde ( ) yazacağım cümleler DÜŞÜNCELERİM hatta bazen, YALAN olan düşüncelerim. Normal yazılmış olanlar ise, ağzımdan çıkanlardır.

– Demek Los Angeles'ta yaşıyorsunuz.
– **Evet, dört senedir buradayım**. (Şimdi bana ne iş yaptığımı soracak.)
– Ee neyle uğraşıyorsunuz?
(OYUNCUYUM... HEM DE EN İYİSİ... ÇOK BAŞARILIYIIIIMMMMMM!!!)
Garsonum!

Ya da

– Aykut bak bu benim arkadaşım falanca, kendisi oyuncu.
– (Ya eminim öyledir. İki kıçı kırık filmde oynamış, şimdi ortalıkta oyuncuyum diye dolaşıyordur.) **Merhabalar, tanıştığımıza memnun oldum!**
– Kendisi şu an bir film için elemelere katılıyor.
– (Seni de, katıldığın elemeyi de...) **Aa ne güzel. Tebrikler.**
– Ee sen bu aralar ne yapıyorsun? Yeni bir proje var mı?
– (Tabii var. Hatta bazılarını reddetmek zorunda kalacağım. Steven Spielberg çok istiyor benimle çalışmayı ama benim vaktim yok. Çünkü restoranda haftada yedi gün çalışıyorum.) **Dur bakalım var bir şeyler.**
– Benim filmin gala gecesi var yarın, gelmek ister misin?

– (Geleyim de sinirimden çatlayayım mı istiyorsun. İki angut geçmiş kamera karşısına, film çektik diye dolaşıyorsunuz ortalıkta!) **Aa harika olur!** (Sen de bir şeyler söyle!!! UYDUR GEREKİRSE!!!) **Ben de geçen gün** (İki filmden teklif aldım!!! SÖYLE!!! Nereden bilecekler doğru olmadığını!!! SÖYLE ULAN!!!) **Ben de geçen gün falancayı gördüm, senden bahsettik.** (SALLAAAKKK!!! Fıstık gibi fırsatı kaçırdın... Ne güzel atacaktık havamızı!)

– Neyse biz artık gidelim. Bizim filmle ilgili basın toplantısına yetişmemiz gerek.

– (Muhabirin mikrofonu bir tarafına... umarım.) **Tamam, ben sizi tutmayayım.**

– Yarın akşam mutlaka gel ama...

– **Hayatta kaçırmam.** (Senin filminin galasına gelen senin gibi olsun!)

Hâlâ gülümsemeyi beceremiyordum ama en azından EGOmu daha fazla doyurmamaya karar vermiştim. EGOmu perhize sokmuştum da diyebiliriz. Artık çikolata yemek yasaktı EGOm için.

Kısa bir süre sonra çok ilginç bir şeyin farkına vardım.

Konuşmalarıma EGO dahil olmamasına rağmen, hayatımda hiç de KORKUNÇ bir şey olmamıştı. İnsanlarla olan ilişkim aynen devam ediyordu. Kendime güvenmem ya da güvenmemem, bunu ispatlamak için yalan söylemem ya da söylememem, onlar için HİÇBİR ŞEY İFADE ETMİYORDU. Ben hâlâ aynı Aykut'tum onların gözünde. Bugüne kadar hissettiklerim sadece EGOmun bir kandırmacasıydı. KENDİMİ yalan yanlış ispatlama İHTİYACIM, ufak ufak ortadan kalkmaya başlamıştı.

Bir süre sonra gülümsemeyi becermiştim. Uzun süredir doğru dürüst yemek yemeyen EGOm açlıktan bayılmıştı herhalde. EGO hiperaktif değilken, onunla konuşmaya başlamak çok daha kolay olmuştu benim için.

ADIM İKİ: ODAKLAN

Ne yöne gitmek istediğinizi Evren'e AÇIK ve NET bir şekilde söylemeniz gerek.

Eğer, "özgüven" üzerinde çalışıyorsanız ve ilk adım olan "özgüvensizliğinize GÜLÜMSEMEYİ" becerdiyseniz, hemen ikinci adıma yani ODAKLANMAYA geçin.

Özgüveni olan SİZ, nasıl olurdunuz? Nasıl bir davranış sergilerdiniz? Sabah markete gittiğinizde kasadaki kişiye nasıl gülümserdiniz? Annenizle telefonda nasıl konuşurdunuz? Arkadaşlarınızla olan ilişkilerinizde, nasıl bir SİZ olurdunuz?

Odağınızı küçük adımlarla da olsa değiştirmeye başlayın.

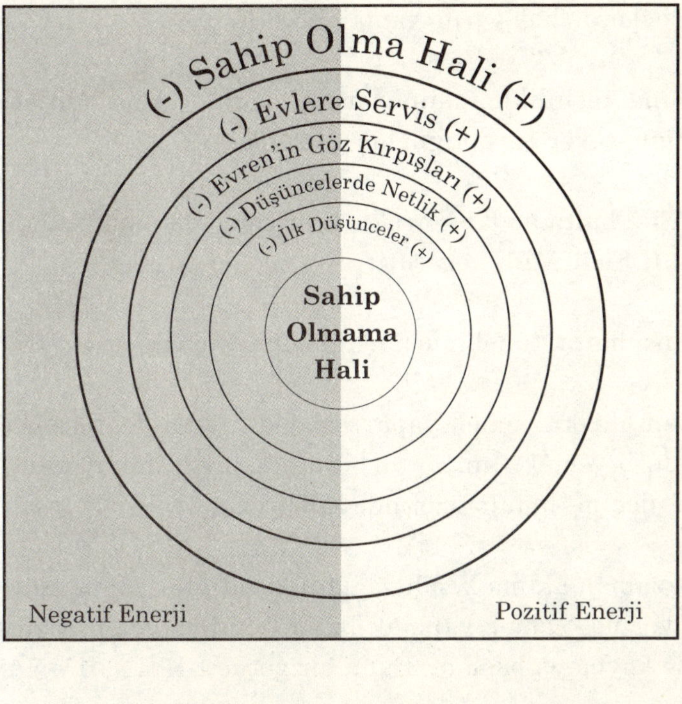

A- Sahip olmama hali
Özgüvenim yok. İnsanlar ne derse onaylıyorum.

B- İlk düşünceler
Elbette bu adımda EGO, sizi neden özgüvensiz olduğunuza çok güzel ikna edecek.

– *Bak falanca şöyle başarılı, bir de kendi hayatına bak.*
Ne taraftasınız? NEGATİF.

– *Elbette ben bir şey beceremem çünkü!*
Ne taraftasınız? NEGATİF.

Öğrencilerimden biri özgüven üzerinde çalışmak üzere ilk başladığında inandığı tek bir gerçeklik vardı:
"Benim gerçekten becerebildiğim hiçbir şey yok. Yapabildiğim şeyler de hep yarım yamalak."

"Buna kesinlikle inanmıyorum" dedim. "Ama mutlaka iyi yaptığın, severek yaptığın bir şey olmalı."

Bir iki hafta kadar gerçekten bir şey bulamadı. Aklına her gelen İLK CÜMLE negatifti.

İkinci hafta, tünelin ucundaki ışık göründü.

"Ben harika yemek yaparım" dedi. Şaka değildi. Cidden çok güzel yemek yapıyor ve bununla gurur duyuyordu. "Tamam" dedim "bunun üzerinde çalışıyoruz."

Ne zaman aklına kendiyle ilgili negatif bir cümle gelse hemen yerine "yemek yapmak"la ilgili aklına gelen pozitif bir cümle koymaya başladı. Buna bir yerde BEYİN JİMNASTİ-

ĞI diyebiliriz. Kendiyle ilgili negatif düşünmeye o kadar alışmıştı ki, pozitif bir düşünce artık otomatik olarak aklına gelemiyordu bile. Kısa bir süre sonra, kendiyle ilgili daha pozitif düşünmeye başlayınca, bir sonraki adımı atmamız daha kolay bir hal almıştı.

C- Düşüncelerde netlik

Bir süredir kendisiyle ilgili pozitifi olan –gurur duyduğu– kısımları bulmaya başladıkça, KENDİNE GÜVENEN biri olmanın ne demek olduğunu yavaş yavaş da olsa, anlamaya başlamıştı.

"Ben hiçbir şey beceremem" gibi cümleler yerine, "Benim de iyi olduğum noktalar var, şu şu ve şu alanlarda kendime güveniyorum" gibi cümleler kurmaya başlayabildiği için, kafasında, özgüveni tam olan birini yaratması daha kolay olmaya başladı.

– Son derece keyifli arkadaşlıklar kurabilen biriyim.
– Çok güzel yemek yapıyorum.
– Evde arkadaşlarımızı ağırlarken çok güzel vakit geçirebiliyoruz.
– Mesleğimde son derece başarılı bir noktaya geldim.

Kendine güvendiği her an, neler hissettiğini gözlemledi, notlar aldı ve kendine güvenmediği zamanlarda bu notları okuyarak düşüncelerine netlik getirdi.

D- Evrenin ilk göz kırpışları

Kendi üstünde çalışmaya başladıktan kısa bir süre sonra, Evren'in ilk göz kırpışlarını deneyimlemeye başladı.

Şimdi size anlatacağım olay, aslında hiç istenmeyen bir durum gibi gelebilir ama biraz sabır gösterin, anlayacaksınız.

Bir gün uzakta oturan ailesini ziyarete gittiler. Sabahtan özene bezene hazırladığı köfteleri paketledi ve akşam gittikleri evde pişirip sofraya koydu. Yemek konusunda kendine sonsuz bir güveni vardı. Babası köftelerden birinin tadına baktı ve "Bu ne yahu? Çok kuru bunlar!" deyip köfteye dokunmadı bile.

Hatırladıkça hâlâ gülme tutar beni. "Ne hissettin o an?" diye sorduğumda, "Kafasından aşağı geçirecektim köfte tabağını" dedi.

O güne kadar bırakın kafadan aşağı köfte tabağı geçirebilmeyi, böyle bir durum karşısında tek yapabildiği, odaya çekilip hüngür hüngür ağlamak olurdu.

Sakın yanlış anlamayın. Ben size "Gidin birinin kafasında köfte tabağı kırın, bu geliştiğinizin göstergesidir" DEMİYORUM!

Sadece şunu unutmayın diyorum:

– Kitap okuyarak araba kullanmayı
– Bodrum resimlerine bakarak tatil yapmayı
– Üniversite kapısından göz atarak diploma almayı
– İçki masalarında Türkiye'yi kurtararak politika yapmayı

BECEREMEZSİNİZ. Yok öyle bir şey.

– Arabanın içine binip kullanacak
– Tatile gidip dinlenecek
– Derslere girip mezun olacak
– Ve politikaya aktif olarak girip ne istiyorsanız

YAPACAKSINIZ!

Egzersiz yapmak zorundasınız. Size daha önce söyledim bunu ve bir daha tekrar ediyorum. "BİR MAĞARAYA ÇEKİLİP, BEN ERDİM ARTIK, götüm göğe yükseldi, oramdan buramdan ışıklar saçıyorum" demek çok kolay. Gelin, şehrin göbeğinde, kavga gürültünün ortasında, trafiğin içinde, ev kirası öderken, patronla kavga ederken "ERin". Ben de göreyim.

Pratik yaparken Evren size pratik yapmanıza yarayacak örnekler sunacak.

Kendine güveni olmayan birinin eve kapandığını, hiç kimseyle görüşmediğini, eşi, işi, arkadaşları olmadığını düşünün. Bu insan özgüvenini nasıl kazanabilir? Bence kazanamaz. Eğer bunun yöntemini bilen varsa, seve seve öğrenmeye hazırım. Ben bilmiyorum.

İşte öğrencimin başına gelen de buydu. Pratik yapma imkânı! O gün ilk defa farklı bir tepki verdiğini görmesi, gelişmesi yolundaki ilk adımdı. Tabağı babasının kafasında kırsaydı sonuçları ne olurdu bilemiyorum. Ama her ne olursa olsun, odasına çekilip hüngür sümük ağlamaktan daha iyi bence.

Bu kadar sinirlenmek, ulaşılabilecek EN İDEAL nokta mı? Elbette değil. Ama unutmayın: BEBEK ADIMLARI. Bu sefer sinirlendiniz, gelecek sefer suskunluğu seçersiniz, bir sonrakine başka bir alternatif. Gittikçe düzelecek bu durum. Siz yeter ki PRATİK yapmaya devam edin.

F- Sahip olma hali

Siz pratik yapmaya devam ettikçe, sahip olma yani

KENDİNE GÜVENEN BİRİ OLMA durumuna geçiş yapmaya başlayacaksınız. Kurduğunuz cümleler "Kendime güvenmiyorum"dan "KENDİME GÜVENİYORUM" tarafına doğru kaymaya başlayacak.

Tabloda, her pozitif taraftan yaptığınız çıkış bir süre sonra sizin gerçekliğiniz halini almaya başlayacak.

ADIM ÜÇ: DEĞİŞTİR

Öğrencim pozitife kaymaya başladıkça, hayatında o ana kadar var olmayan bazı pozitif olaylar belirmeye başladı. Bir süredir kiraya veremediği evini bile, tam istediği şartlarla, kiraya verdi. Hafta sonlarını eşiyle daha keyifli bir şekilde geçirmeye başladı. Ailesiyle olan ilişkilerinde inanılmaz gelişmeler yaşadı.

Değişim kendi kendine olmaya başlamıştı bile. Bir süre sonra etrafına şöyle bir bakındığında, artık GÜVENİNİ SARSACAK olaylar bile yaşamadığını fark etti.

Kendisiyle başka bir konuya yöneldik ve özgüven olayından bir daha hiç bahsetmedik.

ALTIN KURAL

Herkesin sizi onaylamasını, sevmesini istiyorsanız, İYİ ŞANSLAR! Çünkü yok öyle bir şey! Siz kendinizi sevin ve onaylayın yeter.

Size şunu sorayım:
Sizce Tanrı mükemmel ve kusursuz mu?
Birçoğunuz buna evet diyecektir.

Öyle olmasına rağmen, Tanrı'yı bile SEVMEYENLER var. Hadi bakalım buyrun buradan yakın. Tanrı bile herkesin onayını alamıyorken size ne oluyor da herkesin onayını alma hayaliyle yaşıyorsunuz?

Bazı kavramlara şöyle bir göz atalım

- **MUTLULUK - TATMİN**
- **YALAN SÖYLEMEK**
- **KIYAS YAPMAK**
- **SİNİRLENMEK – ÇEMKİRMEK**

Tekniğimizin, sorunlara uygulanmasını üç aşağı beş yukarı anladığınıza eminim. Şimdilik sadece dört problemi ele aldım.

Şimdi, çok sık kullandığımız ama bir o kadar da yanlış kullandığımız bazı terimlerden bahsetmek istiyorum. Bunları anlamanız, günlük yaşamda kullanımlarını değiştirmeye başlamanız hem kendinizi daha iyi tanımanızı hem de etrafınızda olan olayları gözlemlerken, daha sağlıklı yaklaşımlarda bulunmanızı sağlayacak.

Mutluluk - tatmin

Nen var Süheyla? Solgunsun.
Hiç mes'ut değilim Adnan!

Mutluluk kelimesini oldukça sık kullanıyoruz ve TATMİN kelimesi yerine kullanmaya başlamışız. MUTLULUK ve TATMİN, gece ve gündüz kadar birbirinden ayrı iki kavramdır.

Mutluluk, BİR SEÇENEK,
Tatmin, OLAYLARIN SONUÇLARINDA HİSSEDİLEN
Bir duygudur.

Mutluluk, BİR SEÇENEK,
Tatmin, OLAYLARA ENDEKSLİ bir kavramdır.

Mutluluk, BİR SEÇENEK,
Tatmin, sahip olduklarınız ve olmadıklarınızla her dakika DEĞİŞEBİLEN bir kavramdır.

Ufak ufak irdelemeye başlayalım ne demek istediğimi.

– Annem geliyor, çok MUTLUYUM.

– Kocam bana yeni bir bilmem ne aldı, çok MUTLUYUM.
– Ayy kahve falımda üç vakte kadar kısmetin var dedi kadın, çok MUTLUYUM.
– Karımla aram bu sıralar çok iyi, çok MUTLUYUM.
– Maaşıma zam geldi, çok MUTLUYUM.
– İstediğim işi aldım, çok MUTLUYUM.

"Eee neresi yanlış bu cümlelerin?"

Bu cümlelerde MUTLULUĞUNUZ sürekli etrafınızda olan birtakım olayların SONUÇLARINA endeksli.

"Ee normali bu değil mi?"

Hayır değil. Eğer mutluluk formülünüz şöyle ise:

FALANCA OLAYIN OLMASI = MUTLULUK

Falanca olay olmadığında bu formül aynen şöyle değişir.

FALANCA OLAYIN OLMAMASI = MUTSUZLUK

Bu da demektir ki, mutluluğunuz aslında pamuk ipliğine bağlı. Başkalarının ne dediğine, nasıl davrandığına, olayların nasıl geliştiğine bağlı. Yani HER AN DEĞİŞEBİLİR! Valla kolay gelsin. İnsan herhalde böyle bir mutluluk anlayışıyla kafayı yer. Çok ciddiyim.

– Annem gelmiyor. MUTSUZUM
– Kocam bana bi bok almamış. MUTSUZUM.
– Kahve falına bakan kadın kahveyi döktü, geleceğimin canına okudu. MUTSUZUM
– Karımla aram kötü, MUTSUZUM.

– Zam alamadım, MUTSUZUM.
– İşi alamadım, MUTSUZUM.

Eğer gerçekten mutluluk böyle sonuçlara endeksli bir kavram olsaydı, fakir ama mutlu insanları, kimsesiz ama mutlu bir yetimi nasıl açıklayabiliyorsunuz?

Yarın sokağa çıktığınızda şöyle bir etrafınıza bakın. Hayır, vitrinlere değil. Normalde başınızı çevirip bakmayacağınız insanları seyredin. Çok dikkatli seyredin.

Sokağı süpüren Ahmet Amca'ya şöyle dikkatle bakın. Köşedeki büfede çalışan kumpir ustasının gözlerine bakın. Duvarın üstünde oturan liseli gençlere bir bakın. Birçoğunun gözünde belki hüzün göreceksiniz, doğrudur. Ama eminim bir kere bile olsa, birinin yüzünde öyle bir gülümseme yakalayacaksınız ki, gözlerinize inanamayacaksınız. Bu durumda, bir insan nasıl böyle içten gülebilir diyeceksiniz.

Bir film setine gidiyordum. İstanbul'u henüz tam bilmediğim ve keşfetmeye çalıştığım için dolmuşla gitmeye karar verdim. Semtin adını şimdi hatırlamıyorum ama son derece döküntü bir mekânda, bir sürü minibüs vardı. Orası ana duraklarıymış. "Oraya git, oradan istediğin yere araç bulursun" dediler. Ben de gittim. Benim gideceğim semtin aracını buldum ve dolmasını beklemeye başladım. Terminal mi artık her neyse orası, son derece yıkık dökük ve pislik içindeydi. İçeride otururken, pencereden dışarıyı seyretmeye başladım. Minibüs şoförlerini, çay içmelerini, ellerinde torbalarıyla zar zor yürüyen insanları, gözlerindeki hüznü seyrederken çok ilginç bir şey oldu. İlerden seke seke bir şey yaklaştı bizim araca doğru. "Bir şey" diyorum çünkü tam olarak ne olduğunu anlamadım başta. Yuvarlana yuvarlana geliyordu.

Yaklaşıp bizim aracın yanında durunca anladım ki, hemen hemen vücudunun hiçbir yerinde düzgün bir tek kemiği bile olmayan, en fazla yirmi yaşlarında bir genç. Tabirimi mazur görün ama kullanmak zorundayım, ki size o genci tam olarak anlatabileyim. Hani "köyün delisi" deriz ya. İşte "terminalin delisi" bu gençti. Konuştuklarını ben anlayamıyordum ama belli ki her gün o civarda takıldığı için, bütün şoförler gencin ne dediğini, daha doğrusu demeye çalıştığını anlıyorlardı.

Şoförlerden biri yavaşça gence arkadan yaklaştı ve poposuna bir parmak attı. Bir an neye uğradığımı şaşırdım. Hatta kafamda şimşek hızıyla geçen düşüncelerden biri de, kenarda gördüğüm demir çubuklardan birini kapıp herifin kafasına indirmek oldu.

İşte o an gencin gözlerini gördüm. Bu şakalaşmanın içinde, hatta bence kaba olan şakalaşmanın içinde, kahkahalarla gülüyordu. İnanın abartmıyorum, o ana kadar insana benzeyebilecek tek davranışı buydu. GÜLMEK. Ama nasıl gülmek, sanırım ben bile henüz hayatımda böyle gülmedim. Bu kadar içten. Gözleri değil, bütün benliği kahkahalar atıyordu sanki.

Bir an bu gencin günlük hayatını düşünmeye başladım. Şimdi lütfen siz de benimle birlikte başlayın düşünmeye.

Muhtemelen kendi başına giyinmesi mümkün bile değildi, yani birine muhtaçtı. Kendi kendine yemek belki yiyebilirdi ama temin etmesi mümkün değildi, yani birine muhtaçtı. Bir iş bulabileceğini asla zannetmiyorum. Dilenmeyi seçmediği de açıkça ortadaydı. Maddi olarak da birine muhtaçtı. Herhalde hayatı boyunca bir kız arkadaşı ya da karısı olmayacaktı. Olsa bile bir çocuğu olabileceğini hiç sanmıyorum. Hayatı boyunca, bilgisayar oynamanın, iPod dinlemenin ne demek olduğunu bilemeyecekti. Muhtemelen Reyna'nın kapısından içeri adımını bile attırmazlardı ona. Son model BMW'nin teknik özellikleriyle ilgilenmesinin de bir anlamı yoktu. Facebook mesajlarını günde on kere kontrol edip, hoşlandığı kız acaba mesaj göndermiş mi diye bir kaygısı da olamazdı. Kısaca, sizin formülünüze göre, MUTSUZ OLMAK için her türlü nedeni ve üstüne üstlük HAKKI vardı.

Ama o, bütün bunlara inat yapar gibi, MUTLUYDU!!!

Size bahsettiğim formülü doğal bir şekilde uygulamaya koyabilmişti. MUTLU OLMAYI SEÇMİŞTİ.

Bir an içime şüphe düştü. "Acaba poposundan gıdıklandığı için mi bu kadar gülüyordu?" dedim kendi kendime. Dolmuştan indim. Bir sonraki aracı beklemeye karar verdim. Daha fazla izlemek istiyordum. Hep anlatmaya çalıştığım formülü uygulamada görmek bana çok keyfi vermişti.

Aradan yarım saat daha geçti. Hâlâ gülüyor, kahkahalar atıyordu.

Yine bir şüphe düştü içime "Belki de sakatlığı öyle bir etki bıraktı ki, yüzü sürekli güler vaziyette" dedim.

Hayır. Gözlerinin içi gülüyordu. Arada suskun olduğu, yüz kasları rahatladığı anda bile, gözleri kahkaha atmaya devam ediyordu.

Ben size, şu an uyguladığınızdan daha huzurlu ve keyifli bir formül öneriyorum. Uygulaması size kalmış. Ben yıllardır uyguluyorum ve sonuç olarak insanlar SÜREKLİ MUTLU bir Aykut görüyorlar. Hatta geçenlerde bir arkadaşım çok tatlı bir şey söyledi. Bir restoranın bahçesinde karşılaştık ve bana bakıp "Mutluluk bunun üstüne yapışmış, çıkmıyor" dedi.

Formülüm şu: MUTLULUK kelimesinin yerine TATMİN kelimesini koyun. Bırakın TATMİN olup olmamanız olayların sonuçlarına bağlı olsun. Olaylar nasıl gelişirse gelişsin, siz MUTLU olmayı SEÇMEYE devam edin. Tıpkı "terminalin delisi" gibi.

"Yahu o Allah'ın delisi, tabii ki ota boka gülecek" dediğinizi biliyorum. Belki de öyledir. Ama hanginiz daha keyifli bir gün geçiriyorsunuz? O mu? Siz mi?

Gelin aynı cümleleri bu sefer TATMİN kelimesiyle kuralım.

– Annem gelmiyor. TATMİNSİZ ama MUTLUYUM.
– Kocam bana bi bok almamış. TATMİNSİZ ama MUTLUYUM.
– Kahve falına bakan kadın kahveyi döktü, geleceğimin canına okudu. TATMİNSİZ ama MUTLUYUM
– Karımla aram kötü, TATMİNSİZ ama MUTLUYUM.
– Zam alamadım, TATMİNSİZ ama MUTLUYUM.
– İşi alamadım, TATMİNSİZ ama MUTLUYUM.

Başlangıçta bunu günlük hayatınıza geçirmek çok kolay olmayabilir. Hatta bazılarınız için, hiç mümkün bile olmayabilir.

Size mutluluk konusunda bir test cümlesi vermek istiyorum.

Öğrencilerim bana "MUTLU OLMAK istiyorum" dediklerinde şunu soruyorum.

"Sana hayat boyu mutluluk garanti ediyorum. Hayatının her dakikasını, hatta saniyesini, sonsuz bir mutluluk içinde geçireceksin. Karşılığında bir tek şey olacak, hayatın boyunca bir yatağa yapışmış şekilde, parmağını bile kıpırdatamadan yaşayacaksın. Anlaştık mı?"

"Aa deli misin ayol, olur mu öyle şey? Naapiim ben öyle mutluluğu!"

Daha ilk defada bu soruyu kavrayabilen olmadı doğruyu söylemek gerekirse.

Siz de bir düşünün lütfen. İstediğiniz şey, gerçekten "mutluluk mu" yoksa "TATMİN OLMAK mı?"

Yalan söylemek

Ahh keşke burnum yerine başka bir yerim uzasa...

Hayatımın büyük bir kısmını yalan söyleyerek geçirdim. Hatta bir ara, bundan gurur bile duydum. Çünkü yalan söyleyerek istediklerimi elde ettiğimde ya da bir beladan kurtulduğumda, çok akıllı olduğumu zannediyordum.

"Ahlaki açıdan, dinsel açıdan, toplumsal açıdan yalan söylemek yanlıştır" gibi bir kavram ne o zaman umurumdaydı, ne de şimdi umurumda.

Ben size YALAN SÖYLEMEYİN diyeceğim ama çok farklı bir nedenden.

Hangi konuda yalan söylerseniz söyleyin, günlük hayatınızda elinize ne geçerse geçsin, Evren'e gönderdiğiniz mesajlar aslında sizin sandığınızdan çok farklı.

ALTINI ÇİZEREK SÖYLÜYORUM: Yalan kötüdür, Evren sizi cezalandırır. Allah muhafaza çarpılırsınız GİBİ SAÇMA SALAK bir şeyden bahsetmiyorum.

Benim bahsettiğim, siz yalan söylerken YALANIN ALTINDA saklanan ve direkt EVREN'e giden mesaj. Sizin gönderdiğiniz mesaj.

Örneklere geçmeden önce yalanla ilgili size son bir hatırlatma yapacağım: YALAN, KORKUYLA YÜZLEŞMEME DURUMUDUR. Bu da sizin EVREN'e güvenmediğinizin göstergesidir. YALAN, aslında sizin kendinizi İNKÂR ETMENİZ durumudur.

Diyelim bir arkadaşınız var. Adı da Ayşe olsun. Seversiniz kendisini ama o kadar da çok sevmezsiniz ya da ancak ayda bir sohbet etmekten hoşlanırsınız. Ortak arkadaşlarınız var ve bu ortak arkadaşlarla cuma akşamı dışarı çıktınız ama Ayşe'yi davet etmediniz.

Ertesi gün, Ayşe sizin dışarı çıktığınızı öğrendi ve kendisi davet edilmediği için çok bozuldu. Sizi aradı, neden davet edilmediğini sordu. Başlayın bakalım yalanlara.

– Aa bi tanem, Ahmet arayacaktı seni. Aramadı mı?
– Ay ben sadece yarım saatliğine kalacaktım orada zaten.
– Yok be şekerim, son anda planladık.
– Aradım. Telefonun cevap vermedi. Aaa galiba yanlış numarayı aramışım.

Neden gerçeği söyleyemiyorsunuz? "Ayşecim ben seninle her dakika görüşmeyi o kadar da harika bir fikir olarak görmüyorum. Seni her yere davet etmek gibi bir zorunluluğum da yok. Arada bir seninle görüşüyoruz ve bu bana yetiyor!!!"

ALLAH KORU YARABBİM! Hiç olur mu öyle şey?

Ayşe'nin suratına nasıl söylenir bunlar. ÇOK AYIP!!!

Tabii suratına yalan söylemek "AZ AYIP" zaten.

Kendi gerçekliğiniz bir anda, diğerlerinin gözündeki imajınızdan daha önemsiz bir hal alıyor. Evren'e aynen şu mesajı gönderiyorsunuz: "Şu an bu kişiye gerçeği söyleyip, çıkabilecek muhtemel tatsızlıklarla uğraşmaktansa YALAN söylemeyi tercih ediyorum."

Şimdi siz bana söyleyin. En başından beri bahsettiğimiz ÇEKİM YASASINA GÖRE; siz yalan söyleyerek bazı durumlardan kurtuluyorsanız, NE TARZ İNSANLARI HAYATINIZA ÇEKECEKSİNİZ?

Aynen öyle! SİZE YALAN SÖYLEYEN İNSANLARI ÇEKECEKSİNİZ!

Ayrıca Evren'e ikinci bir mesaj daha gönderiyorsunuz: BEN KENDİ GERÇEKLİĞİNDE BİLE DURAMAYAN, AYŞE GİBİ ASLINDA ÇOK DA UMURUMDA OLMAYAN BİRİNE BİLE DOĞRUYU SÖYLEYEMEYEN BİRİYİM.

Hadi bakalım şimdi, ÖZGÜVEN kısmını bir daha okuyun ve nasıl olduğunu, niye kendine güvenmeyen biri olduğunuzu çözmeye çalışın. İYİ ŞANSLAR!!!

Kabul ediyorum. Siz de benim eskiden olduğum gibi, hayatını küçük –beyaz– yalanlarla kolaylaştırmaya alışmış birisiyseniz başta tamamen DOĞRUYU, SADECE DOĞRUYU söylemeye geçmek sizin için zorlayıcı olacaktır. Ama size garanti ediyorum, ağzınızdan her çıkanın doğru olması DÜNYANIN EN GÜZEL DUYGUSU.

Patronunuz size bir görev vermişti. Bugüne bitmesi gereken bazı raporlar vardı ve bitiremediniz. Belki de unuttunuz. Size sorduğunda aklınıza hemen güzel bir yalan geldi.

– Raporlarla ilgili bazı eksik dokümanlar var efendim. Karşı taraftan henüz bir e-mail gelmedi bu konuda, gelir gelmez raporu bitireceğim.

Harika bir yalan! Eğer e-mail'i sistemden sildiyseniz, kontrol edilmesi de mümkün değil. Yani ucuz yırttınız, tebrikler!

ACABA?

Bakın bu yalanı neden söylediniz. Yalanın altında yatan KORKULAR neler?

"Patronum son derece anlayışsız bir insan, böyle bir şeyi hayatta kabul etmez." Çekim Yasası'na göre, patronunuz size karşı anlayışsız olmak zorunda.

"Bu rapor yüzünden işimi kaybedebilirim." Demek ki bilinçaltında ya da üstünde başka iş bulamayacağınız korkusu var. Evren'e nasıl bir mesaj gönderiyoruz? BEN BAŞKA İŞ BULAMAM!

Devam edelim.

"Şimdi bu salak rapor yüzünden bana bağırmasını istemiyorum. Çünkü bana bağıracak olursa karşısında susmak gerek ve bu da beni çileden çıkartıyor." Evren'e yaydığınız mesaj: "Aslında bana bağırılmasından hiç hoşlanmıyorum ama ne yapayım elimde başka seçenek yok şu an. Eğer patron gerçeği öğrenirse bana bağıracak." Bu durumda Evren hemen sizin istediğinizi yerine getirmek durumunda, SİZE BAĞIRILMASI GEREK çünkü size bağırılmasına karşı büyük bir korkunuz var.

Hemen tekrarlayalım: **Çekim Yasası iki türlü çalışır. Hem istediklerimizi hem de istemediklerimizi kendimize çekeriz.**

Bazen de "yalan söylemeyi" yüzleşmek istemediğimiz bir gerçek için kullanırız. Bunun en sık görüldüğü yer ise İLİŞKİLER.

Kıskanç bir sevgiliniz var ve bu sizi son derece rahatsız ediyor. Kıskançlıktan çıkacak bazı tartışmalar, sizin aslında bu ilişkide nasıl bir rahatsızlık yaşadığınızı yüzünüze vuracağı için, bununla yüzleşmek yerine, yalan söyleyerek sorunları hasıraltı yapıyorsunuz.

– Neredeydin bugün?
– Hiiiç Ayşe ile sinemaya gittik.
– Baş başa mı?
– Hı hı.

Halbuki yanınızda Ayşe'nin arkadaşı Ahmet de vardı. Ahmet'le aranızda bir şey olmasa bile bunu kıskanç kocanıza, erkek arkadaşınıza söyleyemiyorsunuz. NEDEN? Çünkü söylerseniz kavga çıkacak, gereksiz yere, bir hiç uğruna kavga edeceksiniz, hatta belki de dayak yiyeceksiniz.

YALAN SÖYLEMEYİ SEÇİYORSUNUZ. Harika! Kısa vadede çok güzel bir çözüm ama bakın yalan uzun vadede nasıl zararlar veriyor. Yalanı bir kurtuluş aracı olarak görüyorsunuz. EGO çok güzel bir formül oluşturmaya başlıyor

YALAN = SORUNSUZ YAŞAMA YÖNTEMİ

Hatta daha sonra bu formül güzel bir denklem halini alıyor.

YALAN + İNKÂR = HUZUR + MUTLULUK

Sonra iyice ustalaşmaya başlıyorsunuz bu denklem üzerinde ve

(YALAN + İNKÂR) X (HUZUR + MUTLULUK) = BAŞARI

Tanıdığım biri var. Kendisi hakkında size hiçbir ipucu vermeyeceğim çünkü bu satırlar onu bayağı üzecek ve iş ilişkilerini zedeleyecektir. Amacım tabii ki bu değil. Eğer bir gün okuduğunda anlarsa ve kendisi bu durumu değiştirmek isterse ne mutlu ona.

Bu kişi, nasıl bir çocukluk geçirdiyse YALAN söyleme formülünü hayatında çok başarılı bir şekilde uygulamayı becermiş. Yalan söylemek onun için artık bir ihtiyaç olmaktan çıkıp alışkanlık halini almış. Gerekmediği anlarda bile sırf alışkanlık olduğu için yalan söyleyebiliyor. Kendisi yalan söyleyerek her durumu kontrol edebildiğine, belli bir başarıyı elde edebildiğine o kadar inanmış ki, etrafındaki insanların bu durumu fark ettiğinin ve kendisinden uzaklaşmaya başladığının farkında bile değil.

Birlikte yapacağımız bir proje vardı. Her şey başından açık açık konuşuldu. Ortada zaten karışık hiçbir şey yoktu. Bizim bazı kurallarımız vardı, kendisine ilettik, onun bazı kuralları vardı, bizlerle paylaştı. Harika bir uyum içinde başladık projemize.

Bir iki hafta içinde garip bazı konuşmalar geçmeye başladı.

– Aa ben öyle bir şey demedim!!!
– Peki ne dedin?
– Şöyle olsun, böyle olsun dedim!

Yahu sen öyle demiş olsan ben seninle niye bu projeye gireyim? Çok güzel bir yüzüm olduğunu iddia edemem ama alnımın tam ortasında da ENAYİ yazmıyor.

Önce kendimi suçlamaya başladım, herhalde ben yanlış anladım durumu dedim.

Sonra olaylar çorap söküğü gibi gelişti. O kadar seri, o kadar sıkça yalan söylüyordu ki, bir süre sonra unutmaya bile başlıyordu söylediği yalanları. Ben ve projedeki diğer arkadaşım, onu bu durumuyla yüzleştirmeye başladık. Biz yüzleştirdikçe panik olmaya, daha büyük hatalar yapmaya, daha seri yalanlar söylemeye başladı. Ve iş öyle bir hal aldı ki, biz "Yeter artık bu işi burada durduruyoruz!" diyecek hale geldik. Tam o noktada elimizde gerçekten fişi çekecek ve anlaştığımız işi durduracak gücümüz vardı. Bu durum kendisini rezil olmaya iteceğinden ve verdiğimiz sözden çıkmanın bize vereceği –ENERJİMİZE vereceği– zararları bildiğimizden, hiçbir şeyi değiştirmemeyi tercih ettik ve ite kaka projeyi tamamladık.

Bu olaydan sonra, bizim onunla proje yaptığımızı bilen insanlar gelip de "Ee biz de o kişiyle bir şey yapacağız, ne diyorsunuz?" dediğinde: "Aman" diyorum, "dertsiz başınıza dert almayın". Etrafındaki insanlar, aynı mevsimler gibi sürekli değişiyor. Çünkü kısa bir süre içinde bu kadar çok yalan, eli mahkûm bir şekilde ortaya çıkıyor.

Gelin kısaca "doğruyu söylemenin" gücünden bahsedelim.

Daha önce size bahsettiğim "İSTEDİĞİNİZE BAĞIMLI OLMAMAK" sizin baskın duygunuzsa "YALAN SÖYLEME" durumu tamamen ortadan kalkacaktır.

Amerika'ya yerleştiğim ilk yıllarda sürekli yalan söylüyordum. Kimseyi üzecek ya da zarar verecek yalanlar değildi bunlar. Sadece kendi kıçımı kurtarmak için söylediğim yalanlardı.

En çok Amerika'daki yasal durumumla ilgili yalan söylüyordum.

Uzun seneler orada öğrenci vizesiyle yaşadım. Normalde öğrenci vizesi, çalışma izni anlamına gelmez. Ben çalışmak zorunda kaldığım için ve öğrenci vizesiyle bunu yapmam doğru olmadığı için yalan söylemeye başladım. İlk tanıştığım herkese "Çalışma iznim var" diyordum. KORKUM, bir şekilde içinde bulunduğum durumun ortaya çıkması ve benim ülkeden atılmamdı.

Bu korkuyla uzun yıllar geçirdim. Daha sonra, şimdi size anlattıklarımı öğrendiğimde, yavaş yavaş bu korkuyu yenmeye başladım ve SÜREKLİ YALAN söylemekten, arada bir yalan söylemeye oradan da SÜREKLİ DOĞRUYU SÖYLEMEYE yumuşak bir geçiş yaptım.

Ben doğruyu söylemeye devam ettikçe, korkularım yok olmaya, korkularım yok oldukça Evren'e gönderdiğim sinyaller değişmeye, sinyaller değiştikçe hayatımda yarattıklarım farklılık göstermeye başladı.

Amerika'da oturma iznim çıktı.

Ama küçük bir detay vardı. Bir süre orada kaçak kaldığım için, ülkeden çıkmam, Türkiye'ye dönmem ve oturma iznimi, Ankara'da büyükelçilikten almam gerekiyordu. Hatta önce bir ön görüşme yapılacak ve oturma iznimi alıp alamayacağıma sonra karar verilecekti. Amerika'daki bazı arkadaşlarım kaçak olduğum zamanlarla ilgili hiçbir soruya cevap vermememi, hatta gerekirse yalan söylememi tavsiye ettiler. Sonuçta aldığım risk çok büyüktü. Oturma iznimi alamazsam, Amerika'ya geri dönemeyebilirdim de.

Türkiye'ye geldim. Randevunun verildiği tarihte, Ankara'da elçilik binasında sıramın gelmesini beklemeye başladım. Kimin beni görüşmeye alacağını bilmiyordum. Camın arkasında yedi sekiz kadar elçilik görevlisi vardı. Hepsinin tek tek yüzlerini incelmeye başladım. Yaklaşık yarım saat sonra, içlerinden biri, benim geleceğime karar verecekti. Aklıma bir iki usturuplu yalan geldi. İşe yarayabilirdi. Beni çağırdıklarında hayatım bir film şeridi gibi gözlerimin önünden geçti. İlk oraya yerleşmem, bulaşıkçılık yapmam, parklarda yaşadığım zamanlar, ilk çektiğim film. O sırada kendimi, camın arkasındaki kadına merhaba derken buldum.

– Merhaba Aykut Bey.
– Merhaba.
– Evraklarınız hazır anladığım kadarıyla.
– Evet. Buyrun.
– Amerika'ya ilk defa kaç yılında gittiniz?
– Sanırım 96-97 civarında.
– Sonra?
– Sonrası bu kadar... Şimdi buradayım.

İçimden bir ses hâlâ "Arada alt tarafı on yıl var. Bahsetmesen ne olur? Geçiştir gitsin" diyordu ama karşımdaki kadının hiç böyle bir niyeti yoktu. Bana tek tek attığım her adımı, her yılı, neler yaptığımı anlattırdı. Ve sonunda korktuğum soruyu sordu.

– Bunca yıl orada nasıl kalabildiniz? Geçiminizi nasıl sağladınız?

EGO hemen cevapları hazırladı. Tek yapmam gereken içlerinden birini seçmekti.

A – Zengin bir ailem var.
B – Piyangodan para çıktı.
C – Sevgilim bana baktı.
D – Babam öldü, mirasını yedim.

Birden zaman durdu. Tam bir sessizlik hâkimdi. Kendi kendime Tanrı'nın sesini taklit ederek, kafamda ekolanan bir şekilde şunları söyledim:

"Yalan söyleyebilirsin Aykut. İşe yarayabilir. Ya da doğruyu söyleyebilirsin. Yalan söylersen KORKTUĞUN İÇİN söyleyeceksin. Korku içinde yaşamayı mı seçiyorsun yoksa gerçekliğinden gelerek yaşamayı mı?.. Ee hadi seç artık, yoksa kadın senin salak olduğunu düşünecek."

Ve cevap verdim. Panikle değil. Son derece sakin bir şekilde.

– Kaçak çalıştım.

Bir an durdu ve kafasını kaldırıp bana baktı.

– Neden?
– Çünkü orada bir hayat kurmuştum. Bir evim, sevgilim,

arabam, arkadaşlarım, ulaşmak üzere olduğum hayallerim vardı. Bırakamadım onları.

– Peki... Görüşmemizin sonucu size bir hafta içinde bildirilecek.

– Teşekkürler.

Tam oradan ayrılmak üzereyken durdum. Kaybedecek hiçbir şeyim kalmamıştı. Takke düşmüş kel görünmüştü.

– Çok özür dilerim. Bir şey sorabilir miyim?

– Tabii buyrun.

– Kaçak çalıştığımı söylediğim için oturma iznimi alamamam söz konusu mu? Yani, orada kaçak kalmış olmam kararınızı etkileyecek mi?

Önündeki notları işaret etti.

– Zaten burada görünüyordu kaçak çalıştığınız. Hayır, kararımı etkilemeyecek.

Artık oturma iznim var. Hem de hiç yalan söylemeden aldım!

Ben size, "Doğruyu söylerseniz Evren sizi ödüllendirir çünkü yalan günahtır" gibi bir şey söylemiyorum. Sadece doğruyu söylerken nasıl büyük bir güce sahip olduğunuzu ve "Evren'in buna kayıtsız kalamayacağını" anlamanızı istiyorum.

Bir daha yalan söylerken kendinize şu soruyu sorun ve yalan söylemeden önce cevabını kendinize verin: "Neden şu an yalan söyleme ihtiyacı duyuyorum?"

Sonra içinizden geleni, size doğru görüneni yapın.

Başkalarına yardım etmek

Bugün kimin hayatını düzeltsem acaba?

Hemen size bir soru sormak istiyorum.

"Eleştirilmeyi sever misiniz?" Hatta bunu biraz daha açalım. "Siz sormadığınız halde birilerinin sizi eleştirmesini ister misiniz?"

Şimdi şu cümleyi büyük bir kâğıda yazıp duvara asın ve her gördüğünüzde tekrarlayın:

"Sorulmadan yapılan her yardım eleştiridir!!!"

Başkalarına yardım etmek çok güzel, eğer yardımınızı istiyorlarsa.

"Ama o yardıma ihtiyacı olduğunu bilmiyor ki!"

Haa! Bi tek SİZ her haltı biliyorsunuz. O kendisiyle ilgili karar vermekten aciz, alt bezinin değiştirilmesi gereken bir geri zekâlı.

Bir arkadaşınız yeni bir işe atılmak üzere. Falanca semtte bir ofis tutmuş. Geldi size heyecanla yeni işyerinin nasıl güzel olduğunu ve içini nasıl boyattığını anlatıyor.

– Ne renk boyatıyorsun duvarları?
– Beyaz.
– Senin oraya beyaz hiç yakışmaz!!!
– ???

Siz aslında aynen şu cümleyi söylediniz:

– Sen bu işten bir bok anlamazsın. Hatta bu, seçtiğin duvar renginden bile belli. Dur ben senin nasıl bir salak olduğunu yüzüne vurayım ve bu işin nasıl yapılması gerektiğini öğreteyim.

Çok sevdiğiniz ve sadece iyiliğini istediğiniz bir arkadaşınız, sizin bir türlü anlayamadığınız garip bir ilişki yaşıyor. Siz de sevdiğiniz bu insanın mutluluğunu istediğiniz için sürekli onu uyarıyorsunuz.

– Bak bi tanem, bu heriften adam olmaz. Şöyle de... Böyle yap... Şöyle davran... Vıdı vıdı vıdı vıdı.

Kim size "İlişki Düzeltme Bakanlığını verdi?" Allah aşkına önce kendi ilişkinizi bir düzeltin. Bırakın elâlem ne yaparsa yapsın. Siz GÜYA yardım ettiğinizi sanıyorsunuz ama karşı taraf size "Ne yapsam?" diye sormadı bile.

Eğer sorduysa makaraları boşaltın. İstediğinizi söyleyin. Benim sözüm, sorulmadan burnunu sokanlara.

"Ee ama gelip ha bire bana anlatıyor. Ben de üzülüyorum."

O zaman o arkadaşınızı çekin bir kenara "Hayatım bak, artık bunları bana anlatma" deyin olsun bitsin.

Herkes sizin gibi davranmak zorunda değil. Siz kendi hayatınızdan sorumlusunuz, önce onu bir yoluna koyun. Halihazırda sizin dertleriniz sizi bir hayat boyu meşgul edecek kadar çok zaten.

Bir ara, yaşam koçluğu yapan arkadaşlarımdan biri gelip kendi öğrettiği yöntemleri benimle paylaşmaya başlamıştı. Tek istediği onları paylaşmaktı. İlk andan itibaren, öğrettiği teknikte hoşuma gitmeyen birçok yön olduğunu fark ettim. Ağzımı hiç açmadım. "Aa çok güzel" gibi yalanlar da söylemedim. O da bana hiçbir gün "Ee sence bu teknik nasıl?" demedi.

Öğrencileri vardı. Yani öğrettiği sisteme talep vardı. "Alan memnun satan memnun, bana laf söylemek düşmez" diyerek sustum. Eğer o sormadan ağzımı açsaydım, EGOsu harekete geçecek ve bir anda SAVUNMA yapmaya başlayacaktı. İnanın savunma durumunda bir insana ulaşmanız neredeyse imkânsızdır. Savunmadan yorulduğu ilk an karşı atağa geçecektir. O zaman da siz savunmaya geçeceksiniz çünkü sizi EGOnuzdan vuracak!

Derken bir gün, öğrendiği tekniklerden birini gösterdi bana. Yine hoşuma gitmemişti.

Uyguladığı tekniklerde hoşuma gitmeyen şuydu: Öğrenciyi –farkında bile olmadan– daha negatife itiyordu. Benim kurallarıma göre, NEGATİFten gelerek POZİTİFi yaratamazsınız.

Kendisinin de bu egzersizi yaptığından bahsediyordu. Ben sadece dinliyormuş gibi yapıyordum ama içimden, oğlanı omuzlarından tutup havaya kaldırmak ve aklı başına gelsin diye beyni midesine düşene kadar sallamak geçti. Benden yirmi santim kadar uzun olduğu için bunu yapamadım. Zaten bu, onu direkt ELEŞTİRMEK olurdu. Sadece bir soru sordum:

– Egzersizi yaptıktan sonra neler hissettin?
– Hayatımın aslında ne kadar boktan olduğunu gördüm.
– Peki, egzersizin amacı neydi?
– Beni pozitif olarak harekete geçirmek.
– İşe yaradı mı?
– Hayır.

Durakladı. Elindeki kâğıda bir daha baktı.

– Sen ne düşünüyorsun bu egzersiz hakkında?

İŞTE haftalardır beklediğim fırsat! Sordu, en sonunda sordu! Artık istediğimi söyleyebilirim. Evren'i çok seviyorum. Sonunda sordu!

– Bence, bu egzersizi her kim çıkarttıysa, vücudunun yanına etiketler yapıştırılmalı: "Bu hocayla çalışmak ölümcül akciğer kanserine neden olur!" "Bu hocayla çalışmak sperm sayınızda azalmaya yol açar!" "Bu hocayla çalışmak düşük yapmanıza yol açar!" "Sağlık bakanlığının bilmem ne sayılı kararına göre bu hocayla çalışmak öldürür!"
– ???
– Hayatımda bu kadar amacından saptırılmış bir egzersiz daha görmedim.

EGOsu hiçbir şekilde ayaklanmadı. Çünkü sihirli kelimeyi kullanmıştı "SENCE?"

Tabii ki benim gibi sakin bir adamı böyle tepkisel görünce şaşırmıştı ama cevabımın yarı şaka yarı ciddi olduğunun farkındaydı. Sonra kendisine, neden bu egzersizi hiç beğenmediğimi anlattığımda bana hak verdi. Ama ben, ilk günden, DAHA O SORMADAN eleştirseydim, sırf kendini savunmak adına, ne dediğimi anlamaya çalışmayacaktı bile. Sadece Egosu ayaklanacaktı.

Başıma gelen bir EGO ayaklanmasını anlatayım size.

Bir televizyon kanalı için kadın ses aranıyordu. Benden bu seçim işini yapmamı rica ettiler. Ben de etrafımda tanıdığım ajansları arayıp, onlardan kadın sesi örnekleri göndermelerini istedim. Yaklaşık on beş yirmi kadar ses topladıktan sonra, hepsini stüdyoya sokmaya karar verdim. Herkes tek tek geliyor ve benim elimde bulunan metni okuyordu. Bana göre elemenin yapılabilmesinin en güzel yolu buydu. Her adaya yeterli vakit veriyor ve ısınmalarına fırsat tanıyordum. Bana sorarsanız, son derece başarılı bir şekilde ilerliyordum.

Derken bir kadın geldi. Tanıştık. Birer kahve aldık kantinden ve ben kendisine bu elemenin niye yapıldığını anlatmaya başladım. Kendisine metni verdim. İstediği kadar hazırlanabileceğini, bol bol vaktimiz olduğunu söyledim. Ben de elemelere katılan bir sanatçı olduğum için, kendilerini çok rahat hissetmelerini sağlamak benim için önemliydi.

Bu kadın metni eline aldı, yüzünü buruşturdu ve:

– "Ben otuz senedir bu işi yapıyorum. Bence böyle bir eleme çok yanlış" dedi.

Ommmmmm... Sakin ol Aykut!!!

– Anlayamadım?
– Kurumsal ses seçmek ciddi bir iştir. Bir elemede benim sesimi anlamanız imkânsız. Bu işler zaman alır. Ses seçilir, sonra zaman içinde kurumun kişiliği haline gelir.

EGOm sadece uyandırılmamış, bir de iki bacağının arasına bir tekme yemiş gibiydi. Ne yani, kitap yazdım diye egom olmayacak mı? Tabii ki benim de egom var!

Bakın, bana kurduğu BİR cümle içinde, EGOmu nasıl DÖRT DEFA aşağılamış, eleştirmiş, çöp gibi kenara fırlatıvermişti.

1- ***Kurumsal ses seçmek ciddi bir iştir***
Sen yaptığın işin ne kadar ciddi olduğunun farkında bile değilsin. Ben sana hatırlatmasam, böyle ciddiyetsiz bir şekilde yapmaya devam edeceksin.

2- ***Bir elemede benim sesimi anlamanız imkânsız***
Sen biraz aptal gibi duruyorsun. Şimdi sen bu suratından akan salaklıkla benim sesimi hayatta anlayamazsın.

3- ***Bu işler zaman alır***
Bu işi bilmediğin, normal şartlarda çok daha uzun sürecek bir işi bu kadar kısa sürede yapmaya çalışmandan belli.

4- ***Ses seçilir, sonra zaman içinde kurumun kişiliği halini alır***
Sen cidden bu işi bilmiyorsun, dur ben sana öğreteyim...

İki saniye gibi bir süre içinde aklımdan aynen şu cümleler geçti:

– Sen benim kim olduğumu biliyor musun kadın? Sen kiminle konuştuğunun farkında mısın yahu? Ben, George Lucas için ses süpervizörlüğü yapmış bir adamım. Sen aptal arkadaşlarınla rakı sofralarında, Türkiye'de seslendirme derneğini nasıl çalışır hale getiririz geyikleri yaparken, ben dünyanın en büyük üç ajansından birinde Disney için seslendirme –hem de İngilizce seslendirme– yapıyordum. Ayrıca, son yıllarda da seslendirme yönetmenliği yapmaya başladım. Hem de Amerika'da!!!

İçimden "Amanın" dedim. "Nereden çattım ben bu kadına? EGOmun canına okudu ayaküstü."

O an bu cümleleri yüksek sesle söyleme imkânım vardı. Ne olsa orada patron bendim. Hatta kendisini nazikçe kovabilirdim oradan.

– Neyse, bu seferlik şartlarımız buna elverdi.

dedim nazikçe ve kendisini kayda aldım.

Stüdyonun içinde de aynı tavır devam etti. Her üç cümlesinden birinde ya benim ya da sesleri alan teknisyen arkadaşımın EGOsunu tekmelemeyi çok iyi beceriyordu.

Kaydını aldığım yirmi kadar kadın sesin içinde EN İYİ SES bu kadına aitti. İşi en iyi yapabilecek olan onun sesiydi. Ve işi alamadı!!! Hem ben, hem de teknisyen arkadaşım bu kadınla çalışmanın nasıl bir kâbus olabileceğini fark etmiştik. Belki söyledikleri CÜMLE CÜMLE DOĞRUYDU. Bilmiyorum. Ama ben ona sormamıştım.

Sormadan yapılan her yardım ELEŞTİRİDİR! Ve hiç kimse eleştirilmekten hoşlanmaz.

Ona sorarsanız belki bana çok büyük bir iyilik yapmak istiyordu. Ama sonuç olarak alabileceği işi alamadı. Ne ben ne de bir başkası, EGOnuzla çimdik çimdik makarna oynayan birinin etrafında bulunmak istemez.

Bir insanı eleştirmek, onların egolarını uyandırıp hemen savunmaya geçirtecek EN GÜZEL yöntemdir. Eğer birinin EGOsuyla savaşa girmek istiyorsanız eleştirin. İstediğinize hemen kavuşacaksınız!

Bundan yıllar önce hocam Darel, ilk defa okuduğu bir kişisel gelişim kitabından o kadar çok etkilenmişti ki, gidip yirmi kopya kadar satın alıp arkadaşlarına dağıtmaya başlamıştı. Arkadaşlarından biri kitabı eline almış, ne olduğunu anladıktan sonra Darel'a "Sence benim hayatım kötü mü? Sence kişisel olarak gelişmem mi gerekiyor?" diyerek bozulduğunu göstermişti. Son derece iyi niyetli bir yardım, sorulmadan yapıldığı için ters tepmişti.

"Yok canım bana ne, ben zaten kimsenin işine burnumu sokmam" bile deseniz, şunu bir deneyin. Yirmi dört saat için **"Sorulmadan hiçbir şekilde başkalarına yardım etmeye ya da hatalarını düzeltmeye çalışmayın."**

Bakalım sonuç ne olacak.

Kıyas yapmak

Komşunun karısı Hatice'nin var, benim yok!

Hep birlikte yaşıyoruz. Elbette kıyaslama yapacağız, son derece doğal. Etrafımızda birçok insan bizim gibi, iş yapıyor, araba alıyor, gece dışarı çıkıyor, sevgilisiyle kol kola geziyor, iş buluyor, süslenip püsleniyor vs.

Kendimizi başkalarıyla kıyaslayalım kıyaslamasına ama bunu yaparken nelere yol açtığımızı bilerek yapalım. O zaman, eğer isterseniz fikrinizi değiştirir ve kıyaslama yapmaktan vazgeçersiniz.

"Kıyaslama" egonun en keyifli ikna yöntemlerinden biridir.

Açıklamaya çalışacağım ama, önce şunu bir cümleyle açıklamak istiyorum: "Kıyaslama yaptığınız an, EGOnun, kontrolü tamamen ele geçirmiş olduğunu bilin!"

Bakın kıyaslama yaparken, ODAĞINIZ nereye doğru kayıveriyor. Evrene ne tür sinyaller gönderiyorsunuz:

– Ne? Falanca araba mı almış? Ayy kesin çalıp çırpmış öyle almıştır.

– Herifte bok gibi para var, biz burada sefalet içindeyiz.
– O kadar çalışıyorum ama hâlâ en iyi notu Ayşe alıyor.
– Ayda ne kadar para yapıyormuş biliyor musun? Ay yüreğime inecekti duyunca.

ALTIN KURAL: Ancak ve ancak kendinizde eksikliğini duyduğunuz bir konuda kıyaslama yapmaya başlarsınız. Kendinize gerçekten güvendiğiniz, sonuçlarından tatmin olduğunuz hiçbir konuda kıyaslama yapma ihtiyacınız olmaz

Eğer içinizden, birini ya da bir şeyi kıyaslamak geçiyorsa bunu, metal detektörünün metali bulması olarak kabul edin. Ego sayesinde belki de üzerinde çalışmanız gereken ve şu ana kadar hiç fark etmediğiniz bir şeyi bulmuş olabilirsiniz.

Kendinizi kıyasladığınız an, hangi konuda olursa olsun, Evren'e gönderdiğiniz sinyaller, sizde var olanın AZ OLDUĞU, YETERSİZ OLDUĞU, İYİ OLMADIĞI yolundadır.

– Ne? Falanca araba mı almış? Ayy kesin çalıp çırpmış öyle almıştır.

"Normal şartlarla araba alınabilse BEN ALIRDIM. Ben alamadığıma göre, hatalı ben olamayacağıma göre, o zaman kesin karşı taraf bir yamukluk yapıyordur."

– Herifte bok gibi para var, biz burada sefalet içindeyiz.

"Ben zavallı bir durumdayım. Başkaları ise lüks içinde yaşıyor. Evren herkese eşit davranmadığı için bazıları diğerlerinden daha şanslı. Böyle bir durumda diğerlerine kızmakta çok haklıyım."

– O kadar çalışıyorum ama hâlâ en iyi notu Ayşe alıyor.

"Ayşe hocadan torpilli olmalı. Ayşe'nin benden daha akıllı olmasını asla kabul etmeyeceğime göre, bok atarak kendimi daha iyi hissedebilirim. Normal şartlar altında ben en yüksek notu alırım ama hocaya yalakalık yapmadığım için alamıyorum."

– Ayda ne kadar para yapıyormuş biliyor musun? Ay yüreğime inecekti duyunca.

"Bir insan bu kadar para yapar mı yahu! YUH!!! Ben hiçbir şekilde bu parayı yapamayacağıma inandığım için, karşıdakinin yaptığı miktarı duyunca kalbim bile dayanmıyor. Şimdi kim uğraşacak parayla ilgili inanç sistemimi bulup sonra değiştirmekle. Karşıdaki kanunsuz bir şey yapmıştır der ve çıkarım işin içinden."

Böyle alt metinlerle, Evren'e ne mesaj gönderdiğinizi lütfen, bir zahmet siz tahmin edin.

Bir de gizli gizli, çaktırmadan yaptığımız kıyaslamalar var:

– Bu yaşa geldim hâlâ iki yakam bir araya gelmiyor.
– Kaç yıldır bu işi yapıyorum, hâlâ başarılı olamadım.
– Bu kafayla ben hayatta beceremem bu işi.

Ee şimdi kim kimi kimle kıyasladı? Görünüşe göre bütün cümlelerde tek bir kişi var.

– Bu yaşa geldim hâlâ iki yakam bir araya gelmiyor.

“Benim yaşıma gelen DİĞERLERİ, iki yakalarını bir araya getirdiler. KENDİMİ etrafımda benim yaşımda olanların HEPSİ İLE KIYASLIYORUM.”

– Kaç yıldır bu işi yapıyorum hâlâ başarılı olamadım.

“Kendimi, bu kadar yıldır aynı işi yapan DİĞERLERİ ile kıyaslıyorum.”

– Bu kafayla ben hayatta beceremem bu işi.

“Hangi kafayla bu işin becerilebileceğini biliyorum. Nasıl mı biliyorum? BAŞKALARINI GÖZLEMLEDİM. Şimdi de kendimi onlarla kıyaslıyorum.”

Geçenlerde bir taksiciyle sohbet ediyordum. Arabasına bir iki meşhur binmişti ve bana onlardan bahsediyordu. Ben isimlere yeterli tepkiyi vermeyince “Abi tanımıyon mu sen onları ya?” dedi. “Yok, kusura bakmayın, ben yıllardır Türkiye’den uzağım. Daha yeni geldim.”

– Neredensin abi?
– Amerika’da yaşıyorum.
– Nasıl, güzel mi orada hayat?
– Güzel. Geçinip gidiyoruz.
– Abi ben de çok istedim gideyim diye ama artık bizden geçti. Bu yaştan sonra olmaz bu iş?
– Kaç yaşındasın.
– 25 abi.

Benim Amerika’ya yerleştiğim yaştan bir yaş daha genç!!! Şimdiden kararını vermiş çok geç olduğuna. Bu inanç sisteminde anne, baba ya da her şeyi bilen bir arkadaş parmağı olduğundan adım gibi emindim.

– Niye bizden geçti diyorsun?

– Abi rahmetli babam hep derdi ki 20 yaşına kadar ne yaptıysan yaptın, sonrası hikâye.

Hadi bakalım, kıyasla şimdi kendini bütün yirmi beş yaşındakilerle ve nasıl geç kalmış olduğuna inan. Sonra başla Evren'e sinyaller göndermeye "Benden geçti artık". Evren de sana, senin inancına göre bir gerçeklik hazırlasın. Sonra suçla bakalım kimi suçlayabilirsen.

Böyle çıkmazlara girdiğim zaman sürekli içimi açacak örneklerin peşinden giderim.

İlk kitabını 35'inden sonra yazmış ve çok başarılı olmuş yazarların hayat hikâyelerini okurum.

Mesleğinde esas başarıyı 35'inden sonra gösteren sinema oyuncularının biyografilerini incelerim.

Geçenlerde hiç farkında bile olmadan kendimi bir kıyaslamanın içinde buldum.

Şu ana kadar kendimin ve Esra'nın bütün *website*'si işlerini ben yürütüyordum. Son zamanlarda yavaş yavaş interaktif siteler daha çok ilgimi çekmeye başlamıştı. Üye olabildiğiniz, resimlerinizi falan koyabildiğiniz türden *web* siteleri gibi.

Bu işleri çok uzun süredir yapan ve başarılı sitelere imza atmış bir arkadaşım var. Hemen kendisini aradım. Çünkü ben Amerika'ya yerleşirken, Türkiye'de, internet ile mutfak robotu arasındaki fark pek bilinmiyordu. Demek ki sonradan öğrenmişti bütün bunları.

– Kaç yılda öğrendin sen böyle siteler kurmayı?
– Baba, sanırım dört yılda falan mükemmel hale geldim.

İşte bu noktada kıyaslama yapmak üzereydim.

– Yapma yahu! O kadar sürdü demek ki?

Bu cümleyi söylerken aklımda geçen şuydu "Ulan ben şimdi adam gibi bir *website* yapabilmek için dört yıl mı bekleyeceğim?" İşte o an Evren'e sinyaller gitmeye başladı: "DÖRT YILDAN ÖNCE GÜZEL BİR WEBSITE KURAMAM!!!"

Fark eder etmez hemen durdum. Odağımı değiştirip bu süreyi daha aza indirmenin mümkün olduğuna inanmam gerekiyordu.

– Niye dört yıl sürdü abi senin bu site işleri?
– Ancak be abi, kendi kendime öğrendim her şeyi. Deneme yanılma yoluyla.
– Peki, ben şöyle iyi bir kursa gitsem?
– Ee o zaman, bir iki yılda halledersin.

Hah şöyle, yarı yarıya indirdim süreyi. Ama yetmedi. Hâlâ kendimi bu işin daha bile hızlı olabileceğine inandırma ihtiyacı içindeydim.

Hemen ego ile konuşmaya başladım. Kendi süremi kendim belirlemeliydim. Belki arkadaşım benden daha akıllıydı ya da daha aptaldı ama zaten bu sonucu değiştirmez. HERKESİN SÜRESİ KENDİNE.

Kendimi onunla sağlıklı bir şekilde kıyaslayabilmenin tek bir yolu vardı ONUN HAYATINI İLK GÜNDEN İTİBAREN YAŞAMAK.

Böyle bir şey mümkün olmadığına göre, yapılacak en sağlıklı ikinci şeyi yaptım: KENDİMİ ONUNLA HİÇ KIYASLAMAMAK!

Kıyaslamayı bir uyarı sistemi gibi kullanın. Kıyasladığınız an bilin ki, Evren'e pek de istemeyeceğiniz mesajlar gönderiyorsunuz.

Bir daha kıyaslama yaparken bir bakın bakalım. NEYİ, NİYE, KİMİ, KİMLE kıyaslıyorsunuz ve Evren'e hangi mesajları gönderiyorsunuz.

Sinirlenmek - çemkirmek

Aa bi baktım, adam kapmış tornavidayı üstüme geliyo!

Güzel ülkemin güzel insanları, sinirli olmayı DELİKANLILIK olarak kabul edebilirler. Bu onların problemi. Evren'se siniri bambaşka bir sinyal olarak alıyor: KORKU!!!

Baskı hatası değil, doğru okudunuz!

"SİNİR ve ÖFKE, KORKUNUN ŞEKİL DEĞİŞTİRMİŞ HALİDİR."

İstediğiniz her SİNİRLENME anını örnek olarak verebiliriz. Altında yatan duygu hep korkudur.

– Senin karşında çocuk yok. Laflarına dikkat et.
(Beni adam yerine koymamandan korkuyorum.)

– Nasıl konuşacağımı senden mi öğreneceğim?
(Şu ana kadar senden üstün olduğuma inandım. Şimdi eğer nasıl konuşacağımı söylemeye başlarsan bu durum değişmek zorunda kalacak diye korkuyorum.)

– Karışma bana Ayten. Çocuk değilim ben!!!

(Annem bana hep karışıyordu. Büyüdükten sonra bunun değişeceğini düşünmüştüm ama şimdi aynı şeyin tekrar olmasından korkuyorum.)

– Bi laf dinleyin yahu. Burada başçavuşun eşeği...

(Eğer size söz geçiremezsem, üstüme aldığım işi iyi yapamamaktan korkuyorum.)

– Ne ulan bu karnenin hali? Allah kahretsin seni!

(Benim gibi bir adamın oğlu nasıl böyle notlar alır? Şimdi falancanın babası kendi çocuğuyla seni kıyaslarsa, ben aptal durumuna düşeceğim diye korkuyorum.)

– Bakar mısın! Bir saattir garson bekliyoruz burada!

(Buraya para vererek geliyorum ve verdiğim paranın karşılığını istiyorum. Eğer karşılığını alamazsam kendimi çok aptal hissedeceğim.)

– Önüne baksana ayı! Nasıl araba kullanmak ulan bu?

(Ben zaten dikkatsiz araba kullanıyorum, sen de öyle olduğun için kaza yapma ihtimalimiz çok yüksek. Eğer kaza yaparsak bir sürü masraf, bir sürü zaman kaybı olacak. Ben dikkatli olmak için çaba sarf etmeyeceğime göre, sen bunu yapmalısın. Yoksa kaza yapacağım diye korkuyorum.)

– Ne bakıyosun ulan benim kıza?!

(Benim yanımda bana ait bir mal var ve sen buna göz koymuş durumdasın. Sen kim oluyorsun da bana ait bir şeye bakıyorsun? Ya sen bakarken onun da hoşuna giderse? Ben bi de yanımdaki malın fingirdemesiyle uğraşmak zorunda kalırsam?)

Eğer bu konuda hâlâ ikna olmadıysanız, örnek senaryolarınızı bana gönderin, tek tek hepsinin nasıl korkudan geldiğini size açıklarım.

Bazen ben de bu gibi durumları çekebiliyorum. Nadir de olsa insanların bana sinirlendiği de oluyor. Bu gibi durumlarda yaptığım tek şey anlamaya çalışmak. "Acaba şu an neden korkuyor karşımdaki? Beni nasıl bir tehdit olarak görüyor?" Bunu çözdüğünüzde, karşı tarafın egosuyla muhatap olmak yerine, sizin aslında düşündükleri tehdit unsuru olmadığınızı açıklayabilirseniz, tartışma anında sona erecektir.

Havaalanında yemek yemek üzereydim. Ne yiyeceğime karar veremediğimden önce duvarda bulunan menüden seçeneklere bakmak için sıradan çıktım ve önlere doğru yaklaşmaya başladım. Tek gözüm görmediği için, uzak tarafta yazanları okuyamıyordum. Yavaşça sol tarafa doğru ilerlemeye başladım. Birden omzuma sert bir darbe yedim. Arkamdaki adam benim araya kaynamaya çalıştığımı zannetmiş ve eliyle beni itmişti. Herhalde o kadar güçlü vurmak istemedi ama cüssesi neredeyse benim iki katım olduğu için, güç dengesizliğinden, darbe beni fazla etkiledi.

Havaalanında olduğumuzu, etrafımızın polis kaynadığını bildiğim içim adamın cüssesi beni hiç korkutmadı. İstediğim gibi horozlanabilirdim. Benim sinirimin nedeni birinin benimle ilgili ne olduğunu bile anlamadan yargıda bulunmasıydı. (Haksızlığa uğruyorum, hak etmediğim bir davranış bu. Ben aslında bunu yapmayacak kadar iyi bir insanım ama şu an, araya kaynamaya çalışan bir serseri gibi muamele ediliyor bana.) Bir an durdum ve adamın sinirinin yani korkusunun nedenini anlamaya çalıştım. Benim araya kaynamaya çalıştığımı sandığı için, SALAK YERİNE konduğunu düşünmüştü. O orada sıra beklerken, benim gibi ufak tefek bir yaratık gelip aradan giriverecekti. Haksızlığa uğruyordu ve hakkını geri alabilmek için kaba güç kullanmaktan başka bildiği yol yoktu.

İki seçeneğim vardı:

Ona aslında haksızlığa uğramadığını açıklayabilirdim. Ya da etraftaki polislere güvenip, "Sen kim oluyorsun da bana dokunuyorsun?" diye bas bas bağırmaya başlayabilirdim. İnanın bana, özellikle Amerika'da birinin size dokunması, olayı cinsel tacize kadar götürülebilir ve o şahsın başına bayağı iyi bir dert açabilirdim.

– Çok özür dilerim. Amacım sıranızı almaya çalışmak değildi.
– Eminim öyledir.
– Daha ne yiyeceğime bile karar veremedim. Gözüm iyi görmediği için sadece yakından bakmam gerekiyordu.
–...
– Önceden size sorup, önünüze öyle geçmem gerekirdi. Affedersiniz.

"Yutmadım söylediklerini" der gibi sırıttı. Bana inandı mı inanmadı mı bilmiyorum. Benim sorunum da değil zaten. Amacım herkesin beni sevmesi ve anlaması değil. Olay büyümedi. Sinirler (korkular) ve sesler yükselmedi. Ben menüye bakmaya devam ettim.

Siz de sinirlendiğinizde aynı testi kendinize yapın. "Şu an acaba neden korkuyorum?" diye bir sorun. Başlangıçta, kendinize cevap vermek yerine, karşınızdaki kişiye bağırıp çağırmayı seçebilirsiniz. Önemli değil. Çabucak yerine oturacak bir alışkanlık bu.

Size daha önce, bir televizyon kanalı için kadın sesi arayışlarımdan bahsetmiştim. Elemeler için bir iki tane çok özel sanatçıyı da stüdyoya getirdim. İçlerinde Türkiye'nin çok değerli, tanınmış sanatçıları da vardı. Bir sabah, bu hanımlardan biriyle 11.00'de buluşmak üzere sözleştik. Teknisyen arkadaşım da aynı saatte hazır olacaktı.

Biz tam sözleştiğimiz saatte stüdyoda hazırdık ama teknisyen arkadaşımdan ses seda yoktu. Gelen sanatçıyı çok eskilerden tanıdığım için aramızda sohbet etmeye başladık. İlk kahveler içildi. 11.30 sıralarında teknisyen ortada hâlâ yoktu ve telefonlarıma cevap da vermiyordu. Ufak ufak sinirlenmeye başlamıştım. Ufak ufak KORKMAYA BAŞLAMIŞTIM. Karşımdaki insana rezil olmak üzereydim. Bizim son derece amatörce çalıştığımızı düşünecek, yoğun bir programı olduğu için biraz sonra kaydı alınamadan çekip gidecek, ardından herkese nasıl bekletildiğini, benim nasıl disiplinsiz çalıştığımı anlatacaktı. Sinirim beynimden fışkırıyordu ama belli etmemeye çalışıyordum. 12.00 gibi teknisyen arkadaş geldi. Uyuyakalmıştı. Avazım çıktığı kadar bağırsam da haklıydım ve kimse de bana dönüp "Abartma canım" diyemezdi.

Bir an durdum. Yine iki seçeneğim vardı. Bağırıp çağırmak ve ses kaydı için gelen hanıma bunun benim hatam olmadığını ispatlamak. Ya da durumu değerlendirmek.

Durumu değerlendirmeyi seçtim. Sinirimin (yani korkularımın) ne olduğu biliyordum. Bir an etrafıma bakındım. Ses vermek için gelen kişi hayatından son derece memnundu. Uzun yıllardır görüşmediğimiz için, güzel güzel sohbet etmiş ve beklediğimiz sürenin keyfini çıkartmıştık. Teknisyen arkadaşım da masum bir hata yapmıştı yani amacı beni aptal durumuna düşürmek de değildi.

Ee, ben şimdi ne diye sinirleneceğim?

Ortada sinirlenecek bir şey kalmamıştı. Biraz bozuldum. Ne güzel, haklı haklı sinirlenecek, havamı atacaktım.

– Abi valla kusura bakma.
– Önemli değil. Bir dahaki sefere ben seni sabahtan ararım, uyuyup kalmadığından emin oluruz.
– Tamam anlaştık.

Ve o günden sonra bir daha hiç kayıtlara geç kalmadık.

Size asla "Sinirlenmeyin, efendi olun. Bir gün ermek istiyorsanız tek yolu budur" gibi bir şey saçmalamıyorum. Sadece sizin ya da karşınızdakinin sinirinin nereden geldiğini anlayın. Ona göre seçim yapın. Sonra ister bağırın çağırın, ister durum değerlendirmesi yapın.

Nasıl bir seçim yaparsanız, o sizin için doğru olanıdır. Ben artık sinirlenme ihtiyacı bile duymadığım hayatımda çok mutluyum. Saçlarımda hâlâ bir tek beyaz tel bile yok. (Sanırım sakalımda bir iki tane var, o kadar.)

HÂLÂ HAYATTAYSANIZ - EGZERSİZLER

Ay akşamdan ışıktır... YAAYYLALAR YAYYLAAAALARR...

Egzersizlerin ne kadar önemli olduğuna kısaca değinmiştim. Başlamadan önce belirtmek istediğim bir şey var:

EGZERSİZLER KANUN DEĞİLDİR. İstediğiniz gibi değiştirebilirsiniz. Egzersizleri, tekniğin kendisi haline getirmeyin. Bazen bunun yapıldığı komik durumlarla karşılaşıyorum. Üç kere şöyle yap, sonra beş kere böyle de, dört kere söylersen olmaz. Sonra şunu söyle. YEMEK Mİ YAPIYORUZ, kişisel gelişim üzerinde mi çalışıyoruz?!

Egzersizlerin tek amacı;
Sizin, enerjinizi olabildiğince pozitife yakın tutmanıza yardım etmek, hepsi bu!

Benim on dakika yaptığım bir egzersiz, bir öğrencim için o kadar keyifli bir hal almıştı ki yarım saat boyunca yapmak istiyordu.

– Ya Aykut, bu egzersizi yarım saate çıkarsam kötü bir şey olur mu?
– Olur. Çarpılırsın. Cinler üşüşür başına!

YAHU YAP! İSTEDİĞİN KADAR YAP!!!

Bir başka öğrencim de, aynı egzersizi hiç yapmak istemiyordu. Sevmemişti.

– Ya Aykut, ben bu egzersizi hiç yapmasam kötü bir şey olur mu?

– Olur. Çarpılırsın. Cinler üşüşür başına!

NE İSTERSEN ONU YAP. Bunu beğenmediysen başka bir tane buluruz, baktık onu da beğenmedin, beğeneceğin bir tane YARATIRIZ.

Hatta bir öğrencim, isim vermeyeceğim çünkü onlar için çok özel bir konu bu, hiçbir egzersizden alamadığı keyfi ve pozitif enerjiyi, eşiyle seviştiği zamanlarda aldığını söyledi.

– Seviştikten sonra daha pozitif olduğunu hissedebiliyor musun?

– Kesinlikle.

– O zaman "o işi" her yemekten önce ve sonra mutlaka yapın!!!

– Ama o zaman senin verdiğin egzersizler ne olacak?

– Sıç içine benim verdiğim egzersizlerin. Sen dünyanın en harika işini yapmış ve kendi egzersizini yaratmışsın!

Kitabın en başında size, bir Enerji - Duygu dönüşüm tablosu vermiştim. İşte şimdi onu kullanmanın zamanı geldi. Bu tablo sayesinde, herhangi bir egzersizin sizi nasıl etkilediğini, işe yarayıp yaramadığını, hatta sizin yarattığınız egzersizlerin ne kadar etkili olduğunu ya da olup olmadığını görebilirsiniz.

Tabloya bir daha göz atalım.

Enerji duygu dönüşüm tablosu

Frekans	Duygulara yansıması	Örnek Davranışlar	Eşgali
95-100	Sevgi dolu, şükreden mutluluktan uçan. Halk arasındaki tabiri ile "KAFAYI YEMİŞ".	Yolda yürürken kendi kendilerine çıkarttıkları sese "kahkaha" diyoruz.	
85-95	Mutlu, iyimser, huzurlu. İçerken kadere küfretmekten hiç zevk alamayacağınız kişi.	Gözlerinin içi güler, yanaklarının aldığı o garip şeklin adı "GÜLÜMSEME".	
75-85	Umutlu. Geminin kaptanının kendisi olduğunu bilmiyor ama geminin rotasından memnun.	Genelde, merhaba yerine "Ee hadi hayırlısı bakalım" derler.	
65-75	Sıkıntılı, stresli. Evdeki hesap çarşıya uymayacak endişesi ile yaşayanlar.	"Ammann ne bileyim baba ya" diyen arkadaşınız var ya. İşte o.	
55-65	Kaygılı, şüpheci. Hayatın içinde yuvarlanıp kontrolu kaybettiklerini düşünürler.	Kendi kendilerine konuşurken ya da başkalarını çekiştirirken gözlenebilirler.	
40-55	Suçlayıcı. Başlarına gelen her şey başkalarının suçudur.	"O şunu dedi, bu bunu dedi. Ay bunların hepsi bana düşman ayol" diye gezinenler.	
30-40	Sinirli, öfkeli. Bazı kesimlerde delikanlı kabul edilenler.	Araba kornasını her çaldıklarında para kazanacaklarını zannederler.	
20-30	Nefret duyan, intikam isteyen. Genelde gazetelere bol bol malzeme olurlar	Evet elinde tornavida size doğru gelen adamın frekansını artık biliyorsunuz.	
10-20	Kıskanç, güvensiz. Herkesin, her şeyin onlara kötülük yapacağına inanırlar.	Annelerinin ağzında "yeme şu tırnaklarını" demekten tüy bitirtenler.	
0-10	Korku, depresyon. Kendisini bir bitki gibi hissettiği zamanlar.	Köprü tepeleri en sevdikleri mekânlardır.	

Hangi konu üzerinde çalışırsanız çalışın, enerjiniz bu tablo üzerinde bir yerde yer alır. Egzersize başlamadan önce bir bakın bakalım, o konuyla ilgili neredesiniz. Sonra egzersizi yapmaya başlayın ve bittiğinde tekrar tabloya bakın. Aynı yerde veya daha üzerindeyseniz egzersiz sizin için işe yarıyor demektir. Yok daha aşağılarda bir yerdeyseniz, bir iki kere daha deneyin. Sonuç hâlâ aynı ise, yani egzersiz bittiğinde kendinizi daha kötü hissediyorsanız, hemen o egzersizi bir kenara bırakın.

Hangi egzersizi seçerseniz seçin önemli olan tek şey günlük olarak yapmanız.

“Şükretme” egzersizi

Bayılıyorum bu egzersize! Yıllardır birçok egzersiz denedim. Hatta bazılarını da sizlerle paylaşacağım ama benim için bu egzersiz kadar işe yarayan, kesin sonuçlar aldığım başka bir egzersiz yok desem yeridir ve sadece on dakika sürer.

Zaman içinde Esra ile birlikte egzersizi geliştirdik ve üç basamaklı bir hale getirdik. Adından da anlaşılacağı gibi tek yapmanız gereken, hayatınızda var olan ve sizin bundan büyük tatmin duyduğunuz şeyleri, şükrettiğiniz şeyleri, yüksek sesle tekrar etmek.

Ben genelde sabahları yapmayı tercih ediyorum. Hem de ilk iş olarak. Güne başlarken enerji dolu olduğumu hissettiriyor bana. Akşam yatarken de yapabilirsiniz, takside giderken de. Ben, evde dolaşırken, yüksek sesle konuşarak yapmayı sevdiğim için, sabahları yapıyorum.

İlk adımda, gerçekten şükran duyduğunuz şeyleri tekrarlamaya başlayın. Cümleleriniz bazen uzun, bazen kısa olabilir, hiç fark etmez. Önemli olan “şükran duyduğunuz” her ne ise, hissederek tekrar etmeniz.

Benim egzersizim şöyle olabiliyor:

– Huzur dolu bir evim olduğu için şükrediyorum.
– Son derece keyifli bir ilişkim, evliliğim olduğu için şükrediyorum.
– Maddi kaynaklarım için, sadece sevdiğim işleri yaparak para kazanabildiğim için şükrediyorum.
– Etrafımda sevecen, pozitif dostlarım olduğu için şükrediyorum.
– İstediğim gibi bir bilgisayar seti kurabildiğim için şükrediyorum.
– Kitap yazıyor olduğum için şükrediyorum.

Burada üzerinde durmak istediğim önemli bir nokta var. Şükrettiğiniz şeylerde "sofistike olma" kaygısı lütfen taşımayın. "Dürüst olma" kaygısı taşıyın. Kendinize dürüst olun.

– Kendimi yüksek benliğimde deneyimleyebildiğim için. Evrenin bana sağladığı her şey için. Tanrı ile olan bütünlüğümde, ruhumun vıdı vıd vıdı vıdı vıdı...

Eğer bunu gerçekten hissetmiyorsanız söylemeyin. O an bir düşünün ve gerçekten neye şükrediyorsanız onları tekrarlayın.

– Dün akşam çok keyifli bir rakı sofrasında olduğum için şükrediyorum.
– Yeni aldığım Playstation oyunu için şükrediyorum.
– Üç gündür çalışmayan internetim bugün çalıştığı için şükrediyorum.

Bir süre buna devam edin. HİSSEDİN. Eğer enerjiniz yükselmeye başladıysa HARİKA! Şimdi egzersizin ikinci kısmına geçebilirsiniz.

İkinci kısımda yapacaklarımıza MİŞ GİBİ diyoruz. Olmasını istediğiniz her ne varsa, SANKİ OLMUŞ GİBİ şükretmeye başlayın.

– Kitabım en iyi satanlar listesine girdiği için şükrediyorum.
– Yeni bir ev aldığım için şükrediyorum.
– İdeal kilomda olduğum için şükrediyorum.
– Eşimle birlikte gittiğimiz dünya turu için şükrediyorum.
– Harika bir işim ve çok keyifli bir çalışma ortamım olduğu için şükrediyorum.

Bir iki dakika da buna devam edin. Son olarak, bu egzersizi eğer sabah yapıyorsanız, sizi bekleyen gün için, eğer akşam yapıyorsanız, ertesi gün için NİYETLERİNİZİ KOYUN. Yani gününüzün nasıl geçmesini istediğinizi Evren'e dikte edin. Tabii ki duygusal kısmını. Falanca beni arayacak, bana zam yapacak gibi aksiyonlar yerine, şunu şunu hissetmek istiyorum gibi.

– Bugün, yapılacaklar listemdeki her işi, son derece büyük bir keyifle ve kolayca yapıyorum. Gireceğim iki iş görüşmesinden otuz iki dişim görünecek bir şekilde çıkıyorum. Akşam eşimle birlikte harika bir gece geçiriyorum.

Teşekkürler!

Bitti. On dakika içinde güne hazırsınız. Şimdi hemen dönüp tabloya bir göz atın. Enerjiniz değişmiş mi?

Son iki üç yıldır mükemmel giden bir hayatım var. Yaptığım tek egzersiz bu. Her gün. Sadece on dakika. Üç yıl içinde belki sadece beş ya da altı gün atlamışımdır bu egzersizi.

HER GÜN YAPMANIZ ÇOK ÖNEMLİ.

Yürümeyen veya olmayan ilişkiler için örnek cümleler:

– Son derece keyifli bir ilişkim olduğu için şükrediyorum.
– Huzur içinde bir ilişkinin ilk adımlarını attığımız için şükrediyorum.
– Eşimle daha önce hiç geçiremediğimiz kadar iyi vakit geçirebildiğimiz için şükrediyorum.
– Birbirimizi açık ve net anlayabildiğimiz için şükrediyorum.
– İlişki içinde kendi gerçekliklerimizi koruyabildiğimiz için şükrediyorum.
– Birlikte kahkaha atabildiğimiz için şükrediyorum.

Lütfen bu cümleleri aynen alıp tekrarlamayın. Kafanıza bir de tüy takarsak bu sizi bir papağan yapar. Papağan olmayın! Kendi cümlelerinizi yaratın.

– Birlikte kahkaha atabildiğimiz için şükrediyorum.

Bu cümle beni pozitife götürebilir ama siz iki gün önce kavga ettiyseniz, bu cümle sadece canınızı daha fazla sıkacaktır.

Olmayan para veya gelmeyen ay sonları için örnek cümleler:

– Bu ay kenara, on lira bile olsa, atabildiğim için şükrediyorum.
– Karşıma yeni iş imkânları çıktığı için şükrediyorum.
– Gelirimi yüzde 10 oranında artırdığım için şükrediyorum.

– Her ay faturalarımı öderken gülümsemeye başladığım için şükrediyorum.

– Parayı kolayca hayatıma çekebildiğim için şükrediyorum.

Bunların içinde kendinize göre oynamalar yapabilirsiniz. Maddeleri değiştirebilirsiniz.

Şükür egzersizinde en önemli kural: "Kendinizi kandırmamaktır."

Bindiğim bir takside, şoför arkadaş kontağı çalıştırmadan önce şöyle derin bir nefes aldı ve:

– "Şükür ya rabbim, offff ooooffff" dedi.

O nasıl şükretmek öyle?! Adam son nefesini oracıkta veriyor sandım. Şükür mü etti, küfür mü etti belli değil!

Keyif alın. Eğer keyif alamıyorsanız cümleler üzerinde oynama yapın.

"Çatallama" egzersizi

Kıskançlığımı üzerimden atmamı sağlayan egzersiz "çatallama" egzersiziydi.

Adından da belli zaten: "Çatallayacaksınız".

Restorandasınız ve yemeğinizin içinde mantar var. Oysa siz mantar istemiyorsunuz. Sadece iki üç parça koymuşlar zaten, geri göndermeye değmez. Ne yaparsınız? Hemen çatalınızı alır, tek tek mantarları çıkarırsınız. Artık mantarsız bir yemeğiniz var.

Hayatımızda bizi etkileyen bir konu hakkındaki NEGATİF düşünceler de, tabağınızda istemediğiniz mantarlar gibi. Hemen çatallayın ve çıkartın o düşünceleri. Yerine pozitiflerini koyun.

Kafanız bir konuya takıldığı an, aklınızdan bir sürü negatif düşünce geçmeye başlar. Ego iş başında! Geri dönün ve aynı şeyi tekrar düşünmeye başlayın. Bu sefer çatallama yaparak.

Yürümeyen veya olmayan ilişkiler için örnek cümleler:

– "Şimdi nerede acaba? Kaç saattir aramıyor. Kiminle birlikte? Yoksa bir halt mı karıştırıyor?"

Bir kere başladınız egonun boyunduruğu altına girmeye. Eğer takip etmeye devam ederseniz, bu negatif düşünce yoğunluğu sizi bir girdap gibi içine çekmeye başlayacak.

Hemen geri dönün ve aynı şeyleri tekrar, BU SEFER her birine pozitif bir ekleme yaparak, düşünmeye başlayın.

– "Şimdi nerede?"
Şu an nerede olduğunu biliyor olmam aslında hiçbir şeyi değiştirmeyecek. Bana yalan bile söyleyebilir. O zaman "Şu an nerede" gibi bir şeye takılmam tamamen egomun oyunu.

– "Kaç saattir aramıyor."
Arayabilecek gibi olsa, mutlaka arardı. Hem beni her dakika arayacak diye bir kural yok. Belki arkadaşlarıyla bir yerde çok iyi vakit geçiriyor. Niye şimdi durup dururken arasın ki? "Şu saat seni ararım" diye bir söz de vermedi. O zaman benim şu an onun niye arayıp aramadığına takılmam tamamen konu dışı.

– Kiminle birlikte?
Kiminleyse kiminle. Cidden, kiminle olduğunun ne önemi var? Belki bir kadın, belki bir erkek. Yani bir erkekle birlikteyse, bu illa beni aldatacağı anlamına gelmez ki. Bu kadar güvensiz misin ona karşı? Bu kadar güvensizlikle ona aslında "hakaret" ettiğinin farkında mısın? Seni sevmese seninle birlikte olmazdı ki.

– Yoksa bir halt mı karıştırıyor?
Her şeyden önce, bir halt karıştıracak olsa, bu kadar bariz yapmaz insan. Karşımdaki bu kadar salak değil. Bir halt ka-

rıştırdığını düşünmek tamamen benim egomun yaratımı.

Siz kendi cümlelerinizi zaman içinde oturtabilirsiniz.

Eğer bir ilişkiniz yoksa, ego size şöyle bir cümleyi rahatça yutturabilir.

– Kim zaten seninle olmak ister ki? Zaten aşkın varlığına inanmıyorum. Ben yalnız daha iyiyim.

Hemen başlayın çatallamaya:

– Kim zaten seninle olmak ister ki?
Niye istemesinler? Benim de kendime göre birçok iyi yanım var. Sevecen bir insanım ve ben de iyi bir ilişkiyi hak ediyorum.

– Zaten aşkın varlığına inanmıyorum.
Aşkın varlığına inanmasam niye sevgilim yok diye dert ediyorum? Demek ki aşkın varlığına inanıyorum. Sadece bulamamak beni korkutuyor. Aşk var, biliyorum. Sevgi denen kavramı, dolu dolu yaşayan insanlar var.

– Ben yalnız daha iyiyim.
Sen onu benim külahıma anlat! Yalnız da kendime yetebiliyorum ve biriyle olmanın ne kadar keyifli olduğunu çok çok iyi biliyorum. O keyfi tadabilmek için, kendimi daha iyi anlayabilmek ve öğrenebilmek için biriyle olmayı SEÇİYORUM!

Bazen, negatifin yerine gelecek hiçbir pozitif bulamayabilirsiniz. Bu çok doğal. Eğer bir konu üzerinde uzun zamandır SADECE negatife kilitlenip kaldıysanız, artık bu sizin alışkanlığınız haline gelmiş olabilir. Acele etmeyin. Sabırlı bir şekilde pozitif cümleleri bulmaya çalışın. Pratik yaptıkça işiniz kolaylaşacaktır.

Bir öğrencim "sigara bırakma"yla ilgili pozitif cümlesini 6 ay boyunca kuramadı. Çok ciddiyim. Ben de hiçbir şekilde ipucu vermedim çünkü onun keşfetmesi gerekiyordu. En sonunda mükemmel bir pozitif cümleyle geldi. Size onun pozitif cümlesini vermeyeceğim çünkü sizin kendi cümlenizi bulmanız gerekiyor. Ama negatif cümlelerinden birkaçını paylaşabilirim.

– Sigara içmek istemiyorum

– Sigarasız daha rahat olacağım.

– Zaten sigara bana zarar verdiği için bırakmayı deniyorum.

Negatifleri gördünüz mü? Eğer göremiyorsanız, siz de bu konuda henüz pozitifi yakalayamamışsınız demektir. Biraz üzerinde çalışın. Eminim bulacaksınız.

“Ego ile konuşma” egzersizi

Bazılarınıza deli saçması gelecek ve sizi çok rahatsız edecek, bazılarınızın ise çok hoşuna gidecek bir egzersiz.

Dışardan bakıldığında aynen şöyle görüneceksiniz: “Aa adam kendi kendine konuşuyo, deli bu ayol!”

Evde yalnızken yapmanızı tavsiye ediyorum. Kimin ne düşündüğü umurunuzda olduğu için değil, daha rahat ve yoğun konsantre olabileceğiniz için.

“EGO sizin çocukluktaki haliniz” demiştik hatırlarsanız. Hani o zaman aldığınız bir kararı, size hâlâ gerçeklik diye yutturmaya çalışıyordu ya. Şimdi bunu tersine çevirmenin vakti geldi.

Ego sizin çocukluktaki haliniz olduğuna göre, gelin bir çocukla konuşur gibi konuşalım egoyla. İnanın amacım sizi maymuna çevirmek değil. Ben çok yaptım bu egzersizi.

Evde küçük bir çocuk var diyelim. Yanlışlıkla vazoyu devirdi ve kırdı. Ne yaparsınız? Gidip suratına bir tane patlatıp avazınız çıktığı kadar bağırmaya mı başlarsınız? (Öyle yapan hayvanlar var biliyorum. Ama biz şu an, sizden yani İNSANLARDAN bahsediyoruz!)

Bağırıp çağırmak, hatta vurmak, sadece çocuğun korkusunu, öfkesini artıracaktır. Onun yerine, karşınıza alır ve büyük bir sevgiyle, büyük bir sabır ve anlayışla konuşursunuz.

Egonuzla da aynı şekilde konuşmanız gerekiyor. Unutmayın, Şu an, egonuz sizin çocukluktaki haliniz ve son derece üzgün, korkmuş ve sinirli bir halde.

Kendine güvensizlik üzerine egoyla konuşma örnekleri:

Bir grup arkadaşınızla birliktesiniz ya da ailecek bir yemek yiyorsunuz. Her ne olduysa oldu, ego sizle konuşmaya başladı. Kendinize güvensizlik katsayınız giderek artıyor. Hemen kendi kendinize kalabileceğiniz bir yere çekilin. Tuvaletler en ideal mekânlar. Eğer bir odaya çekilirseniz "Ne oldu?" gibi sorular sorabilirler hatta peşinizden bile gelebilirler. Tuvalette neler olduğunu kimse size sormayacaktır hele peşinizden asla gelmeyeceklerdir.

Yalnız kalmayı becerdiniz. Ego sizin küçük yaşlardaki haliniz olarak ağlıyor. Artık küçükken size her ne olduysa, hangi anıyı tekrar tekrar yaşıyorsanız, şu an onu tekrarlıyor size.

Kendinizi o yaştaki halinizle odanın içinde görün. Elbiselerinizi, saçınızın şeklini, tüm detaylarıyla o yaştaki halinizi gözünüzde canlandırın. Sanki gerçekten üzgün bir çocuğu odaya, yanınıza almış gibi, sarılın ona, elini tutun, yüzünü okşayın. Başlayın konuşmaya.

– Bak bi tanem. Sen uzun yıllar önce olmuş bir olayın etkisi altındasın. Şu an benim hissettiğim güvensizlik, tamamen senin duygularına kendimi kaptırdığım için ortaya çıktı. Ben artık çok farklı bir insanım. Kendime güvenmek için elimde o kadar çok sebep var ki. Seni çok iyi anlıyorum ve sana hak da veriyorum. O zamanlar olanlar bizim suçumuz değildi. Ben artık farklı bir gerçeklik yaşıyorum. Ben kendime güveniyorum. Gel sen de bana katıl. İnan bana üzülmene hiç gerek yok. Ben çok daha huzurlu bir hayat yaşıyorum. Seni seviyorum ve bu sefer sen benim geldiğim yoldan geleceksin, ben seni takip etmeyeceğim.

Son derece sevgi dolu ama patronun artık kim olduğunu dikte eder bir tavırda olun.

Daha egzersize başladığınız an, yani egonuzu kişileştirip karşınıza koyduğunuz an bir rahatlama hissedeceksiniz. Çünkü kendinizi olayın dışına çıkardınız. Kurban yerine, gözlemci haline geldiniz. Sanki başkasının sorunuyla ilgileniyor gibi hissetmeye başlayacaksınız.

Egzersizi sesli yapmanızı hararetle tavsiye ediyorum. İçinizden konuşurken, yani düşüncelerinizde, hâlâ kontrolü elinize alamamanız mümkün. Düşünceleriniz karışabilir ve bunu fark ettiğinizde ego zaten almış sazı eline, size güzel bir uzun hava söyletiyor olabilir.

Unutmayın:
Sevgi dolu, sevecen, yumuşak ama otoriter bir tavır içinde olmanız bu egzersizi başarmanız için altın kural.

"İşleri asistanınıza yükleme" egzersizi

Bu konular üzerinde çalışırken yazıp çizmeyi, yani daha elle tutulur egzersizleri seviyorsanız, işte tam size göre bir tane.

Bu egzersizi iki ayrı kaynaktan öğrendim. Hocam Mike Dooley "piramit" şeklinde verir genelde bu egzersizi ve Abraham Hicks direkt "işleri asistanınıza" yüklemekten bahseder. Ben de piramitle, asistanı birleştirerek veriyorum.

Diyelim olmasını istediğiniz bir hayaliniz var. İlişki, iş, para, öğrenmek istediğiniz bir şey... Her ne ise. Ama şu anki imkânlarınızla nasıl altından kalkacağınızı bilmiyorsunuz. Bir şekilde kendinizi KISITLANMIŞ hissediyorsunuz.

Hemen işlerin bir kısmını asistanınıza, Evren'e yükleyin.

Bu egzersizle son derece kısa sürede harika sonuçlar elde ettim. Hatta en iyisi size kendi örneğimi verip, uygulamasını öyle göstereyim.

Bir sene kadar önce bir web sitesi kurmaya karar verdim. Daha önce size interaktif sitelerin ilgimi çekmeye başladığını söylemiştim. Facebook gibi bir şey kurmak istiyordum. İnsanların üye olabilecekleri, ama bizim kafamızda insanların üye olabilecekleri yani futbol geyiklerinin yapılmayacağı, milletin birbirine terbiyesizlik yapmaktan çekineceği bir site vardı aklımda.

Elimde var olan bütün imkânları ortaya koydum. Bu siteyi başarılı bir şekilde oluşturmak için gerekenler şunlardı:

– Bir isim.
– Bir internet adresi.
– Siteyi oluşturabilecek programlama dilini yazma yetisi.
– Sitenin içinde yer alacak, yaşam koçluğuyla ilgili malzemelerin üretilmesi.
– Bu sitenin bakımı ve güncellemesini yapabilecek biri.
– Üyeler.

İsim zaten vardı. Esra ile birlikte AY RA organizasyonu daha önce kurmuştuk. Siteye, AY RA ŞEHRİ demeye karar verdik.

Hem Türkçe, hem İngilizce iki internet adresini de satın aldım.

Tıkanıklığım başlamıştı.

Elimde ayratown.com vardı ama o kadar! Benim web sitesi hakkındaki bilgim, üye kabul eden bir site yapabilmekten çok uzaktı.

Bu kısmı bir süre için göz ardı etmeye karar verdim. Hemen diğer adımlara geçtim.

Sitenin içine konulacaklar:

Kafamda hep bu anlattıklarımı görselleştirme fikri vardı. Ne yapabilirim diye düşünmeye başladım. Bilgisayarda animasyonlar yapmak çok hoşuma gidiyordu. Yapabildiğim için değil, sadece yapabilmek fikri çok hoşuma gidiyordu. Bunu da bir kenara koydum.

İnternet üzerinden haftada iki saatlik bir radyo yayını yapmayı düşündüm. Uzun yıllar radyoculuk yapmıştım, evde ses kayıt stüdyom da vardı; ne kadar zor olabilirdi ki? Araştırmalarım sonucunda, sağlıklı bir internet-radyo yayını için aylık yüklü bir miktar para harcamam gerektiğini fark ettim. Para kazanmayı bırakın, daha üyesi bile olmayan bir site için şu an o kadar para harcamak çok da akıllıca bir yatırım olmazdı. O fikri de kenara koydum.

Site üyeleri için haftalık *newsletter* ve makaleler yazmaya karar verdim. Şu an bu kitabı yazıyor olduğum için, o da rafa kalktı. Başkalarını bilemiyorum ama ben aynı anda hem bir kitap hem de aynı konuyla ilgili makaleler yazmayı beceremiyorum.

Sitenin bakımı ve güncellemesini yapacak birini bulmak için önce sitenin içinde bakılacak ve güncellenecek bir malzeme olmalıydı. Kime sorduysam, bana doğal olarak, "Günde kaç saat sürer? Kaç üyeniz var?" gibi sorular sordular.

– Henüz hiç üyem yok. Hatta ortada site bile yok!

Üye bulma konusuna gelmiyorum bile. Şu an kim ve neden üye olsun? Kara kaşım yeşil gözüm için üye olacak değiller ya. "Tamam" dedim. Bazı işleri, "asistanım Evren'e" yüklemenin tam zamanı. İşte bu noktada Mike'ın piramidi ve Abraham'ın asistanı birleşti.

Önce boş bir kâğıt alıyorsunuz elinize ve kocaman bir piramit çiziyorsunuz. Tam ortadan, eşit bir şekilde ikiye bölüyorsunuz.

Üst kısmına hedefinizin, gerçekleşmesini istediğinizin, ne olduğunu koyun. Piramidin tabanının altına, bu konuyla ilgili ne istediğinizi yazın. Sağ tarafa, kendi yapabileceklerinizi yazıyorsunuz. Sol tarafa ise, asistanınızın yani Evren'in halletmesini istediğiniz işleri koyun. **(Bkz tablo - Asistan Piramidi)**

Ayratown.com / ayrasehri.com sitesi piramidi

Ayrasehri.com adlı sitemin aktif bir şekilde faaliyete geçmesi. Sitenin, kişisel gelişime meraklı insanlardan oluşan, oldukça kalabalık bir üye potansiyelinin olması. Site, üyelerin kendi fotoğraflarını koyabilecekleri, bloglarını yaratabilecekleri, bizim sağladığımız makale ve çevirilere ulaşabilecekleri, kendi aralarında sohbet edebilecekleri bir şekilde yazılmalı. Ayrıca, grafik animasyonlar ile anlatılan konuların "mini clip"leri yayınlanabilmeli. 2009 yılının ilk çeyreği gelmeden 1000 kadar aktif üye istiyorum.

Asistan Piramidi

Asistan Piramidi

Gördüğünüz gibi, benim kolayca yapabileceğim işleri kendi tarafıma koydum. Tıkandığımı hissettiğim kısımlarıysa Evren'in tarafına attım. İşi ne? Halletsin!

Bu arada Evren ilk adımları attı. Site yazılımıyla ilgili birini bulmadım ama daha bile iyisi oldu.

Bir gün Mike Dooley ile konuşurken, kısa bir süre önce başlattığı bir projesinden bahsetti. Kendi web sitesinde bir çeşit üyelik başlatmıştı ve üyeler aynı zamanda profillerini oluşturabiliyorlardı. Aynı şeyi benim de yapmak istediğimi ama yeterli bilgim olmadığı söyledim. O da bana bir iki web sitesinin adresini verdi ve "Bu amaca uygun satılan paket programlar var. Değişiklikler yapabiliyor ve kendi isteğine göre bir site kurabiliyorsun" dedi. Hemen siteleri ziyaret ettim ve kendime uygun bir tanesini seçip, üzerinde çalışmaya başladım. Benim web siteleriyle ilgili, sınırlı bilgi kapasitem, bir iki arkadaşımın tecrübesiyle birleşince, tam istediğim gibi bir site oluşturmaya başlamış oldum. Savul Facebook, ben geliyorum!

Bir yandan sitenin içini doldurmak için çalışırken –ki bu benim görevimdi– Evren karşıma birini çıkardı. Hani size, parayla ilgili kısımda anlattığım, "kendi animasyon filmini hazırlamış ve sesimi kullanmak isteyen yönetmen, Kerem" vardı ya, o da fikrime bayıldı ve bana her türlü yardımı seve seve yapacağını, hatta bana basit çaplı animasyonların nasıl yapılacağını dahi öğretebileceğini söyledi. Evren'e bayılıyorum! Harika bir asistan! Maaşına zam yapacağım yakında. Hatta SSK'lı bile yapabilirim.

Yaklaşık yedi aydır bu proje üzerinde çalışıyorum. 1000 tane üyeye ulaştım mı? Hiç alakası yok. Şu an sadece dört tane üye var. Biri benim, diğer üçü benim yarattığım sahte üyeler.

Ama siteyi tamamladım. Bana bu noktadan sonra gerekecek herkesi etrafıma çektim. Şimdi iş, sitenin içini doldurmakta. Sonra gelsin 1000 üye!

Aman yanlış anlamayın. Bu örneği kitaba koymamın nedeni bedavadan sitenin reklamını yapıp sizlerin üye olmasını istemek değil.

Bu örneği sizlerle paylaştım çünkü bu egzersizin nasıl çalıştığını birebir gözlemleyebilirsiniz. Sitenin nasıl yokluklar içinde başladığını anlattım. Bakalım site nereye varacak? Birlikte gözlemleyelim. 2008 yılı sonundayız ve hâlâ dört üyem var. Arada bir ziyaret edin bakalım üye sayısı kaça çıkıyor.

Aradan ne kadar süre geçtiği hiç önemli değil. Bir anda ne kadar başarılı olup olmadığım da. "Kaç üye bir anda geldi? Kaçı aktif? Kaçı bloglarını dolduruyor?" O kadar önemsiz ki! Önemli olan, benim sadece hedefimi belirlemiş olmam ve o noktaya doğru tam gaz gittiğimi hissetmem. Listeye tekrar bir göz atarsanız, 1000 üye getirmek Evren'in işi. Şu ana kadar işini iyi yaptı. Eminim böyle de devam edecektir.

Nasıl olacağı benim değil, Evren'in problemi. Evren'e neyin nasıl olması gerektiğini söylemeyi çok uzun zaman önce bıraktım.

Size de bırakmanızı tavsiye ederim.

“Yaratım panosu” egzersizi

Bu, eski bir teknik olmasına rağmen, doğruluğu, modern bilim tarafından daha yeni ispatlandı.

Ana prensip şu: “Beyin için, sizin gördüğünüz imajlarla kafanızda canlandırdığınız imajlar aslında aynı etkiyi yaratıyor.” Yani beyin, aradaki farkı anlamıyor.

Yapılan testi daha önce mutlaka duymuşsunuzdur. Bir grup atlet, önce koşu bandının üzerinde koşarken bütün beyin fonksiyonları ölçülüyor. Beyinlerinin farklı bölgelerinde oluşan bütün değişimler kaydediliyor. Ardından aynı grup, bu sefer rahat bir şekilde dinlenirken ama bütün ayrıntılarıyla koştuklarını “hayal ederken” ölçülüyor. İki aktivite arasında, beyinde görülen değişiklikler tamamen aynı! Beyin aradaki farkı anlamıyor bile.

Siz de bir yaratım panosu hazırladığınızda ya da buna benzer çalışmalar yaptığınızda, beyninize yepyeni bir gerçekliği sanki halihazırda olmuş gibi yutturabilirsiniz. Beyin bir kere inandığında, ego da bundan etkilenecek, böylece sizin yaratımınız çok daha kolay hale gelecektir.

Panonuzun hazırlanması son derece basit! İsterseniz internetten faydalanın, eğer fotoğraflar üzerinde oynama yapabildiğiniz programlardan kullanabiliyorsanız, harika! Hiçbirinden yararlanamıyorsanız, alın elinize bir dergi ve başlayın sayfaları arasında gezmeye. Size, hayallerinizi hatırlatan resimleri toplayın.

Resimlerin neyi ifade ettiğini, sizin çok iyi bilmeniz yeterli. Daha sonra bunları bir panonun üzerine yapıştırın. İsterseniz altlarına ne olduklarını, sizin gerçekliğinizde nasıl yerleri olduğunu yazabilirsiniz.

Daha iyi anlayabilmeniz için size kendi panomdan bahsedeyim.

İstediğim şeyler, satın alınabilecek objelerse, mutlaka resimlerini keser ve yapıştırırım. Altına büyük harflerle, YENİ ARABAM, YENİ TELEFONUM, YENİ BİLGİSAYARIM gibi yazılar koyarım.

Yok satın alınabilecek objeler değil de mesleki başarılarsa, bana istediğim başarıyı hatırlatacak resimler yaratırım. Örneğin, bir dergi ödül alan bir sinema oyuncusundan bahsediyorsa, isim kısmının üstüne kendi adımı yazar ve yapıştırırım. Böylece haber tamamen benim için yazılmış olur!

Bir keresinde, internet bankacılığında kullandığım banka hesabımı yazıcıdan çıkarttım. Üzerinde yazan miktarın sonuna iki sıfır ekledim. Son derece güzel görünüyordu!

Size cep telefonuyla ilgili olanı anlatmak istiyorum.

Türkiye'ye geldiğimde, Amerika'dan getirdiğim telefonu kullanamayacağımı fark ettim. "Kırdırtmak" gibi garip bir şey yaptırtmamı önerdiler. Kırık telefonu ne yapayım dedim ve yenisini almaya karar verdim. Cep telefonu konusunda çok seçiciyimdir. Benim için kamerası, müzik çalması, video seyrettirmesi, bulaşık yıkayabilmesi hiç önemli değil. Ben telefonun tasarımına ve bilgisayarımla olan uyumuna bakarım. Bu berry midir, çeri midir her neyse, bana çok itici ve kalın geliyor. Telefon cüzdanımdan bile kalın! Sonunda internette bulduğum sitelerden, tasarımı çok hoşuma giden bir telefonu seçtim ve panomun üzerine yapıştırdım. Telefonla ilgili hiçbir bilgim yoktu, hangi marka olduğunu bile bilmiyordum. Sadece şekli hoşuma gitmişti. Elimde resim, bir iki mağazaya sordum. Daha önce hiç görmemişlerdi, ne olduğunu onlar da bilmiyordu. Resim uzun süre panomun üzerinde, koca harflerle "YENİ TELEFONUM" yazarak durdu.

Aradan sanırım beş ay falan geçti. Bir gün arkadaşım ve menajerim Yasemin'le buluşmuş kahve içiyorduk. Telefonu çalmaya başladı ve elini çantasına atıp telefonunu çıkarttı. Gözlerime inanamadım. Benim panoma yapıştırdığım telefonun benzeri falan değil, AYNISIYDI! Telefon Türkiye'ye geleli daha bir hafta olmuştu. O telefonun buraya geleceğinden bile habersizdim. Tek bildiğim, TASARIMI HOŞUMA GİTMİŞTİ. Bir de üstüne üstlük bu bilgisayarlara bağlanabilen telefonlardandı!

Bir öğrencim bu pano fikrini ilk duyduğunda, çok keyifli olmak istediğini ve panoyu bu amaçla kullanacağını söylemişti. "Peki nasıl istersen" dedim. Nasıl yapabileceğini tam kestirememiştim. Bir hafta sonra, dergilerden kestiği bir resimle geldi. Sanırım bir şampuan reklamından, gülümseyen kadının resmini kesmişti. Bir an için duraksadım. "Başkasının gülen suratına bakıp, bunu kendi hayatında yaratabilir miydi?" Kendisine bu soruyu sormadım ama enerjimden hissetmiş olmalı ki hemen açıklamaya başladı.

– "Bu resme baktıkça, bu resimdeki kadın gibi olmak istiyorum. Son derece kendine güvenen ve böyle gülümseyebilen."

Açıklaması çok mantıklıydı.

Eğer yanılmıyorsam, üç ay sonra aynı o resimdeki kadın gibi gülümseyebiliyordu. Hem de her gün!

“Odak değiştirme” egzersizi

Aslında bu tam olarak bir egzersiz değil. Buna daha çok, “Kişisel gelişimin can kurtarma yeleği” diyebiliriz.

Ben de olabiliyor, öğrencilerimde oluyor, siz de de olabilir. Bazen hiçbir egzersiz işe yaramayabilir. O kadar bıkkın hissedersiniz ki, bırakın egzersiz yapmayı, nefes almak bile sizin için ıstırap halini alır. Ego, kontrolü tamamen ve çok güçlü bir şekilde ele geçirmiştir.

O egzersizi denediniz, bu egzersizi denediniz, piramitler çizdiniz, fal baktınız, Telli Baba’ya tel taktınız, aya mum yaktınız YOK YOK YOK! Hiçbir şey sizin daha iyi hissetmenizi sağlamıyor.

Her şeyi bir kenara bırakın.

Çok ciddiyim. Her şeyi bir kenara bırakın, “Bu seferlik de böyle oldu” deyin ve gidip son derece kel alaka bir konuyla ilgilenin.

Film seyredin, uyuyun, dondurma yemeğe çıkın. Her ne yaparsanız yapın ama kendinizle ilgilenmeyi bırakın.

Esra’yla birlikteliğimizin ilk aylarından birinde, kıskançlık yüzünden inanılmaz bir depresyona girmiştim. Sabah erken saatlerde durumumu fark ettiğim için, hemen egzersizlere başladım. Her ne denediysem denedim, hiç işe yaramadı. Hatta hocamla seans bile yaptım. Yok hâlâ depresyondayım. Hatta bir de üstüne, kendime sinirlenmeye başladım. Akşamüstü olmuştu ve ben yaklaşık yedi sekiz saattir kendimi düzeltme çabası içindeydim.

Battıkça batıyordum.

Derken bir arkadaşım aradı. Evine tuzlu su akvaryumu kurmaya karar vermişti. Benim de konuyla ilgilendiğimi bildiği için fikir almak istiyordu. İçimden "Şu an ne seninle, ne de tuzunla hiç uğraşacak halim yok" demek geldiyse de, konuyu ben de çok sevdiğim için sohbete girmiş bulundum.

Akvaryum nasıl kurulur, nelere dikkat etmeli, nereden ne almalı gibi konulara o kadar derin daldırmıştık ki, telefonda kırk beş dakika konuştuğumuzun farkına bile varmamıştım. Bu arada hemen belirteyim, kırk beş dakika boyunca –iş hariç– telefonda konuşmak, Amerika için gerçek ötesi bir durumdur.

Telefonu kapattığımda birden bir boşluk hissettim. Sanki yakın bir dostumu kaybetmiş gibiydim. Ne olduğunu anlamaya çalışırken kendime geldim. DEPRESYONUM YOK OLMUŞTU!!! Ciddi ciddi kendisinden hiç eser kalmamıştı. Ne sinir vardı, ne de bıkkınlık.

Odağımı yoğun bir şekilde, sevdiğim başka bir konu üzerinde tutmak, bir anda egomu ters köşeye yatırmıştı. Sırf test etmek için, bilinçli olarak, beni sıkıntıya düşüren konu üzerinde tekrar düşünmeye başladım. Yok! İstediğim kadar çabalayayım tekrar depresyona giremiyordum.

Bunu size her gün yapın diyemiyorum. Çünkü bu yöntemle, probleminizi sadece İNKÂR etmiş olursunuz. EGOya çalım atmış olabilirsiniz. Bir süre sonra aklı başına gelecek ve sizi tekrar ikna etmeye başlayacaktır.

Bu yöntemi sadece, RAHAT BİR NEFES ALABİLMEK için kullanın.

İşte bazı *workshop*'larda eleştirdiğim de aynı bu durum. Bazılarınız, bir hafta kadar, şehir dışında bir yerde, kendilerini bir otele kapatıp, ODAKLARINI YOĞUN BİR ŞEKİLDE değiştirip, EGOnun sesinden kurtuluyor. Yeni dostluklar kuruluyor, herkes kendini bir harika hissediyor. EGO ise, "Tamam sen şimdi keyfini çıkart buranın, bak sonra neler olacak" deyip susuyor. Geri döndükten iki gün sonra, yani odak tekrar eskiye dönmeye başlayınca GÜM diye, yumruk yemiş gibi oluyorsunuz. Çünkü EGO tekrar iş başında ve birileri size, "Artık her gününüz harika geçecek, iyileştiniz" gibi masallar anlattığı için, siz neye uğradığınızı bile anlayamadığınız için, bu sefer kendinizi suçlamaya ve *workshop* sırasında verilenleri anlayamamış olmanıza kızmaya başlıyorsunuz. Kısaca, gittiğinizden daha kötü geri dönüyorsunuz.

Kendinizi hiç suçlamayın! Hata yapmış falan değilsiniz. Sadece şunu hatırlayın:

Kişisel gelişim, kilo vermek gibi bir şeydir. Spor salonuna gidip, iyi bir antrenman yapıp, taze sıkılmış bir portakal suyu içmek, elbette son derece faydalı. AMA O KADARLA KALMIYOR. İstediğiniz kiloya ulaşana kadar, her gün tekrar etmeniz lazım.

SPİRİTÜEL
ÖSS VE ÖYS KILAVUZU

Hepimiz gelişmek istiyoruz. Hayatta daha iyi bir yerlere ulaşmak istiyoruz. "Daha iyi" kavramı herkese göre değişiklik gösterecektir ama herkes için bir "daha iyi" muhakkak vardır.

Sizin için "daha iyi" olanı istediğiniz an, karşınıza birçok öğreti ve hoca çıkacaktır.

Aynı mesajı veren iki hoca bile, kendi tarzlarına göre farklı öğrencileri çekecektir. Esra ile ben, bunu her gün deneyimliyoruz. Aynı şeyi farklı cümlelerle öğrettiğimiz için, bizim cümlelerimize uygun öğrenciler çıkıyor karşımıza.

Ben de aynı yoldan geçtim, hâlâ da devam ediyorum geçmeye. Benim de karşıma bir sürü öğreti ve öğretmen çıktı. Bazılarıyla devam ettim, bazılarını elimde sopayla kovaladım dışarı.

Onca yıl sonra kendi kendime bir kılavuz geliştirdim. Şimdi bir öğretmen veya öğretiyle karşılaştığımda hemen kendi kendime sorduğum bazı sorular var. Yani bir çeşit değerlendirme yapıyorum. Ev alırken, araba alırken, yemek ısmarlarken, restoran seçerken, elbise alırken yaptığımız gibi...

– Eğer bir öğreti size HAYAT ZORDUR gibi veya buna benzer bir kavramla yaklaşıyorsa, DİKKAT!

Çünkü hayat son derece kolaydır. Başarmak –her anlamda başarmak– son derece kolaydır.

– Eğer bir öğreti size, "Şu şekilde giyinmelisiniz" diyorsa, DİKKAT!

Evren moda tasarımcısı değil. Yazılı tarihte birçok mükemmel insan var ve hepsi birbirinden farklı şekillerde giyiniyordu. Eğer ille de giyim kuşam önemlidir diyorlarsa lütfen bize "Evren ilkbahar giyim kataloğunu" göndersinler, biz de öğrenip hatalarımızı hemen düzeltelim, cahil kalmayalım.

– Eğer bir öğreti –yöntem– sizi anlamak yerine, sizi daha önceden var olan bazı kalıplara sokmaya çalışıyor ve size bazı Latince etiketler yapıştırmaya, sizi hasta olduğunuza ikna etmeye çalışıyorsa DİKKAT!

Hasta değilsiniz, deli değilsiniz. Sadece, egoyla olan ilişkinizi tam olarak çözebilmiş değilsiniz. Eğer bu iş, "fabrikasyon bir şekilde, bir kitap yazıp, ardından herkesi bu kitapta yazan etiketlere göre dosyalamak" kadar basit olsaydı, bu konularla ilgili yazılan ilk kitaptan sonra sorunlu hiç kimse kalmazdı.

– Eğer bir öğreti size, "anlamadığınız dillerde kelimeler söyletip bunların iyi geleceğinden bahsediyorsa" DİKKAT!

Evren bir dili diğerinden daha üstün tutamaz. ÇÜNKÜ:

1- Dil dediğimiz olay İNSAN yaratımıdır.

2- Eğer Evren cidden bir dili diğerinden daha üstün tutuyorsa, "Yahu bu dil sizin için daha iyi, o yüzden böyle konuşmak sizin için daha iyi" dediyse bu İLK yaratılışta kullanılan dil olmalıdır. "AGGAA AAAUHHHUUU GU GU GUGU HOMMGAAA." Hani şu mağaralardaki atalarımızın kullandığı. Çünkü sonraki bütün "DİLLER"i biz yarattık.

– Eğer bir öğreti, "falanca sizden daha üstün, önce on yıl ona hizmet etmeniz lazım" ya da "falancanın karşısında terbiyeli olun ve yere eğilin, ayaklarınızı ona doğru uzatmayın!" diyorsa. BAYAĞI DİKKAT!

Evren'in gözünde herkes eşittir. Bizim gözümüzde değildir. Eşitsizlik gördüğünüz an, bilin ki BİR İNSAN EGOSUNUN FİLTRESİ ile karşı karşıyasınız. Benim on yılda başardığımı siz üç günde başarabilir, benim üç günde başardığımı, on yılda başarabilirsiniz. Kimin önce başladığının, kimin neyi USTALIK mertebesine getirdiğinin konuyla hiç ilgisi yok AMA EGO ile ilgisi ÇOK!

– Eğer bir öğreti size, "Şu an aşağılarda bir yerdesiniz. İleride yükseleceksiniz. Zaman alacak. Tek yolu bu" diyorsa, DİKKAT DİKKAT!

Evren için herkes mükemmeldir ve zaman diye bir kavram yoktur. Bizim EGOMUZ için vardır. Evren size her istediğinizi her an vermeye hazır. Eğer siz almaya hazırsanız. Halihazırda MÜKEMMELSİNİZ. Bunu bir an önce kabul etseniz iyi olur.

– Eğer bir öğreti size, "Geçmiş hayatınızda yaptıklarınızın bedelini ödüyorsunuz. Bu böyle biline!" diyorsa, DİKKAT!

Bu, hayatımda gördüğüm en zekice EGO oyunlarından biri. Sizi çaresiz olduğunuza ikna etmek. Düşünsenize, bir önceki hayatınızda bambaşka biri iken bir şey yapmışsınız. Şimdi cezasını SİZ çekeceksiniz. Yan komşunuzun karısını öldürmesi ve sizin bu yüzden hapse girmeniz kadar hüzünlü bir durum bu.

– Eğer bir öğreti size, "Falanca sorundan kurtulmak zordur" diyor ve sizi komando eğitimi gibi eğitimlere sokuyorsa DİKKAT!

Kahkahalar atarak, havuz başında güneşlenerek bile bütün sorunlarınızdan kurtulabilirsiniz. Evren için ZOR bir şey olmadığına göre, ZOR kavramının da var olması mümkün olamaz. Şöyle bir Tanrı düşünebiliyor musunuz, lütfen söyleyin:

– "Tanrım; şunu, şunu, şunu ve şunu istiyorum."

– "Valla istediklerini veririm vermesine de, biraz ZOR olacak."

– Eğer bir öğreti size, "Falanca gezegen, filanca gezegene çok yakın, bi diğer gezegenin, şurada duran gezegene garezi var, şu soldaki çemberli gezegense çok yamuk duruyor, o yüzden sen bugün hiçbir iş anlaşması yapma" diyorsa DİKKAT ETMEYİN. Sadece gülün geçin. Dikkat etmenize bile değmez.

Evren, HER AN, HER DAKİKA, HER SANİYE MÜKEMMEL İŞLER. Eminim o gezegenlerin oralarda olmalarının bir sebebi vardır. Ama bu kesinlikle sizin işinize çomak sokmak için değil!

– Eğer bir öğreti size, "Şöyle şöyle yaparsanız Evrensel enerjiyi daha iyi kanalize edersiniz, daha iyi çekersiniz" diyorsa DİKKAT!

Siz cep telefonu değil, İNSANSINIZ. Cep telefonları kapsama alanı dışına çıkar. Uydu antenleri belli şekillerde, belli yönlere çevrilmelidir. Radyonuzu, bu odada değil de yandaki odada daha iyi duyarsınız. SİZ ne cep telefonu, ne radyo ne de uydu antenisiniz.

Bu arada, bu tip frekans bozukluklarının asıl sebebi ALICININ değil, vericinin yeterince kuvvetli olmamasıdır. Bir radyo istasyonu daha uzun bir anten kullansa, daha güçlü vericilerden yayın yapsa, her yerden duyulur yayınları.

O zaman, size Evrensel enerjiyi, nasıl daha iyi alabileceğinizi söyleyen biri şunu diyormuş: "EVREN O KADAR DA KUVVETLİ DEĞİL. Belli şekillerde, belli araçları kullanmazsak Tanrı'nın enerjisi bize tam olarak ulaşmaz."

Elimde değil, şimdi de şöyle bir Tanrı geldi gözümün önüne. Yukarıdan aşağı bize doğru bağırıyor:

– "Hanıııımm.. Görüntü şimdi düzeldiiiiii miiiiii?!?!"

Son olarak bir uyarıda daha bulunacağım. Ama önce bir şeyi itiraf etmem gerek:

Eşimle hep tartıştığımız bir konu vardır.

Ben şunu iddia ederim:

"Bir öğretiyi takip eden insan topluluğuna bir göz atmak

lazım. Onlar bu öğretilerden ne kadar fayda görmüşler? En azından yüzdelerini bir incelemek lazım. Yüzde doksanı fakirlik içinde olan, pislik içinde olan, savaşın, kavganın eksik olmadığı bir gruptan çıkacak öğretiden ne kadar fayda gelir? Çünkü o öğreti, onu bize aktaran kitlenin filtresinden çıkıp geliyor."

Eşim de şunu söyler;

"Kimin neyi ne kadar uyguladığı onların kendi sorunu. Önemli olan öğretinin ne dediği ve senin bundan neler öğrenebildiğin."

İki gün önceye kadar iki arada bir derede kalmış vaziyetteydim. Kendisine hak veriyordum ama bir yandan da kendi fikrimin cazibesinden kurtulamıyordum.

İki gün önce olan bir olay, bakış açımı değiştirdi.

Elinizde tuttuğunuz bu kitabın dördüncü bölümünde "Bazı tanıdık sorunlara göz atalım" kısmında size dört tane temel sorundan ve çözümlerinden bahsettim. Aslında bu kitabı ilk yazmaya başladığımda o kısımda beş tane sorun ve çözümü vardı. Beşinciyi de yazdıktan sonra bir şey beni rahatsız etmeye başladı. Önce ne olduğunu anlayamamıştım. Beşinci sorunu da ilk dördünü yazdığım mantıkla yazmış, aynı formüle oturtmuştum. Ama bir şey beni rahatsız ediyordu.

Tekrar tekrar okudum yazdıklarımı. Sonunda neyin beni rahatsız ettiğini buldum.

İlk dört sorun, benim hayatımda birebir yaşadığım ve kendi üstümde uygulayarak, çözümlerine başarılı bir şekilde ulaştığım sorunlardı. Yani anlattıklarımı UYGULAYABİLMEYİ BECERMİŞTİM. Oysa beşinci sorunu, henüz ben de hayatımda uygulamayı beceremedim. Hâlâ üzerinde çalışıyorum. Bir gün becereceğimden de eminim. Ama şimdilik yazdıklarım sadece ahkâm kesmekten ibaretti. Sadece mantığımı kullanarak yazmıştım ve samimi olmaktan uzaktı.

Ve koca bir bölümü kitaptan çıkarttım. Size o kısmın faydalı olacağına inanmadım. Çünkü faydasına ben bile hâlâ inanabilmiş değilim. O kısımda anlattıklarımın doğru olduğunu BİLİYORUM ama hâlâ HİSSEDEMİYORUM.

Anlattıklarım benim FİLTREMDEN, hem de henüz tam olarak ANLAYAMAMIŞ filtremden geçerek size gelecekti.

Bir gün birisi, "Kalp ile kafa arasında aslında çok uzun bir mesafe vardır" demişti. Haklıymış!

– Eğer bir öğretiyi uygulayan insanlar, bu öğretinin iddia ettiği faydaları, kendi hayatlarına hâlâ alamamışlarsa, BİRAZ DİKKAT!

Sadece biraz dikkat. Belki eşim haklıdır. Bu, o öğretiyi uygulayan insanların hatasıdır. Belki ben haklıyımdır. Bu, öğretiden kaynaklanmaktadır.

Son söz

Bir gün arkadaşım Zeynep, isyan etmiş bir halde şu soruyu sordu: "Paris Hilton hiç bu yöntemlerden birini kullandı mı acaba? Neden ben bunları yapmak zorundayım?"

Çok güzel bir soru.

Bilmiyorum. Paris belki bunları kullandı, belki kullanmasına gerek bile kalmadı. Belki para konusunda hiçbir zaman kullanmasına gerek yoktu. Belki ilişkiler konusunda bir iki düzine seans, ona da iyi gelebilir.

Etrafımdaki insanları gözlemlediğim zaman gördüğüm tek şey şu:

Herkesin farklı bir hikâyesi var. Herkes hayatını, kendi çizdiği rotada götürüyor. Bu bir yarış değil. Aynı kulvarlarda bile değilken, bunu bir yarış haline getirmek, sadece kendinize haksızlık olur.

Başarılı olmak, herhangi bir konuda başarılı olmak istiyorsanız hiçbir sistemi takip etmeden yapabilirsiniz. Yapanlar o kadar çok ki.

Sakın unutmayın. Esas öğretmen kalbiniz, esas öğreti sizsiniz!

Sonsuz sevgiler...

Yıl 2015, yeniden merhaba...

Evrenden Torpilim Var kitabını yazmaya 2008 yılında başladım ve 2009 yılında sizlerin beğenisine sunuldu. Uzun yıllar boyunca çok satanlar listelerinden sizlerin sayesinde inmedi ama daha sonra birdenbire ortalıktan yok oldu. Size kısaca nedenlerini anlatmak ve bazı minik gelişmeleri aktarmak istiyorum.

– Sevgili dostum, her şeyim, bi tanem, eski yayıncım Namıkım 2013 yılının sonunda, yanımıza tatile gelmeden bir ay kadar önce aniden aramızdan ayrılmaya karar verdi. Onun gidişiyle içimde bir alev söndü desem hiç abartmış olmam. Bir daha kitap çıkartıp çıkartmayacağımdan emin bile olmadığım için başka bir yayınevi bulma girişimim olmadı. 2014 yılının ortalarında, Namıkımın da yukarıdan bakıp onayladığından emin olduğum Doğan Novus ile tanışana kadar. Kendisi hayatta olsa, eşim Esra ile beni arkamızdan su dökerek, gönül rahatlığıyla uğurlayacağını çok iyi bildiğim muazzam insanlarla çalışmaya başladık ve ne mutlu bize, *Evrenden Torpilim Var* kitabını tekrar sizlere sunmak istediler. İşte yine karşınızdayım.

– Eğer benimle ilk defa tanışıyorsanız hemen söyleyeyim, bu kitap içinde defalarca adını duyacağınız eşim Esra ile 10.

yıldönümümüzü büyük bir mutlulukla daha geçenlerde kutladık.

– Hocam Darel ile hâlâ birlikteyiz. 15. senemize girdik. Kendisi 80 küsur yaşında olmasına rağmen hâlâ büyük bir enerjiyle insanların hayatlarını değiştirmelerine yardım etmeye devam ediyor.

– Bu kitabı yazdığım 2008-2009 sıralarında zaten muhteşem bir hayat yaşıyordum AMA şu an o zaman hayal bile edemediğim ama niyet edebildiğim daha muhteşem bir hayat yaşıyorum. Evren istediklerimizi sağlamaya aynen devam ediyor ve biz kendimizi keşfetme yolculuğunda, dur durak bilmeden kendi üzerimizde çalışmaya aynen devam ediyoruz.

Yolculuğumuzun parçası olduğunuz için teşekkürler.

Aykut Oğut

AYKUT OĞUT
Kişisel Gelişim
keşke
kadın
olsam
100.000 ADET
Doğan
novus

AYKUT OĞUT
'Bolluk ve bereket' kapılarını açmak için
kampa girmeye hazır mısınız?
Kişisel Gelişim
ARTIK
ZEN-
GİNİM
Doğan
novus